행복의 인문학

몸문화연구총서 No. 6

행복의 인문학

몸문화연구소 편

쿠북

몸문화연구총서 No. 6

행복의 인문학

1판 1쇄 찍은날 2014년 2월 20일
1판 1쇄 펴낸날 2014년 2월 25일
지은이 김종갑 외
펴낸이 송희영
펴낸곳 **쿠북** (건국대학교출판부의 패밀리 브랜드입니다.)
등록 / 제4-3호(1971. 6. 21)
주소 / 143-701, 서울시 광진구 능동로 120 건국대학교 출판부
전화 / (02)450-3891~3
팩스 / (02)457-7202
홈페이지 / http://press.konkuk.ac.kr
e-mail / press@konkuk.ac.kr

책임편집 박명희
찍은곳 ㈜동화인쇄공사

정가 **16,000 원**

ISBN 978-89-7107-570-8 94110
ISBN 978-89-7107-544-9 (세트)

이 도서의 국립중앙도서관 출판시도서목록(CIP)은 서지정보유통지원시스템 홈페이지(http://seoji.nl.go.kr)와 국가자료공동목록시스템(http://www.nl.go.kr/kolisnet)에서 이용하실 수 있습니다. (CIP제어번호 : CIP2014005159)

머리말

행복을 찾아서

I

우리는 무엇을 위해서 사는가? 급한 업무를 해결하느라고 점심을 김밥으로 대충 때워야 했다면 대체 우리는 무엇을 위해서 그렇게 허둥지둥 바쁘게 살아야 하는가? 그래야만 월급을 받을 수 있기 때문에? 물론 맞는 말이다. 그래야 보험료와 자녀의 학비를 내고, 또 주말에 가족과 외식도 할 수가 있다. 하기 싫어도 열심히 일하지 않으면 가정이 온전하게 돌아가기 어렵다. 생각만 해도 끔찍하지만, 만약 해고를 당하면 가족이 뿔뿔이 흩어지고 나는 노숙자로 전락할 수도 있다. 그러니 스트레스의 과부하가 걸리더라도 열심히 일하고 돈을 벌지 않으면 안 된다.

삶의 목적이 행복이라면 행복이 대체 무엇인가? 만족감, 충만함, 기쁨, 쾌감과 같은 느낌은 행복과 동의어처럼 사용되고 있다. 우리는 그냥 사는 게 아니라 일을 포함해서 이런저런 취미 활동을 하면서 산다. 그러한 활동을 하면서 기분이 좋고 만족스러우며, 일에서 보람을 느끼고 또한 진정으로 살아 있는 느낌을 가지고 있다면 얼마나 좋겠는가. 그러기 위해서 우리는 간섭 받지 않고 정말로 자기가 하고 싶은 것을 하면서 살아야 한다. ≪니코마코스 윤리학≫에서 아리스토텔레스가 강조했듯이 행복의 본질은 자기가 하고 싶은 것을 자유롭게 하는 활동에 있다.

하고 싶은 일을 자유롭게 하면서 사는 사람이 가장 행복한 사람이라고 말해도 과언이 아닐 것이다. 돈을 벌기 위해서 억지로 일해야 하는 사람은 행복하다고 할 수가 없다. 싫은 일을 억지로 하는 노동자는 일의 노예가 아닌가. 명목상 자유로운 신분이지만 따지고 보면 회사가 고용한 노예에 지나지 않는다. 하루에 8시간 일하는 노동자는 삶의 3분의 1을 노예처럼 굴욕적으로 살아야 한다.

그런데 하고 싶은 일을 한다고 해서 반드시 행복하다고 할 수 있을까? 피아니스트가 되기 위해서 열심히 피아노 연습을 하는 학생을 생각해 보자. 그러라고 강요하는 사람도 없이 스스로 좋아서 연습하는 것이다. 그러면 정말로 행복할 수가 있을까? 만약 훌륭한 피아니스트가 되지 못한다면? 설상가상으로 손가락이 마비가 된다면? 피아니스트로 대성하는 사람이 세상에 몇이나 될까? 좋아하는 피아노를 치면서도 대부분 좌절과 절망 속에서 신음하다가, 끝내 꿈을 포기하고 만다. 모차르트처럼 타고난 재주가 없기 때문이다. 이때 그를 방해하는 훼방꾼은 다른 사람이 아니라 바로 자기 자신이다. 자기가 자신의 행복의 장애물이다.

불행하게도 우리는 하고 싶은 일을, 그것도 뛰어나게 잘하지 않으면 행복할 수 없는 듯이 보인다. 그렇다면 우리에게 일을 시키는 고용주도 우리가 상상하는 만큼 행복하지는 않다고 할 수 있다. 그가 원하는 만큼 회사가 많은 매출을 올리지는 않기 때문이다. 그렇다면 만인의 부러움과 존경을 받는 노벨상 수상자나 예술가, 세상에서 가장 아름다운 여배우도 온전하게 행복하지는 않을지 모른다. 아리스토텔레스는 신이 아닌 이상 완전하게 행복한 사람은 없다고 말하지 않았던가.

이 세상에 완전한 행복은 없는 것일까? 이 질문에 대답하기는 사실상 불가능하다. 행복은 메테를링크의 '파랑새'처럼 눈으로 보거나 손으로 잡을 수 있는 대상이 아니기 때문에 객관적인 증명이 불가능하다. 예비 피아니스트에게 루빈스타인과 같은 피아니스트는 행복의 대명사처럼 보일 수 있다. 예비 CEO는 자기가 빌 게이츠처럼 성공한다면 세상에 더 이상 부러울 것이 없다고 생각할지 모른다. 그러나 행복은 지위나 재산, 능력으로도 이루어지지 않으며, 그것이 행복의 증명이 되지도 않는다. 루빈스타인이나 빌 게이츠의 마음으로 들어가지 않으면 그들이 행복한지 아닌지를 알 수가 없다. 불행할 확률이 더 클지도 모른다. 행복을 연구하는 학자들은 세계 최고의 갑부들은 결코 행복하지 않다고 한 목소리로 증언한다.

다시 묻기로 하자. 행복이란 무엇인가? 살아 있다는 사실에서 오는 만족과 기쁨, 보람이다. 보람이 행복이라면, 안락과 기쁨을 멀리하고 광야에서 구도하는 사람도 역시 행복을 삶의 목적으로 한다고 할 수 있다. 세속적 행복이 아니라 초월적 진리에서 진정한 행복을 찾기 때문이다. 그렇다면 내세의 행복을 위해서 지금 당장의 행복을 포기하고 고통과 고난을 감수하며 희생적인 삶을 사는 사람도 행복하다고 말할 수가 있을까? 중세 수도승들은 쾌락을 경멸하면서 몸에 채찍질을 하고 가시 옷을 입는 등 고행을 일용한 양식으로 삼았다. 그들도 행복을 삶의 목적으로 한다는 점에서 예외가 아니다. 그것이 강요된 고행이 아니라 자발적인 고행이라면 더욱더 그러하다. 피학대성욕도착증처럼 고통이 기쁨이 될 수 있다.

그런데 미래의 행복을 위해서 현재에 불행을 감수하는 사람이 과연 행복하다고 할 수가 있을까? 양보해서 내세가 있다고 가정하자. 그렇다면 현세에서의 고통과 고난을 '당했던' 사람도 사후에 몇 갑절로 보상을 받기 때문에 행복하다고 할 수가 있을까? 나는 그렇게 생각하지 않는다. '당했다'는 '수동적'인 표현에 주목하기로 하자. 미래의 행복에 저당 잡힌 삶은 노예의 삶과 크게 다르지 않다. 미래라는 주인에 의해서 끌려가는 노예에 지나지 않는 것이다. 그가 행복한 사람으로 간주되기 위해서는 현세의 불행도 '능동적'으로 자발적인 것이어야 한다. 고통은 그가 원하고 긍정하는 것이어야 하는 것이다. 그렇게 긍정되는 순간에 고통은 물리적 통증처럼 무의미하며 될 수 있으면 없으면 좋은 고통이 아니라 의미와 가치가 부여된 고통이 된다. 수도승들이 그러한 고통 속의 기쁨의 살아 있는 예를 제공하지 않았던가.

미래의 행복을 위해서 현재 불행을 감수하거나 의욕하는 사람들은 수도승만이 아니다. 원하는 직업을 가지지 못하고 3D 직장에서, 그것도 박봉을 받고서 일을 해야 하는 노동자도 미래를 위해서 현재를 희생해야 하는 처지에 있다. 불철주야 고시 준비를 하는 학생들, 예비 피아니스트도 마찬가지의 처지에 있다고 할 수 있다. 예비 피아니스트도 자신이 원하는 음악을 능동적으로 하고 있기 때문에 현재에도 행복다고 봐야 한다. 그것은 훌륭한 연주인지 아닌지의 결과와는 무관하다. 행복의 초점은 원하는 것을 자발적으로 하는가 아니면 타율적으로 하는가의 질문에 집약되어 있기 때문이다. 그의 궁극적인 목적이 행복이라면 그것은, 루빈스타인처럼 위대한 피아니스트로 대성하는 성취에 있지 않다. 그럼에도 불행하게도 행복을 피아니스트라는 결과와 동일시하는 예비 피아니스트들이 적지 않다. 만약 자신이 위대한 피아니스트가 되는 순간에 행복이 도래한다고 생각한다면 그가 그러한 목표에 다다르기 위해 거쳤던 모든 과정들은 미래를 위한 투자나 희생에 다름이 아니게 된다.

우리에게 잘 알려진 희곡으로 입센의 ≪페르귄트≫가 있다. 그리그가 오페라로 작곡해서 더욱 친근해진 작품인데, 주인공 페르는 결혼 첫날밤에 자기가 원하는 행복을 찾아서, 무정하게도 솔베이지의 곁을 떠난다. 그녀와의 결혼이 자기가 원하는 파랑새가 아니라고 생각하였기 때문이었다. 그리고 그는 진정한 행복을 찾아서 온 세상을 방랑하지 않으면 안 되었다. 아무리 눈을 크게 뜨고 보아도 주위에서 찾을 수 없는 행복이 먼 타지(미래, 내세, 위대한 피아니스트)에 있다고 생각했던 것이다. 그의 방황은 현실에 부재하는 행복을 향한 기나긴 탐험이었다. 그런데 ≪페르귄트≫에서 행복이라는 주제와 관련해서 중요한 사실은, 솔베이지는 페르처럼 살지 않았다는 것이다. 그녀는 자기가 살고 있는 현실—마을, 집, 동네 사람들—에 이미 충분한 행복이 있다고 믿었기 때문에 행복을 찾아서 타지로 떠날 필요를 느끼지 않았다. 현실 자체가 그녀가 긍정하고 의욕하는 것, 즉 행복의 이유였던 것이다. 다른 사람들이 그녀를 바라보는 시선은 크게 중요하지 않다. 첫날밤에 소박을 맞은 박복한 여자로 놀림을 받을 수도 있다. 그러나 그녀는 무정하게도 자기 곁을 떠난 페르의 집을 지키고, 또 시어머니를 모시면서 기쁜 마음으로 살 수 있었다. 신랑(행복)에게 버림받은 여자가 아니라 행복과 동거하는 여자였던 것이다. 위대한 피아니스트가 되지 못한다고 해서 불행할 이유는 없다.

현명하게도 솔베이지는 행복의 비결을 잘 알고 있었다. 그녀가 만약에 예비 피아니스트였다면 휘황찬란한 콘서트홀이 아니더라도 다만 피아노를 치는 것으로 행복하다는 것을 잘 알고 있었을 것이다. 이미 원하는 삶의 목적을 성취했기 때문이다. 아무런 방해꾼이나 강요가 없이 자기가 하고 싶은 음악을 즐기고 있기 때문이다. 그녀는 목적을 수단으로 착각하지 않았다.

행복을 행복의 수단으로 착각하는 순간에 불행이 시작된다. 행복은 수단이 아니라 목적이라는 사실은 아무리 강조해도 지나치지 않는다. 개인적으로 나는 걷기를 좋아한다. 더구나 덤으로 건강까지 보장이 되기 때문에 더 이상 좋을 수가 없다. 그러나 건강이라는 목적을 위한 수단으로 걸어야 한다면 산책은 그렇게 유쾌하거나 즐겁지 않을 것이다. 산책이 즐겁기 위해서는 산책 자체가 목적이 되어야 한다. 만약에 목적지를 미리 정해 놓고서 거기에 도착하기 위해 걸어야 한다면 즐거움이 반으로 절감이 된다. 목적지에 도착하기 위한 걷기는 일종의 심부름이지 않은가. 심부름하듯이 걸을 바에는 차라리 걷지 않는 게 낫다고 생각한다.

산책을 좋아하는 사람에게는 산책의 과정 자체가 목적이 된다. 목표를 위한 수단으로서의 행동이 아니라 그 행동 자체가 목적이 되는 순간이 지고한 행복의 순간이다. 이때 목적과 수단은 혼연일체가 되어 있다. 이미 파랑새가 우리의 어깨에 앉아 있는 것이다. 지금 행복하지 않으면 언제 행복하겠는가. 여기에 '있는' 행복이 '없다'고 생각하고서 먼 타향으로 여행을 떠나는 페르는 어리석고 불행한 사람의 전형이다. 우리는 지금 여기에서 행복해야 하며, 절대로 그러한 행복을 양보해서도 안 된다. 좋아하는 피아노를 치면서도 루빈스타인처럼 잘 치지 못하기 때문에 불행하다고 느끼는 예비 피아니스트는 타인에게 행복을 양보하는 사람이다.

대한민국처럼 모든 것을 서열화하고 규범화하며, 경쟁을 조장하는 사회에서 행복하게 살기는 쉬운 일이 아니다. 내가 하고 싶은 것을 하면서 즐겁게 살다가도 다른 사람과 경쟁에 임하게 되면 경쟁이 삶의 목적으로 바뀌어 버린다. 주인이 노예가 되듯이 내가 좋아하는 활동이 성공의 수단으로 변질되는 것이다. 이 점에서 타인과 자신을 비교하는 사람은 이미 타인의 노예이다. ≪백설공주≫ 이야기를 보라. 왕비는 더할 나위 없이 아름다운 여자였다. 그러나 거울을 보고 "세상에서 누가 가장 아름답지?" 하고 묻는 순간에 그녀는 타인(백설공주)의 노예가 되었다. 이것을 '왕비 신드롬'이라고 부를 수 있다. 왕비 신드롬은 세상에서 행복할 모든 이유를 가지고 있으면서도 세상에서 가장 불행한 사람들을 일컫는 개념이다.

대한민국에서 그러한 왕비 신드롬을 가장 많이 앓는 사람들이 계층적으로는 중류층, 지역적으로는 강남 사람들이다. 백설공주의 계모처럼 중류층은 지금 여기의 현재에 만족하지 못하는 사람들이다. '있는' 것(현실)이 아니라 '없는' 것(미래의 중상류층, 혹은 상류층)에 눈높이를 맞추고 있기 때문이다. 그들은 자신이 충분히 가지고 있지 못하다고 생각한다. 더욱 큰 집을 가지지 못했고, 더 많은 돈을 벌지 못하며, 더욱 학벌이 좋지 못하고 더욱더 아름답지 못하다고 생각을 하는 것이다. 이때 지금 살고 있는 집과 여유, 기쁨은 성에 차지 않는다. 파랑새는 저기 멀리 미래의 상류층에 있는 것이다.

왕비 신드롬은 지극히 역설적이다. 없는 사람들보다 훨씬 많은 것을 가지고 있기 때문에 불행해진 사람들이 그러한 신드롬의 주체들이기 때문이다. 한편으로는 가진 것을 상실할지 모른다는 불안감, 또 다른 한편으로는 더욱더 많은 것을 소유하지 못하고 있다는 불만감에서 헤어 나오지 못하는 것이다. 젊은 시절에 런던과 파리에서 극빈층으로 생활했던 조지 오웰은 그러한 체험을 통해서, 대도시에 만연한 왕비 신드롬의 진리를 발견하였다. 그의 경험을 기록한 ≪파리와 런던의 따라지 인생≫에는 다음과 같은 구절이 나온다. "돈을 적게 가질수록 걱정도 덜하게 된다. 모두 합쳐 100프랑밖에 없을 때는 가장 소심한 겁쟁이가 된다. 그러나 3프랑만 있으면 아주 무심해진다." 그 이유를 짐작하기는 어렵지 않다. 손에 100프랑이 있으면 그 돈을 가지고 잘 투자해서 자금을 늘릴 생각을 하게 된다. 즉 미래의 200프랑—지금 없는 돈—에 생각이 가 있는 것이다. 그러나 달랑 3프랑밖에 가지고 있지 않으면 그것을 가지고 '지금 무엇을 할까'를 생각하기 시작한다. 미래의 200프랑이 아니라 현재의 3프랑만 생각하는 것이다.

행복은, 현재의 불행이 구르면서 눈덩이처럼 커지는 미래의 결과가 아니다. 행복은 지금 우리가 손에 쥐고 있는 3프랑이 줄 수 있는 기쁨에 있다. 미래의 위대한 피아니스트가 아니라 지금 피아노를 연주하는 시간에 행복이 있는 것이다. 그것은 '부재'의 욕망이 아니라 '현존'의 미학이다. 이러한 사실을 잘 알고 있었던 소크라테스와 노자는 매우 행복한 사람이었다. 행복하기 위해서는 목적과 수단을 착각하지 않을 정도의 지혜를 가지고 있어야 하는 것이다.

그러나 목적과 수단을 착각하지 않는다고 해서 우리 모두가 행복할 수 있을까? 자발적으로 하면 고행의 고통에서도 행복을 발견할 있다고 하자. 그러나 치통이나 관절통과 같은 통증도 원하고 추구하는 것으로 반기고 환영할 수 있을까? 통증은 교통사고처럼 나의 의지나 생각과 무관하게 나에게 닥친 불행이다. 그래서 우리는 통증을 참고 견딘다고 하지 능동적으로 원한다고 말하지는 않는다. 우리는 통증의 노예이지 그것의 주인은 될 수가 없는 것이다. 이와 같은 통증의 범주에, 끔찍하게 하기가 싫지만 생계를 위해서 억지로 해야 하는 노동이 있지 않을까? 선택의 여지가 없는 막다른 골목에서 어쩔 수 없이 감수해야 하는 가난이나 노동, 실직, 굴욕 등이 있지 않을까? 조선시대에 안빈낙도했던 선비들처럼 최저의 생계만 보장이 된다면 가난도 능동적으로 추구할 수 있다. 그렇지만 최소한의 생계가 보장이 되지 않는다면 선비도 먹고살기 위해서 평민처럼 일을 하지 않으면 안 된다. 이때 자신이 하는 노동에 대해서 주인 노릇을 하기는 어렵다.

절대적인 빈곤 앞에서는 소크라테스나 노자와 같은 현자도 행복할 수가 없다. 선택의 여지가 없는 막다른 골목에서는 능동적인 행동이 불가능하다. 하고 싶은 일을 자발적으로 하는 것이 행복이라면 그러한 행복이 가능하기 위한 조건은 최소 생계의 보장이다. 이것은 사회가 해결해야 하는 문제이다. 최소 생계권이 보장이 되면 개인은 자발적으로 할 일을 선택하고, 자기 삶의 주인이 될 수가 있다. 자기 삶의 주인이 되면 우리는 불필요한 경쟁을 할 필요도 없으며, 구태여 고액의 연봉을 받기 위해서 과로를 하지도 않는다. 왕비 신드롬의 희생자가 되지 않는 것이다. 미국의 경제사학자 리처드 이스털린이 1974년에 발표한 '이스털린의 역설'이라는 것이 있다. 일단 기본적인 욕구가 충족되고 나면 소득이 아무리 많이 증가해도 행복에 영향을 미치지 않는다는 것이다. 고액연봉자의 경우처럼 소득의 엄청난 증가는 불필요한 욕망과 과도한 경쟁을 자극할 뿐이다. 수단이어야 할 경쟁과 욕망이 삶의 목적이 되는 것이다. 그러한 반면에 행복한 사회를 위해서는 각 개인에게 기본적인 생계가 보장되어야 할 것이다.

Ⅱ

2011년에 연구 주제가 '자살'이었으며 2012년의 주제가 '폭력'이었다는 사실을 생각하면, '행복'이라는 주제와 더불어 우리 연구소는 2013년에 음침한 지하에서 밝은 지상으로 올라온 셈이다. 행복만큼 인간이 절실하게 추구하는 목표도 없다. 그것은 우리가 바라는 모든 것의 총칭이며 존재의 이유라고 말해도 과언이 아니다. 그냥 먹고사는 것이 아니라 우리는 잘 먹고 잘 살기를 바라는 것이다.

10년 전만 하더라도 인문학이 행복을 입에 올리면 왠지 사이비 인문학 같은 인상을 풍겼다. 존 스튜어트 밀이 대비시켰던 배부른

돼지와 불행한 소크라테스에서 후자가 인문학의 토대를 이루었으며, 인문학은 근본적으로 저항과 비판의 정신으로 무장을 하고서 불행한 사람들의 편에 서야 했기 때문이었다. 행복이 노래와 춤이 있는 시장에게로, 그러나 불행은 상아탑에게로! 이와 같이 인간의 이상일 수도 있는 행복이 학문적으로 비하되었던 까닭은 그것이 자본과 기득권, 부와 결탁되어 있었기 때문이다. 가지지 못한 자가 아니라 가진 자만이 행복을 향유할 수 있다고 간주되었던 것이다. 이와 같이 가진 자만이 행복할 수 있는 사회적인 구조, 그러한 사실에 질끈 눈을 감아야만 행복할 수 있는 자기기만이 인문학과 어깨를 나란히 할 수 없었다.

그러나 2010년대에 접어들면서 시장의 논리를 지배하던 행복이 새삼 학문적 화두로 등장하였다. 그러나 자칫하면 행복의 담론은 가장 최신의 자본주의적 소비상품이며, 겉이 번드레한 위약僞藥이 될 소지가 있다는 사실을 우리는 잊지 않고 있다. 자본주의적 행복은 '나는 소비한다. 그러므로 나는 행복하다'로 요약될 수 있다. 행복하면 우리의 머리에 근사한 집과 멋진 자동차, 해외여행, 럭셔리 가구, 값비싼 레스토랑, 고액 연봉, 잘 나가는 남편과 아름다운 아내가 떠오를 수 있다. 이와 같이 우리는 소비를 종용당하고, 소비를 통해서 행복을 확인하는 문화에 살고 있다. 예를 들어 휴가철에 해외여행을 하지 않으면 왠지 불행한 축에 끼는 듯한 느낌을 우리는 강요당하지 않는가. 이때 자본주의는 불행의 장사처럼 보인다. 화려하게 소비하고 즐기지 않으면 불행하다는 생각을 우리의 의식에 주입하는 것이다.

그러나 소비와 부, 럭셔리를 통한 행복은 고대로부터 현재까지 인문학이 추구했던 행복의 정신과 거리가 먼 것이었다. 행복은 그러한 소비의 수동적 행위에 깃들지 않는다. 행복의 담론이 에피쿠로스적인 쾌락hedone, 아리스토텔레스적 탁월함arete, 그리고 스토아적인 마음의 평정 등으로 구분되지만, 그럼에도 이 세 가지 전통에는 중요한 공통점이 있다. 그것은 소극적인 소비가 아니라 적극적이고 능동적이며 생산적인 행위에서 행복이 생산된다는 믿음이다. 행복을 상품화하는 시장의 논리가 무시하고 있는 것이 이와 같이 생산적인 활동으로서의 행복, 마음의 평정으로서 행복이다.

몸문화연구소의 연구원은 행복이라는 화두를 가지고 1년 동안 고민과 토론을 하면서 행복이 가진 자의 전유물이 아니라, 오히려 가지지 못한 자의 특권이라는 결론에 도달하였다. 부와 지위, 명예, 권력 등으로 행복을 획득하려는 시도는 그리스 신화의 탄탈로스처럼 영원히 만족될 수 없는 갈증과 욕망을 야기한다. '더욱더' 법칙의 지배를 받는 것이다. 이 세상에 '더욱더'의 요구를 만족시킬 수 있는 재산이나 권력은 존재하지 않는다. '더욱더'의 요구에 직면하면 신도 신이 아니며, 아름다움도 아름다움이 아니고, 풍요도 풍요가 아니게 된다. 미국의 심리학자 윌리엄 제임스는 행복은 욕망에 반비례한다고 주장하였다. 욕망이 많으면 많을수록 더욱 불행해진다는 것이다. 이 점에서 '더욱더'는 불가능한 행복 이외에 다른 것이 아니다. '더욱더'는 불만족과 경쟁의 악순환에서 벗어나지 못하게 만드는 자본주의적 논리이다. 그러나 가지지 못한 자들은 그러한 소모적 경쟁에서 비교적 자유로울 수 있다.

몸문화연구소가 2013년에 쏟아부었던 노력과 연구, 고민의 결실인 이 책은 다음과 같은 4개의 질문들로 구성되어 있다. 제1부 "행복이 무엇인가?", 제2부 "돈으로 행복을 살 수 있는가?", 제3부 "행복한 사회가 가능한가?", 마지막으로 제4부 "무엇이 행복한 몸인가?"이다.

독자의 편의를 위해서 이러한 순서에 따라서 여기에 실린 글들의 내용을 간단히 소개하기로 한다.

제1부 "행복이 무엇인가?"는 박찬국의 <욕망과 행복 — 에리히 프롬을 중심으로>와 더불어 시작이 된다. 여기에서 필자는 행복을 에리히 프롬과 욕망의 관점에서 실존주의적으로 접근하였다. 행복이란 욕망이 충족된 상태라고 할 수 있기 때문이다. 그러나 인간에게는 감각적인 욕망을 넘어서는 훨씬 더 중요한 욕망이 있다는 사실을 잊어서는 안 된다. 프롬은 인간이 본능을 넘어서 이성을 갖게 됨으로써 처하는 독특한 상황으로부터 인간에게만 고유한 실존적 욕망들이 존재하게 된다고 주장하였다. 이러한 프롬의 주장을 빌려 필자는 우리가 실존적 욕망들을 생산적이고 건강하게 실현할 때만 참으로 행복할 수 있다고 결론을 내린다.

<우리는 행복하다. 그럼에도 불행하다고 생각하고 있다>에서 김종갑은 현대인이 행복에 필요한 조건을 충족시키는 사회에 살고 있다는 점에 착안한다. 그리고 현대인 대부분이 고등교육을 받았기 때문에 행복이 무엇인지에 대해서도 개념적으로 잘 알고 있다고 지적한다. 그럼에도 역설적으로 현대인이 행복에 대해 아무것도 모른다는 듯이 불행하게 살고 있다고 주장한다. 행복이 무엇인지 알고 있으면 행복하게 살아야 하지만 오히려 그 반대가 우리 사회의 현주소라는 것이다. 그는 행복을 노동의 행복과 휴식의 행복, 그리고 만족감과 쾌락으로 대립시키면서 행복하게 살 수 있는 방법을 논의하였다.

<메이지유신과 국민 행복의 탄생>에서 박삼헌은 행복과 근대화의 관계를 일본의 사례를 들어서 논의하였다. 행복은 사적 영역과 공적 영역으로 이분되어 있었다는 것이 그의 주장이다. 근대전환기 일본에서

happiness는 운이나 복과 같이 사적 영역에 속하는 경우는 幸사이와이, 행으로, 천부인권과 같이 공적 영역에 속하는 경우는 幸福고우후쿠, 행복으로 번역되었다. 이후에 幸福행복은 인민의 행복, 국민의 행복, 신민의 행복, 국가의 행복 등 다양한 담론을 생산하는 근거가 되었다고 한다. 그렇지만 1889년에 '신민의 행복'을 천황의 권한에 귀속시키는 '대일본제국헌법'이 반포됨으로써 幸福행복에서 시작된 근대 일본의 행복 담론은 종말을 맞게 되었다는 것이 필자의 주장이다. 행복이라는 관념이 국가의 이데올로기와 뗄 수 없는 관계에 있었던 것이다.

제2부 "돈으로 행복을 살 수 있는가?"를 묻는 〈힐링, 행복 실현을 위한 진정한 도구인가?〉에서 서길완은 상업화된 힐링 문화를 비판적으로 다루었다. 언제부터인가 우리나라에 힐링 열풍이 불기 시작하였다. 이러한 힐링의 담론들은 심적 치유를 통한 자기-계발과 자아-실현을 약속하는 듯이 보인다. 그러나 그러한 담론을 분석하면서 필자는 행복의 묘약으로 제시되는 힐링의 담론들이 얼마나 상업적으로 변질되었으며, 당사자의 이해관계와 영합하고 있는지를 밝혔다. 필자는 힐링의 언어가 행복 실현을 위한 진정한 도구인지에 관하여 독자들이 객관적인 시각을 갖는 것이 중요하다고 강조하였다.

〈여가와 행복 — 리조트 여행을 중심으로〉에서 최하영은 행복의 지름길처럼 홍보되는 여행 산업을 주제로 다루었다. 발리나 괌, 세부, 보라카이, 파타야, 몰디브와 같은 이름들은 세계 지리에 문외한인 독자에게도 매우 친근한 섬이 되었다. 우리는 주위에서 그러한 휴양지를 여행한 사람들을 심심치 않게 볼 수가 있다. 이 글에서 필자는 현대인들이 휴가를 보내는 대표적 방식인 리조트 여행에 대한 우리들의 욕구가 어디에서 유래하는지, 또 그러한 방식의 여가가 과연 우리의 행복에 기여하는지, 혹은 기여하지 않는지를 일과 여가, 여가와 행복의 관계를 통해 고찰하였다.

<근대 이상적 가정과 행복에 관한 소고小考>에서 엄현섭은 근대화의 과정에서 행복의 필수적 조건으로 간주되었던 '피아노'를 중심으로 행복을 논의하였다. 그는 근대 조선이 양악洋樂을 수용하면서 피아노가 부르주아 가정의 필수품으로 자리를 잡는 과정에 주목하였다. 당시에 '이상적 가정'은 거실에서 피아노 소리가 울려 퍼지는 가정이어야 한다는 담론이 유포되었다. 하지만 당시에 피아노를 소유할 수 있는 사람은 극소수에 지나지 않았다. 행복이 극소수의 전유물로 특권화되었던 것이다. 필자는 현진건의 소설 <피아노>를 통해서 행복을 독점하는 부르주아 계급의 허위성을 고발하였다.

제3부 "행복한 사회가 가능한가?"라는 질문의 첫 번째 글 <'살 만한 사회'를 위한 하인리히 뵐의 대안사회 모델>에서 사지원은 노벨상 수상 작가이면서 기회가 있을 때마다 사회 비판적 발언으로 유명세를 탔던 하인리히 뵐의 작품을 통해서 어떤 사회가 행복한 사회인가의 문제를 문학적으로 논의하였다. 행복의 문제는 문학의 역할과 무관하지 않다. 뵐에게 문학의 역할은 '살 만한 언어'로 '살 만한 사회'를 구축하는 데 기여하는 데에 있다. 문학이 바람직한 사회의 모델을 구체적으로 제시하기 때문이다.

<행복의 조건 — 정치와 윤리>에서 이근세는 행복의 정치적 조건과 실존적 조건을 다루었다. 그는 정치·사회적 환경은 행복의 필요조건이지만 충분조건은 아니라고 주장한다. 정치적 제도가 미치지 않는 실존적 공간은 분명 존재하기 때문이라는 것이다. 그럼에도 정치·사회적

환경이 조성되지 않으면 실존적 공간에 대한 관심은 약화된다는 사실을 지적한다. 따라서 정치적 차원이나 개인적 차원에서 일방적으로 행복의 조건을 규정하는 방식은 지양되어야 하는 것이다. 필자는 정치철학과 윤리학의 역동적 관점에서 행복을 이해해야 한다고 주장한다.

이 책의 마지막을 장식하는 제4부 "무엇이 행복한 몸인가?"의 첫 번째 글 <본능과 행복>은 정신분석학적 관점에서 몸과 행복의 관계를 논하였다. 송인희는 몸(의 충동)이 행복의 중심이라고 주장한다. 그럼에도 그러한 충동은 반사회적이고 위험한 것으로 간주되면서 관습이나 도덕, 제도를 통해서 끊임없이 억압되어 왔다는 것이다. 그럼으로써 불행하게도 몸이 타자의 욕망이라는 덫에서 벗어날 수 없게 되었다. 이상화된 행복의 공식들이 그러한 예이다. 그러나 그러한 행복의 공식들은 몸의 충동을 만족시키기는커녕 오히려 신경증적인 증상과 고통을 야기한다. 그렇다면 충동의 만족이 가능한가? 필자는 본능의 행복한 만족에의 가능성을 승화에서 찾았다. 인간은 승화를 통해 자신을 가장 아름답게 형상화시킬 수 있다는 것이다.

<동서양 의학에서 바라본 행복 — 몸과 마음의 상호 관계성 속에서>는 이 책의 다른 글들과 달리 의학적이며 실용적이다. 이 글에서 필자는 몸과 마음은 뇌를 통하여 역동적으로 상호 소통하는 순환체계를 가지고 있다는 점을 강조하면서 몸과 마음을 분리해서 보았던 심신이원론적인 서양 의학의 한계를 지적하고 심신일원론적인 한의학에서 바람직한 몸의 이해를 추구하고 있다. 필자는 구체적인 자료들을 바탕으로 몸과 마음의 상호 관계성의 관점에서 동서양 의학에서 바라보는 행복의 문제를 논의하였다.

몸문화연구소 연구원의 자발적인 참여와 도움이 없었으면 이 책은 세상에 나오지 못했을 것이다. 독회와 발표, 토론, 원고를 준비하기 위해 그간 마음 편할 날이 없었던 연구원들에게 감사의 마음을 전한다. 특히 이 책이 완성되기까지 하나부터 열까지 편집의 책임을 지고 고생했던 서길완 선생님, 현재의 책으로 완성을 한 건국대학교출판부의 박명희 선생님, 그리고 연구원이 아님에도 2013년 가을 학술대회에서 기조 강연을 해주시고 흔쾌히 원고를 보내 주셨던 박찬국 선생님에게도 감사의 말씀을 전하고 싶다. 마지막으로 건국대학교의 지원이 없었으면 이 책은 빛을 볼 수가 없었을 것이다.

몸문화연구소
소장 김종갑

차 례

4부

무엇이 행복한 몸인가?

01 행복이 무엇인가?

욕망과 행복
—에리히 프롬을 중심으로

행복이란 문제는 욕망이란 문제와 불가분리의 관계에 있다. 이는 행복이란 결국 욕망이 충족된 상태라고 할 수 있기 때문이다. 그런데 우리는 욕망을 흔히 식욕과 성욕과 같은 감각적 욕망과 동일시하는 경향이 있다. 이에 반해 프롬은 이러한 감각적인 욕망보다도 훨씬 더 근본적인 욕망들이 있다고 보며, 이러한 욕망은 인간이 본능이 약화된 대신 이성을 갖게 됨으로써 처하게 되는 독특한 실존적 상황에서 비롯되는 욕망이라는 점에서 실존적 욕망이라고 부르고 있다. 에리히 프롬은 실존적 욕망의 분석을 통해서 행복이라는 문제를 독자적이면서도 심원한 방식으로 해명하고 있다.

박찬국

감각적 쾌락주의와 금욕주의

감각적 쾌락주의

근대에 들어와 과학과 기술이 눈부시게 발전하면서 사람들이 자신들의 감각적 욕망을 충족시킬 수 있는 가능성은 그 이전 시대가 상상할 수 없을 정도로 증대되었다. 현대인들 중 많은 사람들이 옛날의 제왕이 누릴 수 있었던 감각적 쾌락을 누릴 수 있게 되었다고 해도 과언이 아니다. 이러한 상황은 행복을 감각적 쾌락과 동일시하는 감각적 쾌락주의가 근대인들을 지배하게 되면서 가능하게 되었지만, 다른 한편으로 그러한 상황으로 인해서 감각적 쾌락주의는 갈수록 득세하고 있다.

감각적 쾌락주의가 갖는 문제점들은 그동안 철학에서 다각도로 분석되었지만, 여기서 다시 한 번 종합적으로 짚어보려고 한다.

첫째로, 감각적 쾌락주의에 사로잡히게 될 경우 사람들은 그러한 감각적 욕망을 충족시켜 주는 물건들에 의존하게 된다. 이런 의미에서 현대인들은 물질적 결핍으로부터 벗어났지만 감각적인 욕망을 충족시켜 주는 물건들에 크게 의존하게 되었다고 할 수 있다. 서양의 중세 시대에 사람들이 신에게서 자신의 안전과 행복을 찾으려고 했다면, 현대에는 이러한 신의 자리를 인간 자신이 만들어 낸 물건들이 차지하고 있다고 할 수 있다. 그리고 화폐야말로 그러한 물건들을 어느 것이든 구매할 힘을 제공하기 때문에 사람들은 화폐를 신처럼 숭배하게 되었다. 이런 의미에서 감각적 쾌락주의는 물신숭배와 통한다.

둘째로, 감각적 쾌락주의에 빠진 인간은 쾌락과 고통을 재빨리 계산하는 기계와 같은 인간이다. 이러한 인간은 자신의 행복은 외부로부터의 감각적인 자극에서 생긴다고 생각한다. 그의 행복은 외부적인 조건에 의해 규정되는 것이며, 따라서 감각적 쾌락주의자는 자신의 욕망에 따라서 자유롭게 사는 것처럼 보이지만 외부적인 조건이 자신에게 불리하게 될까 항상 두려워한다.

셋째로, 행복을 감각적 쾌락에서 찾게 될 경우 사람들은 다른 인간들과 사물들을 자신의 감각적 쾌락을 위한 수단으로밖에 보지 못하게 된다. 따라서 감각적 쾌락주의에 빠진 사람들은 다른 인간들이나 사물들과 깊은 관계를 맺을 수 없게 되며, 그러한 사람들로 이루어진 사회는 감각적 욕망을 충족시키는 재화들을 둘러싼 투쟁의 장이 된다.

넷째로, 감각적 쾌락주의에 빠진 삶의 본질을 우리는 쇼펜하우어의 말을 빌려서 “욕망과 권태 사이에서 오락가락하는 시계추와 같은 삶”이라고 볼 수 있다. 감각적 욕망이 충족되지 못할 경우 사람들은 고통스러워하지만 이러한 욕망이 충족되고 나면 얼마 안 가 권태에 빠지게 된다. 이러한 권태는 우리가 새로운 욕망에 사로잡힐 때까지 계속된다. 그리고 이러한 새로운 욕망에 사로잡히고 그것이 충족되지 않으면 우리는 다시 고통에 사로잡히게 된다.

어린애가 장난감들에 대해서 보이는 태도를 보면 우리는 이러한 사실을 분명하게 확인할 수 있다. 신기한 장난감이 나타났을 때 어린애는 그것을 갖고 싶은 욕망에 사로잡히고 그것을 갖지 못하면 고통스러워한다. 그러나 정작 그것을 갖게 되었을 때 만족감은 오래가지 못한다. 어린애는 그 장난감에 얼마 안 가서 싫증을 느끼고 새로운 장난감에 대한 욕망에 사로잡히기 전까지는 권태를 느끼게 되는 것이다.

그러나 이런 현상은 어린애에게서만 볼 수 있는 것은 아니다. 성인들의 삶도 어린애들의 삶과 본질적으로는 다를 바가 없다. 바뀌는 것은 다만 욕망의 대상일 뿐이며, 장난감이 아파트나 이성으로 바뀔 뿐이다. 자신의 맘에 드는 이성을 발견했을 때 우리는 그 이성의 사랑을 얻기 위해 애달파 하면서 괴로워한다. 그러나 정작 그 이성이 사랑을 허락했을 때 우리가 느끼는 만족감은 오래가지 않는다. 우리는 곧 권태에 빠지고 보다 멋있는 이성을 향해 곁눈질을 시작한다.

쇼펜하우어는 욕망과 권태 사이에서 시계추처럼 오락가락하는 것을 인생 일반의 본질이라고 보았지만, 필자의 관점에서 그것은 감각적 쾌락주의에 빠진 삶에서 보이는 현상이라고 생각한다. 감각적 쾌락주의에 빠진 사람은 물질이 풍족하지 않으면 궁핍해서, 풍족하면 권태로워서 고통을 느끼게 된다.

다섯째로, 감각적 욕망은 한이 없지만 그러한 욕망은 결국 결핍감에서 비롯되는 것이기 때문에, 욕망이 한이 없다는 것은 결핍감이 한이 없다는 것을 의미한다. 따라서 감각적 쾌락주의에 빠진 사람은 아무리 욕망을 충족시켜도 결핍감에 시달리며 그러한 결핍감을 극복하기 위해서 끊임없이 노력할 수밖에 없게 된다. 따라서 이러한 사람의 삶이란 한없는 결핍감과 무한한 노고의 연속이다.

여섯째로, 감각적 쾌락주의의 귀결은 우울이다. 감각적 쾌락주의에서 이성 내지 정신은 감각적 욕망의 도구로 전락해 있다. 그것은 우리가 멋있는 이성을 유혹하거나 감각적 욕망을 충족시켜 줄 재화들을 손에 넣는 도구적인 이성으로 전락해 있는 것이다. 그러나 우리에게는 감각적 욕망에 대한 탐닉을 벗어나 보다 높은 삶을 살고 싶어 하는 정신적 성향이 존재한다. 정신이 이러한 성향을 실현하지 못하고 감각적 욕망을 실현하는 도구로 전락해 있을 때 정신은 자신도 모르게 자신에 대한 불만족에 사로잡히게 된다. 이러한 불만족은 많은 경우 우울로 나타난다. 키에르케고르는 이런 의미에서 "우울이란 한갓 감각의 수단으로 영락해 버린 정신이 자신의 초라한 처지에 대해서 짜증을 내는 정신의 히스테리다."라고 말하고 있다.

일곱째로, 감각적 쾌락주의는 윤리적인 면에서 선을 쾌락과 동일시하는 입장을 취하고 있다. 이 점에서 감각적 쾌락주의는 윤리적 쾌락주의에 속한다고 볼 수 있으며, 이와 함께 윤리적 쾌락주의가 갖는 문제점에 노출되게 된다. 윤리적 쾌락주의는 선한 것이란 인간에게 쾌락을 주는 것이요, 악한 것은 인간에게 불쾌감을 주는 것이라고 본다. 그러나 사디스트나 마조히스트의 예에서 보듯이 남을 학대하고 착취하거나 굴종하는 데서 쾌감을 얻는 사람들이 있기 때문에, 쾌락 자체가 어떠한 행위가 선하고 악한 것인지를 평가할 수 있는 기준이 될 수는 없다.

금욕주의

감각적 쾌락주의가 갖는 이상과 같은 문제점들 때문에 서양 철학에서는 이러한 감각적 쾌락주의를 극복하는 길이 다각도로 모색되었다. 감각적 쾌락주의를 비판하면서 그것에 철저하게 대립적인 입장을 취한 것이 금욕주의적 철학이라고 할 수 있다. 그러한 금욕주의적 철학의 대표적인 것들로 우리는 기독교의 이원론적 철학과 쇼펜하우어의 철학을 들 수 있다. 이원론적인 철학은 인간의 감성적인 욕망을 악한 것으로 보면서 감각적 욕망에 빠진 인간을 죄인으로 탄핵하며 욕망에서 벗어날 것을 주창한다. 쇼펜하우어 역시 인간 삶의 불행을 무한한 욕망에서 찾으면서 욕망의 근절을 통해서만 진정한 마음의 평안이 가능하다고 본다.

금욕주의로 통하는 이원론에 대해서 가장 철저하게 비판했던 사상가가 니체이다. 니체는 이원론이 인간의 건강한 성장과 발전을 저해하면서 인간의 삶을 왜곡시키고 병들게 한다고 보았다. 니체는 이원론이 인간의 자연스런 욕망의 건강한 실현이 아니라 그것의 억압과 부정으로 일관함으로써 유럽인들을 정신적으로도 육체적으로도 병들게 함으로써 유럽을 정신병원으로 만들었다고 비판했다.

실존적 욕망

이성과 욕망

감각적 쾌락주의는 인간의 이성을 감각적 욕망을 충족시키는 수단들을 제공하는데 사용되는 도구적인 것으로 보는 반면에, 금욕주의는 인간의 이성을 욕망과 대립되는 것으로 본다. 감각적 쾌락주의와 금욕주의는 이렇게 서로 철저하게 대립되면서도 욕망에는 감각적인 욕망밖에 없다고 보는 점에서는 동일하다. 다만, 그러한 욕망을 감각적 쾌락주의는 긍정적으로 보는 반면에 금욕주의는 부정적으로 볼 뿐이다. 감각적 쾌락주의에게 감각적 욕망은 그것이 충족되지 않을 경우에는 고통을 주지만 충족될 경우에는 우리에게 쾌감을 주기 때문에, 그것은 한편으로는 불행의 근원이기도 하지만 행복을 가능하게 하는 필수적인 조건이기도 하다. 이에 반해 금욕주의에게 그러한 쾌락은 우리를 유혹하는 악이며 욕망은 우리를 그러한 악에 빠뜨리는 것이기에 근절해야만 하는 것으로 간주된다.

이렇게 감각적인 욕망만을 욕망으로 보는 입장들에 대해서, 욕망을 비이성적이고 병적인 욕망과 이성적이고 건전한 욕망으로 나누면서 이성을 한갓 욕망의 수단으로 보거나 욕망과 대립되는 것으로 보지 않는 입장이 있을 수 있다. 이 경우, 비이성적이고 병적인 욕망과 이성적이고 건전한 욕망은 본질적으로 다른 욕망이 아니다. 하나의 동일한 욕망이 비이성적으로 실현될 경우에는 비이성적이고 병적인 욕망이 되는 것이며, 그것이 이성적으로 실현될 경우에는 이성적이고 건전한 욕망이 된다. 동일한 감각적 욕망이라도 그것의 실현이 적절한 정도로 추구되면 그것은 이성적이고 건전한 욕망이 되지만, 지나치게 추구되면 비이성적이고 불건전한 것이 될 것이다.

실존적 욕망

그런데 인간에게는 감각적 욕망을 넘어서는 다른 종류의 욕망들이 존재한다. 이러한 욕망들 역시 비이성적이고 병적인 방식으로 추구될 때는 비이성적이고 병적인 욕망으로 나타나며, 이성적이고 건전한 방식으로 추구될 때는 이성적이고 건전한 욕망으로 나타난다. 감각적 욕망 이상의 욕망들로서 프롬은 결합과 합일에의 욕망, 초월과 창조에의 욕망, 지향의 틀에 대한 욕망 등을 들고 있다.

이러한 욕망들은 인간이 처하고 있는 독특한 실존적 상황에서 비롯되는 욕망이다. 인간이 동물과 가장 현저하게 구별되는 점은 동물은 본능이라는 형태로 자연조건에 대응하는 적응능력을 자연으로부터 부여받는 반면에, 인간에게는 자연에 대한 본능적 적응능력이 크게 결여되어 있다는 것이다. 인간은 이렇게 본능적인 적응능력이 약화된 대신 이성을 갖고 있다. 이와 같이 인간 각자는 약화된 본능 대신에 이성을 가지고 있기 때문에 본능에 의해서 제약된 환경세계 속에서 사는 것이 아니라 많은 선택 가능성이 주어져 있는 열린 세계에 살게 된다.

인간은 이러한 열린 세계 안에서 많은 선택 가능성들 중에서 하나를 선택해야 하며 그러한 선택에 대해서 책임을 져야 하지만, 이러한 선택이 어떤 결과를 가져올지 우리는 정확히 예측할 수 없다. 이런 상황에서 우리 인간은 자신의 선택에 대해서 궁극적으로는 홀로 책임져야 한다는 사실 앞에서 고독감을 느끼는 것과 동시에, 이 세계는 자신이 원하는 대로 존재하는 것이 아니라는 사실 앞에서 무력감을 느끼게 된다.

이러한 고독감과 무력감은 죽음을 생각할 때 우리를 가장 첨예하게 사로잡게 된다. 흔히 인간은 언젠가는 죽음을 극복할 수 있다고 생각하지만 이는 죽음을 각자적인 인간 자신의 죽음이 아닌 인간 일반의 죽음으로서 객관화했을 때 할 수 있는 이야기다. 인간이 죽음을 각자의 죽음으로 생각하는 순간 죽음은 우리가 아무리 피하고 싶어도 피할 수 없는 사건으로 나타나는 것이다. 우리는 죽음 앞에서 무력감을 느낄 수밖에 없다. 또한 다른 모든 일은 다른 사람이 대신해 줄 수 있지만 각자의 죽음은 어느 누구도 대신해 줄 수 없는 것이다. 죽음은 이렇게 우리가 전적으로 홀로 짊어질 수밖에 없는 것이라는 점에서 죽음 앞에서 우리는 고독감을 느끼게 된다. 아울러 우리는 죽음을 생각하면 모든 것이 태어나서 늙고 죽어갈 뿐이며 삶은 아무런 의미도 없는 허망한 것이라는 느낌을 갖게 된다.

인간의 삶은 인간이 약화된 본능 대신에 이성을 갖기 때문에 사로잡히게 될 수 있는 '고독감'과 '무력감' 그리고 '허망감'에서 벗어나 자신의 삶을 합일감과 활기와 의미로 가득 찬 삶으로 만들려는 몸부림이라고 할 수 있다. 이 점에서 우리는 인간의 삶을 근본적으로 규정하는 것은 감각적인 욕망뿐만이 아니라 인간에게만 특유한 다음과 같은 욕망들, 즉 첫째로는 고독감에서 벗어나기 위해서 결합과 합일을 원하는 욕망, 둘째로는 무력감에서 벗어나기 위해서 세계를 인간이 아늑하게 거주할 수 있는 장소로 변화시키려는 창조와 초월에의 욕망, 그리고 세 번째로는 허무감에서 벗어나기 위해서 지향의 틀을 구하는 욕망이라고 할 수 있다.

이러한 욕망들은 식욕·성욕과 같이 육체에 뿌리박은 욕망이 아니라 본능이 약화된 대신 이성을 갖는 인간이 처한 독특한 실존적 상황에서 비롯되는 것이라는 점에서, 실존적 욕망이라고 부를 수 있을 것이다.

이러한 욕망들은 이성적이면서도 건강한 방식으로 실현될 수 있지만 많은 경우 비이성적이고 병적인 방식으로 실현된다. 예를 들어, 고독감에서 벗어나기 위해서 결합과 합일을 실현하려는 욕망은 술이나 마약 등을 통해서 의식을 마비시키거나 어떤 특정한 종교집단이나 정치적인 집단에 자신을 예속시키는 방식으로 실현된다. 프롬은 우리가 고독감을 극복하면서 참된 결합과 합일을 실현할 수 있는 유일한 길은 '사랑'이라고 말하고 있다. 이 경우 사랑은 사랑하는 자의 생명과 성장에 대한 보호와 관심, 책임과 존경이라는 성격을 갖는다. 따라서 이러한 사랑은 상대방의 단점까지도 꿰뚫어 보면서 상대방이 자신을 극복하는 데 도움이 되려고 한다는 점에서 단순한 감정이 아니라 이성적인 통찰과 결부되어 있다.

또한 초월과 창조에의 욕망 역시 많은 경우 비이성적이고 병적으로 실현된다. 즉 우리는 다른 사람들이나 집단들 혹은 자연의 사물들을 지배하고 정복함으로써 무력감에서 벗어나려고 한다. 그러한 욕망이 이성적이고 건강한 방식으로 실현될 경우, 그것은 다른 인간들이나 사물들을 자신의 생존이나 강화를 위한 수단으로 삼지 않고 그것들이 자신들의 고유한 본질을 실현하도록 돕는 형태로 나타나며, 사물들을 순수한 눈이나 귀로 보고 들으면서 그것들의 고유성을 향유하고 그것에 기뻐하는 태도로 나타난다.

지향의 틀에 대한 욕망 역시 많은 경우 어떤 특정한 정치적인 이데올로기나 종교적 교리에 대한 광적인 집착을 통해서 실현된다. 이 경우 이러한 정치적인 이데올로기나 종교적 교리는 그것에 대한 어떠한 비판도 허용하지 않고 맹목적인 복종만을 요구하는 권위주의적 성격을 갖는다. 따라서 인간은 그러한 지향의 틀을 신봉할수록 비판적인 이성을 상실하게 되며 다른 지향의 틀과 이것을 신봉하는 자들을 극단적으로 배척하게 된다. 이에 반해, 지향의 틀에 대한 욕망을 이성적이고 건강한 형태로 충족시키는 종교나 철학은 어떤 특정한 교리체계나 이데올로기에 대한 믿음보다는 다른 인간들과 사물들에 대해서 지혜롭게 사랑을 실천하는 삶의 태도를 더 중시한다.

실존적 욕망들이 이성적이고 건강한 형태로 나타날 경우에 그것들은 다른 사람들과 사물들과의 사랑과 교감 그리고 진리를 구하려는 욕망으로 나타나지만, 비이성적이고 병적인 형태로 나타날 경우에는 사물들과 다른 사람들을 소유하고 지배하려는 욕망, 나치즘이나 마르크시즘과 같은 정치적 이데올로기나 특정한 종교에 자신을 예속시키는 것으로 나타난다. 또한 실존적 욕망들을 실현하는 이성적이고 건강한 방식은 기쁨과 생명력의 고양, 그리고 다른 사람들과 사물들과의 합일을 낳는 반면에, 그것들을 실현하는 비이성적이고 병적인 방식은 슬픔과 생명력의 저하, 사람들과 사물들과의 분열을 낳는다.

이상에서 우리는 이성과 욕망이 갈등하는 것이 아니라 실존적인 욕망들이 나타날 수 있는 생산적이거나 비생산적인 형태들이 서로 갈등한다는 사실을 알 수 있다. 이러한 욕망들 중 생산적인 방식은 우리가 가지고 있는 이성적인 능력을 제대로 발휘하면서 우리의 생명을 고양하고 충일하게 만드는 욕망이기 때문에 그러한 욕망을 우리는 이성적인 욕망이라고 부를 수 있을 것이다. 이에 반해서 비생산적인 방식은 우리의 이성적인 능력을 잘못 사용하면서 우리의 생명을 저하시키고 파괴하는 욕망이기 때문에 비이성적 욕망이라고 부를 수 있을 것이다. 따라서 이성과 욕망이 우리 안에서 싸우는 것이 아니라 이성적인 욕망과 비이성적인 욕망이 서로 싸우는 것이다.

그런데 우리는 어떠한 욕망이 이성적인 욕망이고 비이성적인 욕망인지 쉽게 알 수 없다. 나치즘을 신봉하던 사람이나 광신적인 볼셰비즘을 신봉하던 사람들은 자신들이 철저하게 이성적인 사람들이라고 믿었으며 오히려 다른 사람들을 비이성적인 인간들이라고 믿었다. 따라서 우리가 비생산적인 욕망이 아니라 생산적인 욕망을 실현하기 위해서는 따뜻한 마음과 함께 냉철한 지혜가 필요하다.

우리가 위에서 살펴본 인간의 근본적 욕망들인 결합에의 욕망과 초월에의 욕망 그리고 지향의 틀에 대한 욕망은 서로 무관하게 분리된 욕망들이 아니라, 사실은 하나의 동일한 욕망을 여러 측면에서 고찰한 것이라고 할 수 있다. 사람들은 어떤 지향의 틀을 함께 신봉하면서 서로 간의 결합을 추구하는 것이지만, 이러한 지향의 틀은 동시에 사람들이 자신의 삶과 세계에 의미와 방향을 제시하면서 자연을 인간이 거주할 수 있는 장소로 창조하는 방식이기도 하다. 프롬은 실존적 욕망들이 생산적이고 건강한 방식으로 통일적으로 구현될 때만 인간은 건강하고 행복하게 될 수 있다고 보고 있다.

흔히 식욕이나 성욕과 같은 본능이 인간에게서 가장 강한 본능이라고 이야기하지만, 실은 실존적 욕망이야말로 인간의 가장 강한 욕망이라고 할 수 있다. 인간은 배가 고파서 자살은 하지 않지만 인생에 대한 허무감이나 자신에 대한 열등감과 무력감 혹은 고독감 때문에 자살을 할 수 있으며, 삶의 고귀한 의미를 위해서 자신의 목숨도 희생할 수 있는 존재다.

프로이트 같은 사람은 인간의 모든 종류의 열정과 욕망을 움직이는 기본적인 힘을 성적인 욕망, 즉 리비도에서 찾고 있지만, 프롬에 따르면 성적 욕망이 인간에게서 가장 강력한 힘은 결코 아니며 또한 성적인 욕구불만이 모든 심리적 갈등의 원인도 아니다. 또한 다윈이나 쇼펜하우어가 말하는 것처럼 생존에의 욕망이 물론 강력한 본능적 욕망이기는 하지만 그럼에도 불구하고 인간은 경우에 따라서는 이러한 생존에의 욕망보다도 실존적 욕망을 더 우선시할 수 있다. 그리고 설령 생존을 위해서 실존적 욕망을 포기하더라도 인간은 이로 인해 자신에 대한 환멸감과 죄의식 등에 사로잡힐 수 있다.

더 나아가 인간의 경우에는 식욕이나 성욕도 실존적 욕망과 분리되어서 따로 존재하는 것이 아니라 이것과 항상 결합되어 나타난다. 성욕은 단순한 성욕으로 나타나지 않고 결합과 합일에의 욕망과 결부되어 나타나거나, 다른 인간들을 학대하는 도착적 성행위에서 보듯이 무력감에서 벗어나려는 욕망과 결부되어 나타난다. 또한 식욕 역시 인간의 경우에는 단순히 허기를 때우기 위한 욕망에 그치지 않고 사물이 가지고 있는 독특한 성질을 맛보고 즐기려는 욕망과 결부되어 있다. 이러한 욕망은 초월과 창조의 욕망 중의 하나라고 할 수 있다. 그리고 식사

행위는 인간들 서로 간의 결속과 합일을 매개하는 것이 된다. 단적으로 말해서 인간의 경우에는 식욕이나 성욕과 같은 생리적 욕망도 실존적 욕망과 긴밀하게 얽혀 있는 것이다.

실존적 욕망과 행복

실존적 욕망이 비이성적인 형태로 나타날 때, 즉 알코올이나 마약에 대한 욕망, 혹은 어떤 정치집단이나 종교집단에 자신을 예속시키고 싶어 하는 욕망, 타인을 지배하거나 타인에게 지배받고 싶어 하는 욕망 등으로 나타날 때 우리는 그러한 욕망을 병적인 욕망이라고 부를 수 있을 것이다. 이러한 병적인 욕망들이 공통적으로 갖는 특성은 그러한 욕망에 사로잡힌 사람들은 삶의 문제를 사랑과 이성과 같은 자신의 능동적인 잠재력을 실현하고 성숙시킴으로써가 아니라 자신의 외부의 것들에 의존함으로써 해결하려고 한다. 즉 그들은 알코올이나 마약과 같은 사물, 특정한 종교적인 집단이나 정치적 집단, 특정한 정치적 이데올로기나 종교, 타인이나 물질적인 재산 등에 의존함으로써 삶의 문제를 해결하려고 하는 것이다.

이에 반해 프롬은 우리는 사랑과 이성과 같은 잠재적 능력을 온전히 실현할 때 우리의 실존적 욕망을 건강하게 실현할 수 있다고 보며 진정으로 행복하게 될 수 있다고 본다. 프롬의 이러한 견해는 플라톤이나 아리스토텔레스의 고전적 인간관과 상통하는 측면이 있다. 프롬과 마찬가지로 플라톤이나 아리스토텔레스도 인간은 자신의 본질적인 능력에 해당하는 이성적인 잠재력을 최대한 구현했을 때만 자신의 삶에 대해서 진정으로 행복을 느낄 수 있다고 보는 것이다.

또한 플라톤이나 아리스토텔레스는 주관적인 쾌락의 체험은 어떤 행동이 선한지에 대한 기준이 될 수 없다고 보면서 '이성적인 존재로서의 인간의 본성을 실현하는 행동과 그것에 수반되는 쾌락'만이 진정으로 인간에게 좋은 것이라고 생각한다. 이런 의미에서 이들은 진정한 행복과 거짓된 행복을 구별하고 있으며, 진정한 행복은 이성적인 존재로서의 인간의 본성을 실현하는 올바르고 덕스러운 생활을 통해서만 주어진다고 생각했다. 곧 마음이 평온하고 두려움이 없으며, 지속적이며 평온한 만족을 위해서 당장의 자극적인 쾌락을 거부할 수 있는 신중하고 통찰력 있는 사람만이 '진정한' 쾌락을 획득할 수 있다는 것이다. 더 나아가 그들은 행복은 미덕에 대한 보상이 아니라 미덕 그 자체라고 보았다.

진정한 행복은 인간의 내적 생산성에서 야기되는 성취이며 신과 같은 초월적인 존재가 부여하는 선물이 아니다. 또한 행복은 생리적이거나 심리적인 불만족에서 비롯되는 탐욕의 충족에서 비롯되는 것이 아니다. 행복이 그와 같은 것이라면 사람들은 행복하기 위해서는 일단은 불행하고 불만족스러워야 한다는 역설이 발생할 것이다. 행복은 모든 생산적인 사고와 감정과 행동에 수반되는 것이며, 행복한 자란 자신의 능동적 잠재력을 생산적으로 실현하는 삶의 기술이 탁월한 자이다.

인간과 행복에 대한 자신의 독특한 사상에 입각하여 프롬은 프로이트의 이론을 재해석하고 있다. 프로이트는 성적인 에너지가 제대로 실현되지 못할 경우 신경증적인 불안노이로제이 초래될 수 있다는 사실을 드러내었다. 프롬은 프로이트의 이러한 이론을 인간은 성적인 에너지뿐 아니라 자신이 지니고 있는 생산적 에너지를 사용하지 못하게 되면 정신적인 병에 걸리고 불행하게 된다는 사실을 상징적으로 표현하는 것이라고 보고 있다.

예를 들어 인간은 말하고 생각할 수 있는 능력을 부여받았다. 이러한 능력들이 저지당하게 되면 인간은 심한 상처를 입게 된다. 또한 인간은 자신과 아울러 모든 존재자들을 사랑할 수 있는 능력을 지니고 있다. 인간이 동료 인간들과 다른 존재자들을 사랑하는 것은 결코 인간을 초월하는 현상이 아니며 인간이 본래 가지고 있고 인간에게서 우러나는 힘이다. 사랑은 인간이 하기 싫어도 해야만 하는 외부에서 부과된 의무가 아니라, 인간이 그것을 통해 세계와 관계를 맺고 세계를 진정한 의미에서 자기 것으로 동화하는 인간 자신의 힘인 것이다. 만일 이러한 능력을 사용할 수 없다면 그러한 능력은 자신과 타인들을 파괴하는 데 사용되고 인간은 자신뿐 아니라 다른 사람들까지도 고통과 불행에 빠뜨릴 것이다.

이와 관련하여 프롬은 노이로제란 인간이 생산적으로 완전하게 살아가는 데 실패한 데서 생기는 것일 뿐이라고 주장하고 있다. 노이로제는 인간의 타고난 능력과 그 능력의 개발을 방해하는 세력 사이에서 벌어지는 갈등에서 빚어진다.

인격의 도야와 행복

행복이란 아리스토텔레스가 말하는 것처럼 인간이 궁극적으로 추구하는 목적에 해당한다. 그런데 사람들은 이 말을 인간이 궁극적으로 추구하는 것은 아무런 고통도 없는 즐거움이라는 식으로 오해할 수 있다. 인간이 궁극적으로 추구하는 것이 이런 것이라면, 지속적인 오르가즘을 느끼게 하는 용액을 발명해서 뇌를 그것에 영구적으로 담가 놓는 것이 인간에게는 최대의 축복이 될 것이다. 그러나 대부분의 사람들은 이렇게 철저하게 수동적으로 쾌감을 느끼게 되는 상태를 끔찍한 상태라고 생각하지 결코 행복한 상태라고 생각하지는 않는다.

그럼에도 우리 시대의 많은 사람들이 행복해지기 위해서는 별다른 능동적인 노력이나 기술이 필요하지 않으며 사회적으로 성공하고 돈과 명성과 권력을 갖게 되면 행복은 자연히 따라온다고 생각한다. 사람들은 지속적인 오르가즘을 느끼게 하는 용액에 의존하여 행복을 얻는 것은 끔찍하게 생각하면서도 행복이 돈과 명성 그리고 권력과 같이 자신의 외적인 것에 의존한다고 생각하는 것이다.

이에 반해 프롬은 인간은 돈이나 명성 혹은 권력을 통해서 행복해지는 것이 아니라 인간 본성의 법칙에 따라 자신의 능력을 전개시킬 경우에만 행복할 수 있다고 생각한다. 프롬은 행복은 아리스토텔레스와 마찬가지로 이성적으로 사고하고 행동하는 것이 습관화되고 체화된 사람이 자신의 삶에 대해서 갖는 만족감이라고 보는 것이다. 달리 말해서 인간의 행복은 돈이나 명성 혹은 권력에 달려 있는 것이 아니라 어떤 사람이 성취한 인격의 성숙에 달려 있다는 것이다.

그런데 이성적 존재로서의 우리가 이렇게 자신의 이성적인 능력을 제대로 전개할 때 행복을 느끼게 될 경우, 우리는 이때 행복을 의식적인 목적으로 하여 추구하지는 않는다. 우리가 그때마다 의식적으로 목적으로 하는 것은 자신의 이성적인 능력을 최대한 발휘하여 어떤 문제를 해결하는 것이다. 그리고 우리가 이렇게 자신의 이성적인 본질을 전개하는 삶을 추구하는 것은, 그러한 상태가 우리에게 단순히 만족을 준다는 이유 때문만이 아니라 그러한 상태가 '보다 고결한 상태이고 선한 상태'라고 우리가 느끼기 때문이다. 물론 이러한 상태가 우리가 느끼는 만족과 무관하다는 것은 아니다. 오히려 우리는 그때 최고의 만족을 느끼게 되는바, 이러한 만족은 우리가 자신이 자신에게 부과된 고결한 과제를 온전히 수행했다는 데서 오는 만족감이다. 그러한 이상적인 상태를 구현하기 전까지는 우리는 자신의 삶에 항상 어떤 불만을 느끼게 된다.

다시 말해서 우리는 자신의 삶의 이상적인 완성을 지향하는바, 우리의 삶은 감각주의적인 경험론이나 실증주의가 주장하는 것처럼 단순히 자신이 순간순간 느끼는 경험들의 연속이 아니다. 우리 자신의 삶이 순간순간 경험하는 상태들과 동일하다면 우리에게 중요한 것은 쾌락의 연속일 뿐일 것이다. 그러나 우리가 순간순간 경험하는 감정들은 모두 지향적인 성격을 갖는다. 우리는 쾌락에 빠지는 어떤 순간에도 자신의 삶 전체에 중요한 무엇인가가 빠져 있다고 느낄 수 있다. 곧 우리는 우리의 경험들을 우리가 의식적으로든 무의식적으로든 추구하는 이상적인 상태와 비교하면서 평가하고 그러한 이상적인 상태를 지향하는 것이다.

이러한 이상적인 상태란 우리가 이성적으로 사유하고 행동하면서 자신의 고유한 본질을 구현하는 상태일 뿐 아니라 다른 인간들과 다른 존재자들이 자신들의 고유한 본질을 구현하도록 돕는 상태를 가리킨다. 그러한 상태를 구현한 인간은 자신의 주관적인 이해를 타인에게 관철하려고 하거나 추상적인 도덕규범을 강요하는 것도 아니고 다른 사람의 주관적인 욕구를 무조건적으로 충족시켜 주려고 하지도 않는다. 그는 다른 사람이 스스로 이성적으로 사유하고 행동하는 자립적인 인간이 되도록 돕는다.

이에 반해 현대인들의 행복관이라고 볼 수 있는 감각적 쾌락주의는 극히 개인주의적이다. 그러한 행복관에 따라서 사람들은 다른 사람들이나 다른 존재자들을 자신의 쾌락을 위한 수단으로 삼으려고 할 뿐이며 그것들이 갖는 고유한 존재와 그것들과의 인격적인 교감에서 경험할 수 있는 행복감은 무시해 버린다. 이 경우 인간이란 그야말로 쾌감과 불쾌감의 다발에 불과한 것이며, 행복한 사람이란 인생에서 가능한 한 가장 자주 쾌감을 맛본 사람이다. 그러나 프롬은 인간은 공동체를 위해서 자신을 희생하거나 다른 사람이 자신을 발견하고 실현하도록 돕는 가운데 자신을 희생할 수도 있다고 보며, 그러한 자기희생이 행복과 모순되는 것이 아니라 그 사람의 이성적인 본질을 구현하는 최고의 행위로서 행복과 결합될 수 있다고 본다.

감각적 쾌락주의에 빠진 사람들은 행복을 비애나 고통이 전혀 존재하지 않는 상태라고 생각하지만, 육체적 고통이나 정신적 고통은 인간 존재의 일부이며 인간은 그것에서 피할 수 없다. 따라서 진정한 의미에서 행복한 인간은 비애나 고통이 없기를 바라지 않고 그러한 비애나 고통에도 불구하고 정신적인 평정과 기쁨을 유지할 수 있는 인간이다.

이런 의미에서 행복의 반대는 비애나 고통이 아니라 내적인 빈곤과 비생산성의 결과로서 나타나는 우울증이며, 비애나 고통에 의해서 지배될 뿐 아니라 매사에서 비애와 고통을 느끼는 허약한 상태이다. 그러나 비애와 고통에도 불구하고 정신적인 평정과 기쁨을 유지하는 것은 쉬운 일이 아니다. 윤리적 쾌락주의와 마찬가지로 프롬도 행복과 기쁨을 최고의 가치라고 보지만, 그것을 성취하기 위해서 요구되는 인간의 생산성의 완전한 개발이란 쉬운 것이 아니며 인간의 끊임없는 각성과 노력이 필요하다고 본다.

우리는 행복하다. 그럼에도 불행하다고 생각하고 있다

우리는 행복에 필요한 조건을 대부분 만족시키는 사회에 살고 있다. 그리고 우리는 행복이 무엇인지에 대해서도 잘 알고 있다. 그럼에도 우리는 행복에 대해 아무 것도 모른다는 듯이 불행하게 살고 있다. 행복이 무엇인지 알고 있으면 행복하게 살아야 하지만 오히려 그 반대가 우리 사회의 현실인 것이다. 이 글은 노동의 행복과 휴식의 행복을 만족감과 쾌락의 관점에서 논의하면서 우리가 행복하게 살 수 있는 방법을 논의하였다.

김종갑

인간은 자신의 불행 속에 홀딱 빠지는 성미 고약한 짐승이다

Homo animal querulum cupide suis incumbens misriis

노동은 이 세상이 누리는 최고의 축복이다.[1]

나이트클럽을 전전하는 록밴드의 역경을 그린 영화 <와이키키 브라더스>(2001)는 행복에 대해 두고두고 기억할 명대사를 남겼다. 음악에 인생을 걸었던 성우에게 친구가 묻는 말이다. “너, 행복하니? 그렇게 하고 싶은 음악하면서 살아서 행복하냐고? 우리 중에 지하고 싶은 일 하면서 사는 놈 너밖에 없잖아. 행복하냐고?”

물론 성우는 자신이 기대했던 만큼 행복하게 살고 있지 않다. 그렇다고 한강으로 뛰어들 만큼 불행하지도 않다. 그는 음악과 돈, 쾌락과 경제적 안정, 양자를 다 선택할 수 없었다. 양자택일의 기로에서 그는 안정된 생활을 포기해야 했다. 운 좋게 꿩 먹고 알 먹을 수는 있어도 케이크를 먹고도 여전히 케이크를 소유하지는 못한다. 명예냐 돈이냐, 출세냐 사랑이냐의 기로에서 불행하게도 한 길만 갈 수 있는 것이다.

우리는 하루에도 수천 번씩 크고 작은, 의식적 · 무의식적 선택을 한다. 음악을 택하기 전에 성우는 수많은 망설임과 고민, 불면의 시간을 보내야 했다. 그러고 나서도 스타의 화려한 삶이 아니라 밤무대 가수의 초라한 삶으로 만족해야 했다. 그럼에도 자신의 곁에는 음악이 있었다고 자위할 수 있었다. 행복의 화두를 던졌던 친구도 알고 있었다. 100% 만족스러운 삶이 없다는 것을. 패배주의적으로 들릴지 모르지만 아마도 절반의 행복이 인간에게 허락된 최대의 몫이라는 것을. 절반의 행복은 딱 부러지게 행복하다 혹은 불행하다 한쪽으로 추가 기울지 않는 중간의 어중간한 영역에 걸쳐 있다. 선택의 어려움이 여기에 있다. 만약에 100%의 행복을 보장하는 길이 있다면 그것을 포기할 사람은 없을 것이다. 어떠한 선택이든 빛과 어둠, 기쁨과 고통이 혼재하는 것이다.

성우처럼 우리는 '행복하냐?'는 질문에 '그렇다', '아니다'라고 대답하기가 어려운 것이 사실이다. 그러한 질문 자체가 우리에게 가하는 부담도 무시할 수가 없다. 그냥 행복하게 지내다가도 그러한 질문을 받으면 내가 '진짜'로 행복한 것인지에 대한 자의식이 가동하기 시작한다. 질문 자체가 행복을 진짜와 가짜로 양분하는 것이다. 이것은 주관적인 행복과 객관적인 행복의 차이, 그리고 행복의 양적 · 질적 차이와 같은 지형에 있다. 따라서 "나는 행복한가?"라고 묻는 주체는 순수하게 자신의 감정에 충실할 수가 없다. 이러한 이유로 릴케는 나무와 동물들만이 절대적으로 순수할 수 있다고 말하였다. 장미는 장미의 아름다움을 생각하지 않는다. 바로 자신이 아름다움이기 때문이다.

유명한 '쾌락의 역설paradox of hedonism, pleasure paradox'이 있다. 이미 25세기 전에 아리스토텔레스는 의식적으로 행복을 추구하는 것보다 그러지 않을 때에 더 행복할 수 있다고 말하였다.(White 62) ≪윤리학의 방법*The Methods of Ethics*≫에서 세드윅Henry Sidgwick도 밀J. S. Mill[2]과 마찬가지로 행복이라는 생각을 머리에서 지워야 행복할 수 있다고 주장하였으며, 최근에는 미하이 칙센트미하이Mihaly Csikszentmihalyi가 ≪몰입*Flow: The Psychology of Optimal Experience*≫에서 '몰입 이론flow theory'을 제창하였다. 의식을 잃을 정도로 뭔가에 몰입해 있는 순간이 가장 행복하다는 것이다.[3] 이러한 이론에 따르면 행복은 주체가 빠져 있는 감정 상태, 하이데거의 기본 정조mood로서 대상화나 객관화가 불가능하다. 행복하냐고 묻는 순간에 행복한 기분에서 벗어나게 되기 때문이다. '행복하다I am happy'는 것은 '행복을 가지고 있다I have happiness'와는 다른 감정을 가리키고 있다.

이러한 쾌락의 역설로 인해서 행복 측정이나 행복지수검사를 주저하는 사람들도 있다. 긍정심리학의 창시자인 마틴 셀리그만Martin Saligman은 개인의 행복도를 측정할 수 있는 문진표를 웹사이트(www.authentichappiness.org)에 올렸다. 이 사이트에 들어가면 우리는 자신이 얼마나 행복한 삶을 살고 있는지 확인해 볼 수 있다. 그러나 이에 대해 거부감을 갖는 사람들도 적지 않다. 자신의 행복을 대상화하고 정량화하며 규범화해야 하는 때문이다. 나의 개인적 행복이 그들das Man의 기준에 의해서 판단된다는 것이다.

내가 쾌락의 역설과 더불어서 논의를 전개하는 이유는 다음과 같다.

행복에는 두 가지 상반되는 전통이 있다. 하나는 니체가 ≪선악의 피안≫에서 영국식 행복이라 부른 안락과 사교활동, 그리고 본능적 욕망의 충족에서 오는 기쁨이라면, 다른 하나는 아리스토텔레스적 의미에서의 아레떼, 잠재력을 최대한 실현하는 탁월함으로서의 행복, 니체적 의미에서 자기의 한계를 극복하는 만족감이다. 전자가 순간적이라면 후자는 지속적이고, 전자가 감각적 향락에 기울어 있다면 후자는 권력의지와 고군분투에 조율되어 있고, 전자가 소비적이라면 후자는 생산적이다. 니체는 행복의 요소로서 질병과 고통까지도 긍정하고 환영하였다. 그런데 현대 소비사회에서는 고통에서도 기쁨을 느끼는 극기와 탁월함으로서의 행복이 무시되는 경향이 있다. 그리고 에피쿠로스의 쾌락주의hedonism도 지나치게 감각적 쾌락과 향유의 관점에서만 잘못 해석되는 경향이 있다.

이 지점에서 내가 쾌락의 역설을 가지고 논의를 시작한 이유가 분명해진다. 니체가 주장했듯이 우리가 극심한 고통 속에서도 쾌락을 느낄 수 있다는 점에서 쾌락은 역설적일 수 있다. 마라토너들이 경험하는 엄청난 쾌감이 단적인 예이다. 또 과거에 겪었던 고통이 나중에는 기쁨으로 재해석되고나 재맥락화될 수도 있다. ≪자서전≫에서 밀J. S. Mill은 다음과 같이 말하였다. "행복을 직접적인 목적으로 삼지 않을 때에만 우리는 행복에 이를 수 있다. 자신의 행복이 아닌 다른 무엇을 추구할 때 우리는 행복하다." 밀의 말이 올바르다면, 우리는 행복하면서도 자신이 행복하다는 사실을 모르고 있을 수 있다.

그렇다면 우리는 자신이 생각하는 것보다 훨씬 더 행복한지 모른다. 이렇게 표현할 수 있지 않을까? "우리는 행복하다. 그럼에도 우리는 불행하다고 생각하고 있다. 행복하다는 사실을 모르고 있는 것이다." 우리나라 사람들이 불행하다고 생각하는 증거는 국가별 행복지수를 비교해 보면 쉽게 찾을 수 있다. 지난해 6월에 영국 민간 싱크탱크 신경제재단NEF이 발표한 국가별 행복지수에 따르면 코스타리카가 64점으로 1위, 베트남은 60.4로 2위, 우리나라는 43.8로 63위에 머물렀다. 또 2012년 OECD 국가별 보다 나은 삶의 지수Better Life Index에 따르면 34개국 가운데 호주가 1위, 우리나라는 22로 중하위권에 머물렀다. 그런데 여기에서 충격적인 것은 "삶의 질과 연관된 19개 지표의 가중 합계인 '행복지수'를 구해 비교한 결과, 한국은 10점 만점에 4.20으로 뒤에서 세 번째인 32위로 나타났다. 사실상 '꼴찌'와 다름없다는 분석이 나왔다."[4]는 사실이다. 그러나 이 '꼴찌'나 다름없다는 사실에서 우리가 34개국 가운데 가장 불행하다는 결론이 나오지는 않는다. 가령 우리가 다른 나라에 비해서 학력수준과 학업성취도가 매우 높으며, 노동시간이 긴 것도 잘 알려진 사실이다. 또 환경이나 삶의 만족도, 공동체적 소속감 등에서 매우 열악하다는 것은 잘 알려져 있다. 높은 학력과 학력성취도에 비하면 우리는 지나치게 삶의 만족도가 낮은 것이다. 그런데 이 대목에서 우리가 행복의 역설과 탁월함으로서의 행복을 떠올려야 하지 않을까? 영국식 행복의 기준에서 보면 우리가 분명 꼴찌일 수 있다. 그러나 탁월함의 추구라는 또 다른 기준을 적용하고, 거기에 가중치를 두면 우리도 행복한 편이라고 말할 수 있지 않을까? 우리는 결론에서 다시 이 질문으로 되돌아오게 될 것이다.

행복 — 쾌락과 만족

≪행복의 특권*The Happiness Advantage*≫의 저자 숀 아처Shawn Achor가 한국인의 행복에 대해 흥미로운 일화를 소개하였다. 행복에 대해 삼성으로부터 초청 강연을

의뢰받은 그는 시작하기 전에 "행복이 무엇인지 서로 얘기해 보았으면 합니다. 여러분은 행복이 무엇이라고 생각합니까?"라는 질문을 청중에게 던졌다. 그러자 통역자가 난감한 표정을 짓고 망설이더니 다음과 같이 제안했다고 한다. "그냥 구글에서 검색해 보는 게 어떨까요?"(62) 아처에게 이 에피소드는 한국인의 행복관을 한마디로 요약해 주는 인상적인 사건이었다. 행복을 정의하는 일이 그만큼 어렵다는 반증이 될 수도 있겠지만[5] 아처는 한국인이 행복을 자주 경험하지 못했거나 행복을 표현할 줄 모르기 때문이라고 이해하였다.

유능한 삼성 직원들이 행복이 무엇인지 몰랐을 리가 없다. 만족이나 기쁨, 쾌락과 같은 유사어를 가지고 사전적인 정의를 내리는 것은 어렵지 않았을 것이다. 그러나 특강을 하는 공적인 자리에서 그와 같은 사적인 감정을 이야기하는 것이 마음 편하지는 않았을 것이다. 더구나 공적인 공간에서 행복할 수 있다고, 즉 회사를 위해 열심히 일하는 것이 행복이라고 말하는 것은 아부하는 것 같아서 더욱 거북했을 것이다. 삼성 직원 가운데는 일중독자가 많다는 것은 하나의 상식이다. 또 외국인에게 한국인하면 떠오르는 대표적인 이미지의 하나가 '일중독'이나 근면, 야망이라는 사실도 우리에게 그리 낯설지 않다.[6] 일중독은 일을 하지 않으면 편안하고 행복한 것이 아니라 되레 초조하고 불안하게 느끼는 사람에 해당되는 용어이다. 다른 사람에게는 불행하게 보일지 모르지만 본인은 사무실에서 죽어라 일을 해도 행복한 것이다. 더구나 조금만 더 열심히 노력하면 자기의 잠재력을 실현하고 성공의 고지에 다다를 수 있다면 일에서 커다란 행복을 느낄 수도 있을 것이다.

사적 공간과 공적 공간, 직장의 노동과 휴식이 분리된 이후로 우리는 일과 행복을 분리해서 생각하기 시작하였다. 특히 임금 노동일 경우에 분리는 더욱 심화되게 마련이었다. 마르크스의 소외 이론을 빌리면 우리는 일을 많이 하면 할수록 더욱 자신으로부터 멀어지고 심신이 피폐해지며 불행해진다. 피고용자는 자기의 행복을 위해 일하는 것이 아니라 고용주의 이익과 쾌감을 위해 일하기 때문이라는 것이다. 그러나 미래가 없는 노예 신분이 아니라면 노동이 우리에게 즉각적인 쾌감을 주지는 않는다고 할지라도 유예된 쾌감을 줄 수 있다는 사실을 부정할 수는 없다. 미래의 행복과 탁월함의 성취를 위해 임금을 투자할 수 있기 때문이다. 당시에 괴로웠던 노동도 나중에 흐뭇하게 뒤돌아보며 기억할 수 있다. 그럼에도 불구하고 우리는 노동과 행복이 서로 대립하며 공존이 불가능하다는 듯이 생각하는 습관에 젖어 있다. ≪고독한 군중*Lonely Crowd*≫에서 다니엘 벨Daniel Bell은 과거의 자기 절제적 문화를 거부한 현대인은 즉각적인 향락적 문화를 추구하고 있다고 진단하였다. 노동 후에 얻어지는 기쁨이 아니라 노력하지 않고 즉각적으로 주어지는 쾌감이 시대적인 대세가 되었다는 것이다. 만일 우리가 행복을 이러한 향락적 관점에서 바라보면 삼성 직원들을 포함해서 일중독자들은 불행한 사람들이라고 말할 수 있다. 공적인 공간에서 행복은 불가능하다는 결론을 내릴 수가 있을 것이다. 그리고 생산이 아니라 소비가, 노동이 아니라 휴식이, 주일이 아니라 휴일이 행복의 조건이라고 주장할 수가 있을 것이다.

이 지점에서 두 가지로 행복의 의미를 구별하는 것이 논의의 전개에 도움이 될 것이다. 헤겔이 ≪정신현상학≫에서 사용한 개념을 빌리면, 하나가 향락Genuss으로서 기쁨이라면 다른 하나는 만족으로서의 기쁨이다. 주인과 노예의 변증법을 서술하는 대목에서 헤겔은 주인의 쾌락과 정반대의 성격으로 노예의 만족감을 설명하였다. 땀 흘려 일할 필요가 없는 주인은 먹고 마시며 관능적으로 즐기기만 하면 된다. 반면에 노예는 주인의 쾌락과 기쁨을 위해 열심히 일하지 않으면 안 된다. 그러나 그가 아무 생각 없이 기계적으로 일을 하는 것은 아니다. 노동은 인간의 욕구를 만족시키기 위해 자연을 문화적으로, 또 창조적으로 변형시키는 과정이다. 예를 들어 땅에 노동력을 투입함으로써 음식과 일용품을 생산하게 된다. 이와 같이 자연을 문화로 변형시키는 과정에서 노예는 자신의 잠재력을 극대화하는 기쁨을 누릴 수가 있다. 이때 그의 기쁨은 본능을 즉각적으로 충족하는 향락이 아니라, 반대로 본능의 만족을 유보함으로써 자기의 잠재력을 실현하는 만족감, 자신이 훌륭하게 행동했다는 사실에서 오는 자기 만족감이라고 할 수 있다. 주인이 자연적 욕구를 충족하는 단계에서 그친다면 노예는 그러한 자연적 욕구를 문화적 대상으로 변형하는 기술자나 예술가가 된다.

쾌락과 만족의 구별이 중요함에도 불구하고 행복에 대한 논의에서 양자의 차이가 하나의 주제로서 부각된 적이 없었다. 그러나 바로 이 차이로 인해서 행복에 대한 정의가 복잡해지고 애매해지며, 행복의 역설과 같은 현상도 발생한다. 이미 행복 자체가 쾌감과 만족으로 분열되어 있는 것이다. 만족이냐? 쾌락이냐? 쾌락에 잠긴 순간에 우리는 그것을 의식하지 못한다. 그러나 만족한 상태에 있는 나는 반성적으로 그러한 자신을 의식할 수 있으며, 그러한 의식이 불만족을 초래할 수도 있다. 진정한 만족이 아니라 거짓 만족이라고 생각할 수도 있기 때문이다. 예를 들어, 만족하며 살았던 노예도 자신이 노예라는 것을 잊기 위해서 열심히 일을 했거나, 또는 자신이 착취를 당하고 있다는 사실을 불현듯이 깨달을 수 있다. 그 순간에 만족감은 불만족으로 바뀐다.

만족이 자기가 훌륭한 일을 하고 있다는 자의식과 불가분의 관계를 가지고 있다면 그러한 만족감은 아리스토텔레스적 의미에서 최고선ariston이 아니라 그것의 수단이나 조건에 가깝다. 명예나 부, 성공 등은 행복과 달리 그 자체가 순수한 목적은 아니다. 명예롭거나 부유하다고 해서 무조건적으로 행복해지지는 않기 때문이다.[7] 이스털린의 역설에서 잘 드러나듯이 부나 명예가 어느 정도까지는 행복에 기여하는 조건의 하나임에는 의심할 여지가 없다. 쾌락도 그러하다. 동물이라면 먹고 마시고 즐기는 관능적 쾌락이 존재의 목적 자체라고 할 수 있는지는 모른다. 그러나 사회적이며 이성적인 동물인 인간은 쾌락만 가지고 행복할 수는 없다. 고귀한 목적을 위해서 순간적 쾌락을 포기하고 자신을 희생하기도 하기 때문이다. 쾌락도 부나 명예와 마찬가지로 행복의 중요한 요소이기는 하지만 그 자체가 목적은 아닌 것이다.

고대 희랍인들은 완전한 행복이 인간에게는 불가능하다고 생각하였다. 아리스토텔레스는 행복하기 위해서 우리는 출생, 외모, 건강, 재산, 권력, 친구, 자손, 명성, 행운 등 모든 조건을 다 갖추고 있어야 한다고 보았다. 그렇지만 인간으로서 이러한 조건을 모두 충족하는 것은 불가능하다. 더구나 출생이나 외모는 행운과 마찬가지로 개인이 노력해서 성취할 수 있는 것이 아니다. 이와 같은 한계 상황을 고려한다면 인간으로서 할 수 있는 최대한의 몫은 행복하기 위해 노력하는 활동에 있다고 할 수 있다. 완벽한 행복은 자신의 운명을 스스로 결정할 수 있는 신에게만 가능하다.

그렇다면 신적인 완전한 행복이 무엇일까? 행복의 모든 조건이 완벽한, 더 이상 더하거나 뺄 것이 없는 상황에서 신은 어떻게 행복을 향유하는 것일까? 이 질문에 대해서 아리스토텔레스는 그와 같이 완벽하게 창조된 우주를 관조하는 활동이 최고의 행복이라고 대답하였다. 구약의 야훼도 6일 동안 천지를 창조하고 다음 날에는 휴식을 취하지 않았던가. 행복을 위해 더 이상 노력할 필요가 없다면 사랑하는 연인들이 그러하듯이 그냥 가진 것을 가지고 즐기기만 하면 된다. 행복의 비밀은 단순성에 있다. 주인과 노예의 관점에서 두 유형의 행복을 논의했던 헤겔도 주인의 행복이 그러한 향유에 있다고 보았다. 노예와의 싸움에서 승리를 거둔 주인은 먹고 마시며 즐기는 것 이외에는 할 일이 없다. 이러한 역사의 종말에서는 행복을 향유하는 이외에 다른 할 일이 없다. 그러나 우리에게 역사는 종말이 아니라 진행형의 과정으로, 최상의 경우에 언젠가 그러한 신적인 행복에 다다를 수 있는지 모른다. 그러나 현재는 그러한 행복의 고지에 올라가기 위하여 노력할 따름이다.

휴일에 노는 쾌락

그렇다면 행복은 다음과 같이 두 가지 유형으로 정리될 수가 있다. 하나가 일이 끝난 후에 오는 휴일의 행복이라면, 나머지 하나는 일이 진행되는 과정의 행복, 엄밀한 의미에서 평일에 노동하는 데서 오는 만족감이다. 예를 들어, 피아니스트가 되기 위해 불철주야 노력하는 학생은 자신이 세운 매일의 연습량을 훌륭하게 소화할 때 커다란 만족감을 느낀다. 그러나 그가 위대한 피아니스트로 정상에 오르면 굳이 노력하지 않아도 스스로 즐기면서 훌륭하게 연주를 할 수가 있다. 전자가 정상을 정복하기 위해 등산하는 기쁨(만족)이라면, 후자는 정상에서의 성취를 만끽하는 기쁨(행복)이다. 전자에게 행복이 앞으로 도래할 미래형으로 존재한다면 후자에게 있어서 행복은 지금 여기의 현재진행이다. 하나가 아직 자기가 원하는 피아니스트가 아직 되지 못한 연습생의 보람이라면, 다른 하나는 피아니스트로서의 행복이다. 만족은 내가 아직 내가 되지 못한 미완의 과정에 있는 것이라면, 행복은 그러한 '되기'가 이미 완성된 상태에 있다고 할 수 있다.

행복에 대한 질문은 내가 이미 완성된 나인가, 아니면 '되기'의 과정에 있는 나인가 하는 정체성에 대한 질문과 불가분의 관계에 있다. 나는 휴일의 존재인가, 아니면 평일의 존재인가? <와이키키 브라더즈>의 성우와 삼성 직원은 자신을 휴일의 존재로 생각하고 있는가, 아니면 평일의 존재로 생각하고 있는 것일까? 혹시 자신은 휴일을 즐겨야 한다고 생각하면서도 생계를 위해—목구멍이 포도청이라고—어쩔 수 없이 출근하는 것이 아닐까? 또 행복한 휴일을 즐기기 위해서 직장을 때려치우는 경우도 생각해 볼 수 있지 않을까?

물론 우리는 평일에도 행복하고 휴일에도 역시 행복해야 한다. 오로지 휴일만을 손꼽아 기다리며 평일에 억지로 일을 해야 하는 사람은 행복할 수 없다. 기껏해야 반쪽의 행복으로 만족해야 할 것이다. 휴일에 우리는 느긋하게 늦잠을 자고 영화를 보며 산책도 하고 맛있는 음식도 먹을 수 있다. 평일에는 아직 나는 내가 원하는 나가 아니다. 나는 미래형으로 존재하기 때문에 거기에 다다르기 위해 땀 흘려 노력해야 하는 것이다. 그러나 휴일에 나는 완성된 나로서 존재할 수가 있다. 세상에 더 이상 할 일이 없다는 듯이 오후까지 게으르게 침대에서 뒹굴 수가 있는 것이다. 노동과 경쟁과 스트레스로부터 해방되어 그냥 내가 원하는 대로 시간을 보낼 수 있는 것이다. 이 점에서 삶은 완성과 미완성, 미래와 현재가 평일과 휴일처럼 두 박자로 반복되는 과정이다.

나는 우리나라 사람들이 불행하다고 느끼는 주된 이유의 하나가 평일의 행복을 망각하게 만드는 문화에 있다고 생각한다. 우리는 아직 자신이 미완성의 과정이라는 사실을 참지 못하는 것이다. 되어가는 '나'가 아니라 완성된 '나'의 자격으로 살고 싶어 하는 것이다. 현대가 산업사회가 아니라 후기 산업사회이며 생산사회가 아니라 소비사회라는 점에 이의를 제기할 사람은 없을 것이다.

생산사회는 평일의 논리가 지배적인 사회이다. 아직 목적지에 다다르지 않았기 때문에 열심히 달려가야 하는 사회, 부족한 것이 많은 세상을 부지런히 상품을 생산해서 채워 넣어야 하는 사회이다. '나는 일한다. 그러므로 나는 존재한다.' 이때는 가난하고 배가 고프다고 해서 불행해지지는 않는다. 일할 것이 없어서 손 놓고 있어야 하는, 강요된 휴일에 우리는 불행에 사로잡히는 것이다. 그러나 소비사회는 휴일의 문화이다. 우리는 생산하는 활동에서 진정한 자신처럼 느끼는 것이 아니라 소비하는 행위에서 진정한 정체성을 찾는다. '나는 소비한다. 그러므로 나는 존재한다.'

문제는 이러한 소비사회는 우리의 불행을 조장하는 경향을 가진다는 것이다. 앞에서 휴일은 완성된 시간이라고 말하지 않았던가. 부자는 부자로서, 가난한 사람은 가난한 사람으로서 완성된 자기 자신을 소비하는 시간이 휴일이다. 그렇다면 가난과 부의 차이는 평일처럼 상대적인 차이가 아니라 절대적인 차이가 된다. 경기가 진행되고 있는 평일에는 극적인 역전과 추월도 가능하다. 어느 순간에 승자와 패자, 부와 가난의 관계가 뒤바뀔 수 있는 것이다. 비록 앞서 가는 사람을 따라잡을 가능성이 객관적으로 전무하다고 할지라도 원칙적으로 평일의 중심에는 언제나 그러한 역전의 가능성이 꿈틀거리고 있다. 이러한 가능성의 기대가 평지에서 미래에 대한 희망과 꿈의 봉우리가 솟아오르게 만들 수 있다. 그러나 역동적이었던 경기가 정물화처럼 정지된 휴일에는 평지에서 봉우리가 솟아오르지 않는다. 휴일은 없는 것을 찾아 나서는 여행의 시간이 아니라 있는 것을 즐기는 휴식의 시간이기 때문이다. 그리고 현대 사회에서 가장 인기 있는 휴식의 행위는 소비가 되었다. 레크리에이션도 소비이고, 외식도 소비이며 여행도 소비이다. 갑과 을이 친구라고 하자. 을은 분식집에서 김밥과 라면을 소비할 수도 있고 갑은 세련된 이탈리아

레스토랑에서 웨이터의 시중을 받으면서 와인과 스테이크를 소비할 수도 있다. 이때 갑과 을의 소비능력은 동등하지 않다. 갑은 언제라도 원한다면 김밥과 라면을 선택할 수 있지만 을은 그렇지 않다. 만약에 소비와 행복이 비례한다면 을은 갑에 비해서 반 토막의 행복밖에 누릴 수가 없다.

그러나 위와 같은 단순 비교로 행복의 질이나 양이 설명이 되지 않음은 두 말할 나위가 없다. 분식집에서 식사하는 을이 이탈리아 레스토랑의 갑과 자신을 비교하지 않는다면 양자는 각자 나름의 행복을 누린다고 할 수 있다. 강아지가 강아지이고 고양이가 고양이이듯이 갑은 갑이고 을은 을이다. 그런데 이와 반대로 만약 갑처럼 휴일을 소비하지 못하는 자신의 처지를 을이 비관하고 있다면, 바로 그러한 생각이 머리를 스치고 지나가는 순간에 을의 행복은 나락으로 떨어지고 말 것이다. 비교의 독에 닿는 순간에 은 숟가락처럼 검게 변색되는 것이다. 여기에서 행복에 독을 넣는 주체는 다름 아니라 비교, 즉 자기보다 훨씬 행복한 타자가 있다는 자의식의 발동이다. 세상에서 비교를 당해낼 힘센 장사는 없다. 세상에는 갑보다 더욱 유복하고 부유하고 화려한 수퍼갑이 있으며, 또 수퍼갑보다 더욱 행복해 보이는 더블수퍼갑이 있을 수 있다. 이러한 비교의 줄서기는 더블수퍼갑으로 끝나지 않는다. 그것은 수퍼의 수퍼의 수퍼의…… 이렇게 무한 수열이 되는 것이다.

나보다 행복하다고 가정되는 타자

왜 이 자리에서 굳이 '나보다 훨씬 행복한 타자가 있다'는 자의식에 대해 이야기를 해야 하는 것일까? 그것은 그러한 자의식이 이 글의 문제의식과 직결되어 있기 때문이다. 서두에서 나는 행복의 역설을 소개하였다. 그리고 이어서 우리나라 사람들의 행복지수가 OECD의 다른 나라에 비해서 극히 저조하다는 통계를 언급했었다. 왜 우리나라 사람들이 불행한 것인가? 2012년 보건사회연구가 발표한 자료에 따르면 한국은 OECD 회원국가에서 가장 불행한 그룹에 속한다. 10점 만점인 행복지수에서 한국은 4.2점으로, 34개국 가운데 32위를 하였다. 상위 1위인 덴마크는 점수가 8.09였다. 그리고 2006년 영국 레스터 대학의 화이트 교수가 제작한 178개국의 세계행복지도에 따르면 우리나라의 행복도는 102위를 기록하였다. 그러나 GDP가 1,400달러에 지나지 않는 부탄은 행복도가 세계에서 8위였다.[8] 최빈국에 속하는 방글라데시가 가장 행복한 나라의 하나라는 것은 상식이 되었다. 그런데 우리나라의 GDP는 이미 오래전에 2만 달러를 넘어섰으며, 세계 13위의 경제 대국이다. 세계의 모든 나라들, 특히 개발도상국이 가장 부러워하고 모델로 삼고 있는 나라가 우리나라이다. 그럼에도 우리는 자신이 불행하다고 느끼고 있는 것이다. 왜 나보다 훨씬 행복한 타자가 있다는 자의식 때문이다.

달리 말해서 우리나라에는 행복할 충분한 이유가 있음에도 불구하고 스스로 불행하다고 생각하는 사람들로 넘쳐나고 있다. 이러한 관점에서 보면 <와이키키 브라더즈>에 등장하는 모든 인물들도 불행할 이유가 없는 듯이 보인다. 포기하지 않고 계속 꿈을 좇아서 음악을 하는 성우이든, 음악을 접고 회사에 취직한 친구들이든 다른 사람들보다 특별히 불행해 보이지 않는다. 그럼에도 불구하고 행복하지 않다고 생각하는 것이다. 앞서 언급했던 갑과 을의 예를 생각해 보기로 하자. 을은 분식집에서 점심을 맛있게 먹고 있다. 장발장처럼 돈이 없어서 굶주린 배를 움켜쥐고 허기를 채우기 위해 빵을 훔치지 않아도 좋다. 그는 점심을 즐기고 있는 것이다. 그럼에도 갑이 머리에 떠오르는 순간에 자기가 행복하다는 사실을 잊고서 불행하다고 생각하기 시작한다. 그러한 생각이 향유할 수 있는 행복의 기회를 망치는 것이다.

을이 분식집에서 점심을 하는 날이 휴일이라는 사실을 상기하기로 하자. 휴일은 무슨 날인가? 동료와 경쟁하며 일하지 않아도 되는 날, 아직 갈 길이 멀지만 목적지에 이미 다다랐다는 듯이, 그리고 세상에서 할 일을 완수했다는 듯이 두 발을 뻗고 편히 쉴 수 있는 날이다. 모두가 자신의 주인이 되는 날이다. 그럼에도 을은 자기가 하인인 듯이 생각을 하고 있지 않은가. 타인과 비교하는 순간에 을은 하인의 처지로 영락한 것이다. 알랭 드 보통은 ≪불안≫에서 "실제적 궁핍은 급격하게 사라졌지만, 역설적이게도 궁핍감과 궁핍에 대한 공포는 사라지지 않았고 외려 늘어나기까지 했다."고 현대 사회를 진단했다.[9] 이러한 보통의 지적은 새삼스러운 것이 아니다.

이미 오래 전에 뒤르켐도 ≪자살론≫에서 당시의 통계자료를 분석하면서 현대인의 불행의 원인을 상대적 빈곤과 미래에 대한 막연한 두려움에서 찾았다. 뒤르켐에 따르면 과거 신분사회에서 사람들은 정해진 신분과 역할을 하늘이 점지한 운명으로 생각하고 살았다. 아리스토텔레스와 같은 철학자나 기독교와 같은 종교도 불평등을 자연의 질서로 간주하였다. 평민이라면 평민으로, 양반이라면 양반으로 살아야 했던 것이다. 평민이 양반으로 신분상승할 수 없는 사회였던지라 평민은 양반과 자신을 비교하면서 신세 한탄할 필요도 없었다. 이 밥에 고깃국이 없어도 굶지 않고 사는 것으로 만족하였다. 그러나 그와 같이 정해진 신분의 구별이 없는 민주주의 사회는 그러한 자족감이 불가능한 사회이다. '아메리칸 드림'이라는 용어가 말해 주듯이 누구든지 노력하기만 하면 원칙적으로 부자가 되고 성공하며 고위공

직자가 될 수 있다. 1778년에 <미국 독립의 장점에 관한 연설>에서 역사가인 램지는 미국의 민주주의를 다음과 같이 요약했다. "설사 가장 가난한 사람의 아들이라 해도 국가의 고삐를 쥘 수가 있다."[10] 개인은 완성된 존재가 아니라 '되어가는 과정'의 존재인 것이다. 그래서 아무리 높은 꿈을 꾸어도 지나치지 않는다. 원칙적으로 꿈에는 상한선이 없다. 사다리에서 한 단을 오르면 그 다음 단으로, 또 그 다음 단으로 무한히 저 높은 곳을 향하여 오를 수가 있다. 그러나 이와 같이 원칙적으로 내가 최고가 될 수 있다는 가능성은 나를 행복으로 인도하지 않는다. 내가 최고가 될 수 있다는 가능성은 무엇을 의미하는가? 내가 아직 최고가 아니라는 부정적 존재론을 함유하고 있다. 나는 아직 내가 아닌 것이다. 을은 아직 갑이 아니며, 갑은 아직 수퍼갑이 아니다. 이것이 밑 빠진 독에 물 붓기, 즉 욕망의 논리이다. 행복을 붙잡을 수 없는 구조에 있는 것이다.

이러한 욕망의 논리를 잘 말해 주는 한 예로 헬레나 노르베리-호지의 ≪행복의 경제학≫에서 소개한 흥미로운 에피소드가 있다. 저자는 히말라야 산맥에 위치한 오지 마을 라다크에 25년간 살면서 현지 주민들의 삶을 연구한 지역학 학자였다. 그녀는 유럽에 비하면 너무나 가진 것이 없이 사는 주민들이, 그럼에도 불구하고 모든 것을 다 가지고 있다는 듯이 행복하게 사는 모습에 감명을 받았다.

> "라다크의 물질적 생활수준은 높았다. 크고 넓은 집에 여가 시간도 많았으며, 실업이라는 것은 아예 존재하지도 않았다. 굶주리는 사람도 없었다. 물론 서구 사회와 같은 편의시설이나 사치품은 없었다. 하지만 이들에는 훨씬 더 지속 가능하고 훨씬 더 즐겁고 훨씬 더 풍족한 삶의 방식이 있었다."

그런데 유감스럽게도 노르베리-호지는, 이 외부 세계로부터 고립되었던 라다크 마을이 1970년대에 외부에 노출되고, 관광객이 북적거리기 시작하면서 불과 10년이라는 짧은 시기에 엄청나게 변한 모습을 목격하지 않으면 안 되었다. 외부 소비문화와 접하게 되면서 주민들은 이전에는 몰랐던 결핍과 가난을 깨닫게 되었다. 텔레비전도 없고 핸드폰도 없으며, 으리으리한 저택도 없고 대통령이나 국무총리도 없으며, 술집도 없고 오락실도 없다는 사실을 배우게 된 것이다. 부유한 관광객들과 비교할 때 자기네들은 너무나 가난하다고 느끼기 시작하였다. 마을에 있는 것을 보는 것이 아니라 마을에 없는 것만을 보고, 자기보다 행복한 타자를 발견하게 되었기 때문이다.

우리가 살고 있는 현대 사회는 자기보다 행복한 타자를 상상하는 사람들의 사회이다. 실제로 갑이 을보다 더욱 행복한지는 문제가 되지 않는다. 1에 1을 더하면 2가 되고, 거기에 또 1을 더하면 3이 되는 것과 마찬가지로 타자도 자기보다 더욱 행복하다고 가정이 되는 것이다. 그러면서 수단과 목적의 관계가 전복되기 시작한다. 정말로 원하는 것은 행복이었는데, 어느 순간에 그러한 소망이 숫자를 더해서 부피를 늘리는 행동으로 변질된 것이다. ≪리바이어던≫의 11장에서 홉즈는 사람들은 원하는 재화를 획득하는 데서 행복을 느끼지만 진정 자신이 원하는 것이 무엇인지는 모른다고 주장하였다. 바쁘게 숫자를 더하는 데 열중하다보면 어느 순간에 궁극적 목적finis ultimus과 최대의 선summum bonum이 눈앞에서 사라져 버린다.

행복하기 위해서 우리는 어떻게 해야 하는가? 자기보다 행복한 타자가 있다는 생각에 농락을 당하지 말아야 한다. 그리고 가지지 못한 것의 이름으로 가지고 있는 것을 무효화시키지 말아야 한다. 행복하다고 가정되는 타자는 존재하지 않는 허구이기 때문이다. 돈으로 판돈을 키우는 휴일은 축제의 시간이지 않은가. 소비문화에 오염되기 이전에 라다크 마을은 가진 것으로 즐기는 축제의 시간이었다. 김밥과 라면을 먹으면서 그것이 스테이크가 아니라는 사실로 불평을 하지 않았다.[11] 불만이 지나치면 절망과 시기, 적개심이 눈덩이처럼 커지게 마련이다. 그러나 휴일은 모든 것이 그 자체로 아름다운 시간, 더 이상 더하거나 뺄 것이 없이 완성된 시간이다.

일하는 만족감

앞서 우리는 휴일의 행복에 대해서 이야기하였다. 그렇다면 노동의 시간에 우리는 행복할 수 있는 것일까? 소수의 운 좋은 사람을 제외하면 대부분의 사람들은 일주일에 5~6일을 직장에서 일해야 한다. 주말을 아무리 행복하게 보낸다고 할지라도 일터에서 불행한 사람은 결코 행복한 사람이라 불릴 수 없을 것이다. 더구나 우리나라 사람들은 다른 나라에 비해 일하는 시간이 훨씬 많은 나라로서도 유명하다. OECD의 통계에 따르면 우리나라 사람들은 연평균 약 2,300시간 일을 한다. OECD에 가입한 나라 가운데 연 2,000시간 이상을 일하는 나라는 한국과 그리스밖에 없다고 한다. 반면 행복하기로 이름난 네덜란드인들은 일주일에 37시간, 연 1,390시간을 일한다고 한다. 한국의 절반밖에 일하지 않는 것이다. 물론 우리나라도 점차 근로 시간을 줄여나가야 할 것이다. 그러나 현재 우리의 현실을 감안할 때 노동에서 기쁨을 찾지 못한다면 반쪽의 행복밖에 누리지 못할 것이다.

노동이란 무엇인가? 인간은 노동하는 동물Homo laborans이라는 개념도 있지만 인간은 노동을 해야만 먹고 살 수가 있다. ≪창세기≫에 따르면 노동은 하나님이 인간에게 부과한 형벌이다. 최초의 인간은 에덴동산에서 일하지 않고서 놀고먹을 수 있었다는 것이다. 그러나 나무에서 과일을 따고 요리를 하는 가장 기본적인 활동도 노동의 범주에 포함시켜야 한다면 아담과 이브도 일종의 노동을 했다고 말해야 옳다. 자연 대상에 힘을 가해서 그것을 변형시키는 행위가 노동이기 때문이다. 후기 산업사회에서는 자연이 아니라 타자의 욕망을 충족시키는 서비스업의 비중이 훨씬 더 커졌지만 아무튼 감정 노동도 노동의 하나라는 사실에는 변함이 없다. 나무가 노동을 통해서 책상으로 변형될 수 있듯이 화가 난 사람도 감정 노동의 서비스를 통해서 기분이 좋은 사람으로 변형될 수가 있다. 아무튼 힘을 투자함으로써 세상에 크고 작은 변화가 생기는 것이다.

그런데 노동을 통한 세상의 변화는 일방적이지 않다. 그것은 쌍방적인 변화를 가져온다. 노동은 자연만 변화시키는 것이 아니라 노동하는 사람도 변화시키기 때문이다. 예를 들어 가구를 만들기 위해 대패질을 하는 목수의 손에는 굳은살이 생기고, 보디빌딩을 하는 사람의 몸에는 울퉁불퉁한 근육이 생긴다. 이러한 이유로 노동하는 주체는 완성된 주체가 아니라 과정 중의 주체, 되기의 주체가 된다. 험한 자연 환경과 싸우면서 혹독하게 노동을 해야 했던 과거에는 노동이 곧 마모를 의미하였다. 기계화되기 이전에 대부분의 농부들은 남자라면 50이 되기 전에, 여자는 30이면 벌써 할아버지나 할머니처럼 노쇠해졌다.[12] 얼굴이 햇볕에 그을리고 피부가 망가지며 허리가 휘어서 노년도 되기 전에 노년처럼 보였던 것이다. 고된 노동을 천직으로 알았기 때문에 소리 내어 불만을 토로하지는 않았다고 해도 현재의 기준에서 보면 그러한 삶이 결코 행복했다고 말할 수는 없었을 것이다. 노동이 그들의 삶을 망가뜨렸다고 말해도 과언이 아니었다.

그러나 기계화되고 자동화된 현대에 노동은 노동자를 과거처럼 마모시키지 않는다. 노동자를 대신해서 기계가 닳고 마모되기 때문이다. 아리스토텔레스가 말한 아레테의 차원에서 이제 노동은 자신의 탁월함을 증명하는 활동이 되었다. 더구나 신분에 속박되지 않은 민주주의 사회에서 노동은 자기가 원하는 이상적인 모습으로 자기를 형성하는 과정이 되었다. 노동을 하기 전에 나는 아직 내가 원하는 나(교사)가 아니다. 그러나 공부의 노동을 계속 하다 보면 나무가 책상이 되듯이 나는 교사로 변형이 된다. 이와 같이 노동을 해야 하는 평일에 우리는 자기를 완성하는 작업에 임하게 된다. 이러한 작업이 만족스럽게 이루어질 때 자발적으로 생기는 감정이 만족감이다.

헤겔의 구분을 따른다면 휴일의 기쁨이 쾌락이라면 평일의 기쁨은 만족이다. 평일에 나는 나를 벼르고 두드려서 내가 원하는 작품으로 나를 만드는 과정에 있다면, 휴일에 나는 이미 내가 완성이 되었다는 듯이 휴식을 취하며 쾌락의 꿀맛을 즐길 수 있다. 나는 일하면서 되어가고 쉬면서 잠정적인 완성의 상태에 머무를 수 있다. 긍정 심리학의 창시자인 마틴 셀리그만은 ≪긍정심리학≫에서 다음과 같은 질문을 던짐으로써 우리는 자신이 노동에서 행복을 찾을 수 있는지 없는지 점검할 수 있다고 말하였다. 이 일을 할 때 다른 일보다 훨씬 만족스러운가? 이 일을 할 때 기분이 좋은가? 이 일을 할 때 흥분warm glow이 되는가? 이 일을 할 때 진정으로 살아 있는 느낌을 주는가? 다른 일보다 더욱 집중해서 일할 수 있는가? 그것이 내가 진짜 나라는 느낌을 주는가? 이 일을 할 때에 내가 보다 온전해지며 보다 많이 성취하는 느낌을 주는가?

노동의 즐거움은 '내가 진짜 나라는 느낌'과 직결되어 있다. 노동을 하면서 내가 원하는 작품으로 완성되어 간다면 나는 진짜 나라는 느낌을 느낄 수가 있는 것이다. 만약에 내가 세상으로부터 소외되어 있다면 노동을 통해서 나는 다시 세상에 참여하는 길을 찾을 수가 있다. 그럼에도 행복과 노동이 모순관계에 있는 듯이 생각하는 사람들이 많다. 최근에 100점을 만점으로 봤을 때 한국 직장인의 평균 점수는 55점이라는 조사 결과가 나왔다. '수우미양가'로 따지면 '가'에 해당하는 점수다.[13] 이와 같이 낮은 점수는 현대 소비문화의 영향을 반영하고 있다고 할 수 있다. 휴일의 논리와 소비의 논리를 강요하는 문화적 환경 때문에 무심결에 노동은 불행이며 스트레스라는 생각에 젖어 있는 것이다. 행복하게 일을 할 수 있으면서도 스스로는 불행하다는 고약한 자의식에 오염되는 것이다.

지자에서 호자로, 그리고 락자를 향하여

공자의 어록에는 다음과 같이 유명한 말이 있다. "아는 것은 좋아하는 것만 같지 못하고, 좋아하는 것은 즐기는 것만 같지 못하다子曰 知之者 不如好之者 好之者 不如樂之者". 이 짧은 글만큼 의미심장하면서 행복에 도움이 되는 글을 찾기 어려울 것이다. 가장 바람직한 것은 지식이나 지혜가 아니라 쾌락이라는 것이다. 우리에게 고정된 공자의 이미지 ─ 얼마나 고지식하고 꼬치꼬치 예의를 따지는 인물인가! ─ 와는 상반된 쾌락주의적 주장을 엿볼 수 있다.

지자知者는 누구인가? 언뜻 공부하는 학생의 모습이 떠오르지만 사실 우리는 모두 지자들이다. 지식사회니 정보사회라는 말이 인구에 회자될 정도로 우리는 아는 세계, 지식이 범람하는 세계에 살고 있다. 눈을 뜨기만 해도 온갖 정보가 화살처럼 시야에 들어온다. 아는 것보다 모르고 사는 것이 더욱 어려울

지경이다. 담배를 너무 많이 피우면 폐암에 걸린다는 것을, 술을 매일 마시면 알코올 중독에 걸린다는 것을, 밥 한 공기가 300칼로리이며 소주 한 병의 칼로리는 밥 두 공기라는 것을 잘 알고 있다. 그리고 행복에 관한 책들을 읽어 보지 않더라도 어떻게 하면 행복할 수 있는지도 잘 알고 있다.

그러나 지자가 호자好子이지는 않다. 폐암에 걸리기 쉽다는 사실을 잘 알고 있으면서도 금연할 생각이 없는 사람은 호자가 아니다. 육류를 피해야 건강에 좋다는 사실을 알면서도 육류를 고집하는 사람도 호자가 아니다. 호자는 자기가 알고 있는 것을 실천하고 싶은 사람을 일컫는다. 몸무게를 줄이기 위해서 다이어트와 운동을 하려고 하거나 실제로 그렇게 하고 있는 사람은 호자이다. 알고 있는 지식을 가지고 삶을 변화시키기 원하는 것이다. 이것은 행복을 원하는 사람에 대해서도 마찬가지이다.

호자가 락자는 아니다. 행복하게 일을 한다고 해서 — 이것도 대단한 성취임에 틀림이 없지만 — 그러한 생활을 즐긴다고 볼 수는 없다. 훌륭한 음악가가 되기 위해서 불철주야 연습을 하는 예비 음악가가 있다고 하자. 그가 연주를 즐기는 단계에 이르지는 못했다면 호자이지 아직 락자는 아니다. 락자는 휴일에 오락을 하듯이 연주를 즐겨야 한다. 우리 논의의 맥락에서 호자가 만족이라면 락자는 쾌락과 관련되어 있다.

지자에게 지식은 자기와 무관한 것이다. 지식과 자신이 남남처럼 등을 돌리고 있는 형편이다. 그러나 호자에게 — 행복에 대한 — 지식은 욕망의 대상, 원하기는 하지만 아직 자기 것으로 하기에는 요원한 대상이다. 반면에 락자는 몸으로 체화된 지식, 살아서 걸어 다니는 지식의 소유자이다. 예를 들어 골프에 관심이 전혀 없는 사람에게 골프에 관한 이야기는 자신과 아무런 상관이 없는 지식에 해당한다. 그러나 막 골프에 입문한 사람은 골프에 관한 지식에 목말라 하지만, 아직 편하게 골프를 즐기는 단계에 있지 않다. 오로지 골프가 몸으로 체화된 사람만이 골프를 즐길 수가 있다.

지자와 호자, 락자 가운데 평범한 우리와 가장 가까운 인물은 호자이다. 우리는 모두 건강하고 행복하게 살기를 원하며, 이에 필요한 지식도 충분히 가지고 있다. 그렇지만 알며 원한다고 해서 모두 다 행복한 사람이 되는 것은 아니다. 그리고 이상하게도 우리는 행복할 충분한 이유를 가지고 있으면서도 불행에 허덕이는 사람들이 많다. 이때 행복은 아직은 실현되지 않은 행복, 앞으로 도래해야 할 미래의 행복이다. 적어도 행복의 관점에서 보면 나는 아직 내가 원하는 내가 아니다. 나의 삶도 진짜가 아니라 가짜처럼 보인다. 나는 행복에 대해 잘 알면서도 전혀 모르는 듯이 불행하게 살고 있는 것이다.

소크라테스는 지덕합일설을 주장했다. 그에 따르면 행복이 무엇인지 알고 있는 사람은 행복하게 살고 있는 사람, 이미 행복한 사람이다. 지자는 락자인 것이다. 이러한 논리에 따르면 불행한 사람은 행복에 대해 무지한 사람이어야 한다. 그러나 이와 정반대가 우리의 현실이라는 데에 심각한 문제가 있다. 우리는 행복에 대해서 너무나 잘 알고 있다. 그럼에도 우리는 모르고 있는 듯이 행동하고 있는 것이다.

메이지유신과 국민 행복의 탄생

근대전환기 일본에서 happiness는 그 의미가 운이나 복과 같이 사적 영역에 속하는 경우는 幸사이와이, 행으로, 천부인권과 같이 공적 영역에 속하는 경우는 幸福고우후쿠, 행복으로 번역되었다. 이후 번역어 幸福행복은 지향하는 국가체제의 구상에 따라 인민의 행복, 국민의 행복, 신민의 행복, 국가의 행복 등 다양한 담론을 만들어 냈다. 하지만 1889년 '신민의 행복'을 천황의 권한에 귀속시키는 대일본제국헌법'이 반포되고, 이것이야말로 '신민의 행복'으로 인식됨으로써 번역어 幸福행복에서 시작된 근대 일본의 행복 담론은 그 결말을 맞이했다.

박삼헌

국가의 의무이자 목적, 행복

2010년 7월 참의원 선거 중 당시 간 나오토菅直人 수상은 매니페스토에서 '새로운 성장전략'과 '최소 불행 사회'를 제시하면서 '행복'을 둘러싼 사회적 관심을 환기시켰다. 이후 선거에 승리한 간 수상은 "21세기 일본의 부활을 향한 21 국가전략 프로젝트"를 추진하기 위해 행복도幸福度, Well-Being에 대한 조사연구를 착수했고, 12월 9일에는 내각부에 '행복도에 관한 연구회'를 설치했다.[1] 여기에서는 행복감을 측정하기 위한 경제·사회 상황, 심신 건강, 관계성으로 구성된 세 가지 지표를 설정하고 '일본인의 행복'이 어떤 내용과 요소를 포함하는지 조사연구하고 있다.[2]

국가 목표로 '행복'을 제시하는 국가는 일본만이 아니다. 이미 1972년에 히말라야 산맥의 작은 국가 부탄은 국민행복지수Gross National Happiness를 제정하고 국민의 행복을 국가 제일의 목표로 천명했다. 부탄은 지금까지도 국가 제일의 목표로 행복을 추구하고 있는 지구상의 유일한 국가이다. 2008년 프랑스 사르코지 대통령은 GDP를 대신하여 사회의 행복과 발전을 적절하게 측정하기 위한 스티글리츠 위원회(Commission on the Measurement of Economic Performance and Social Progress)를 창설했다. 여기에서는 더 이상 경제·사회 발전을 대표하는 지표로 GDP를 활용하기 힘들다는 전 세계적 공감을 바탕으로, 스티글리츠Joseph E. Stiglitz를 비롯한 다섯 명의 노벨상 수상자가 주축을 이루어 활동했다. 영국 역시 미래전략처prime minister's strategy unit를 중심으로 그동안 진행되어 온 행복연구의 결과를 정책에 반영하기 위해 노력하고 있다.[3] 한국에서도 2012년 12월에 당선된 박근혜 대통령이 국민행복기금과 국민행복주택 등 '국민 행복'을 내건 여러 정책을 연일 내놓고 있다.

그렇다면 '행복'이 국가와 사회의 궁극적인 의무이자 목적이 된 것은 언제부터일까?

서양에서 happiness가 신의 선물도 운명의 술수도 아니고 원칙적으로 남녀노소 모두 획득할 수 있는, 인간에게 부여된 당연한 것으로 인식되기 시작한 것은 17세기 계몽사조가 등장하면서부터이다. 계몽사조가 happiness를 이 지상의 삶에서 모든 인간이 열망할 수 있는 그 무언가로 인식하게 만들고,[4] 1776년 미국 독립선언문은 'Pursuit of happiness행복 추구'를 국가와 사회의 의무이자 목적으로

자리 잡게 만들었다.[5]

이처럼 서양에서조차 happiness라는 단어가 지금과 같은 뜻으로 사용되기 시작한 것이 약 200년 정도밖에 되지 않는다고 했을 때, 동아시아 한자문화권에서 그 번역어에 해당하는 '幸福'의 사정은 어떠할까?

현재 동아시아에서 사용되는 번역어 대부분이 그러하듯이 happiness를 幸福으로 처음 번역한 것은 아마도 중국이나 일본일 것이다. 현재로서는 어느 쪽이 먼저임을 확인할 수 없다. 다만 권보드래 씨에 따르면, 근대 이전의 한국에서는 복福이나 복록福祿이 널리 쓰이고 행복은 등장하지 않는다고 한다.[6] 행복이라는 단어는 갑오경장 이후 등장했으며,[7] 1910년까지는 '인민의 향복享福'이나 '백성의 행복'과 같이 국가주의적 의미로 사용되다가, 일본의 식민지가 된 이후 평범한 개인의 쾌락과 관련을 맺으면서 식민권력에 순응하게 만드는 개념어로 정착했다고 한다.[8]

이 글에서는 일본의 경우 happiness가 어떻게 幸福으로 번역되었고, 이것이 근대 국가 성립과정에서 어떤 의미를 지니는지 알아보고자 한다. 한 단어의 어원을 추적하는 것은 매우 지난한 작업이다. 특히 행복과 같은 추상명사의 경우는 그 어원과는 관계없이 여러 뜻으로 쓰이는 경우가 많기 때문에 더더욱 그러하다. 따라서 이 글에서는 행복이라는 단어의 어원을 추적하기보다는 행복이라는 단어를 둘러싼 담론의 의미 변화를 검토하고자 한다. 이는 좁게는 근대 일본에서 번역어 행복이 개념적으로 정착되어 가는 과정을 추적하는 작업이고, 넓게는 한국을 포함한 동아시아 한자문화에 정착된 행복 개념의 실태를 파악하는 작업이기도 하다.

번역어 幸福의 등장

현재 필자가 확인한 바로는 일본에서 비교적 일찌감치 happiness를 幸福으로 번역한 것은 후쿠자와 유키치福沢諭吉[9]이다.[10]

후쿠자와는 서양을 방문했을 때 수집한 서적들을 참고로 1866년에 ≪서양사정西洋事情≫(초편)을 출간했다.[11] 여기에는 미국사를 약술한 부분에 독립선언문 전문이 실려 있는데, 그 내용 중 幸福이 3회 등장한다. 우선 2회는 독립선언서의 앞부분에 등장한다.

> 모든 사람은 평등하게 태어났으며, 하늘은 양도할 수 없는 몇 개의 통의通義를 부여했다. 통의란 스스로 생명을 유지하고 자유를 바라며 행복을 추구하는 데 누구의 간섭도 받지 않는 것이다. 통의를 확보하기 위해 인간은 정부를 조직하고, 정부의 정당한 권위는 신민臣民이 만족을 느꼈을 때 비로소 생긴다. 정부의 활동이 이 취지를 거슬렀을 때, 정부를 변혁하거나 타도하여 인민의 안전과 **행복**을 유지하기 위해 새로운 정부를 세우는 것도 인민의 통의이다. 이것은 변론의 여지없이 명료하다.[12]
>
> We hold these truths to be self-evident, that all men are created equal, that they are endowed by their Creator with certain unalienable Rights, that among these are Life, Liberty and the pursuit of Happiness. That to secure these rights, Governments are instituted among Men, deriving their just powers from the consent of the governed, That whenever any Form of Government becomes destructive of these ends, it is the Right of the

People to alter or to abolish it, and to institute new Government, laying its foundation on such principles and organizing its powers in such form, as to them shall seem most likely to effect their Safety and Happiness.[13]

'행복을 추구'는 'the pursuit of Happiness', '인민의 안전과 행복'은 'their Safety and Happiness'를 번역한 것이다. 미국 독립선언서에서는 행복(추구권)을 생명권 · 자유권과 함께 인민의 자연권으로 규정한다. 그 결과 국가(정부)는 '인민의 안전과 행복'을 보전하기 위한 수단에 불과한 존재가 되며, 만약 국가(정부)가 제멋대로 '인민의 안전과 행복'을 침해하면 인민은 '새로운 정부'를 세울 수 있게 된다. 독립선언서에서 국가(정부)는 '인민의 안전과 행복'의 필요조건이 아니라 충분조건에 불과한 것이다. 번역어 幸福은 일차적으로 이러한 의미의 Happiness를 번역한 것이었다.

나머지 1회는 마지막 부분의 "천도의 부조를 굳게 믿고 이 거사를 일으킴에 있어서 목숨을 걸고 **행복**과 영명榮名을 지키는 바이다."[14]에 등장한다. 원문이 "We mutually pledge to each other our Lives, our **Fortunes**, and our sacred Honor"[15]이므로, 오늘날 주로 재산財産으로 번역되는 Fortunes가 幸福으로 번역된 것이다. 독립선언서가 작성될 당시 미국인들에게 "행복을 추구한다는 것은 당연히 번영, 즐거움 그리고 부를 추구하는 것"[16]을 의미했으며, 독립선언문을 기초한 토머스 제퍼슨도 인간으로서 품위 있는 삶을 유지하는데 필요한 정도의 재산 획득을 천부적인 권리로 정의했다.[17] 따라서 후쿠자와가 Fortunes를 幸福으로 번역한 것은 행복과 재산이 서로 치환될 수 있는 의미였던 미국적 상황을 고려한 결과라 할 것이다.

한편 후쿠자와는 1867년 바쿠후幕府가 미국에 건조를 의뢰했던 군함을 인도받으러 가는 일행으로 미국을 방문했다. 1868년에 출판된 ≪서양사정≫(외편)은 이때 구입한 "Political Economy, for use in schools, and for private instruction"(Published by William and Robert Chambers. 1852)[18]의 일부를 번역한 것이다.[19] 여기에서는 happiness의 번역어로 幸福과 함께 幸도 등장한다.

幸은 "부부생활은 幸을 늘리고 交를 넓히는 것"[20]이라는 문장이 그것이다. 원문은 "The married life is evidently productive of happiness, and tends to the good of society"[21]이다. 여기의 happiness는 적어도 미국 독립선언서의 경우와 같이 공적 영역에 속하는 자연권을 의미하는 것은 아니고, 넓은 의미에서 사적 영역에 속하는 good luck에 가깝다. 아마도 이러한 의미의 happiness를 幸福이 아니라 幸으로 번역한 것은 기존의 일본어에서 幸이 福이나 運의 의미로 사용되고 있었기 때문일 것이다. 그런데 한 가지 흥미로운 것은 번역어 幸福과 달리 幸에는 さいわい사이와이라고 일본어 발음[ruby]을 훈독으로 표기하고 있다는 점이다. 일본어에서 훈독은 '뜻으로 읽는다'는 의미이지만, 단어의 생성단계를 생각해 볼 때 먼저 일본어 고유의 단어가 있고 이것에 알맞은 한자를 대응시켜 사용할 때 등장한다.[22] 따라서 happiness를 幸으로 번역하면서 さいわい사이와이라는 훈독을 표기한 것은 그 의미가 본래 일본어에서 복이나 운을 뜻하는 幸에 가깝다는 것을 나타내기 위한 장치라 할 수 있다. happiness의 의미가 운이나 복과 같이 사적 영역에 속하는 경우에는 幸으로 번역함으로써, 자연권과 같이 공적 영역과 관련된 번역어 幸福과 의식적으로 구분하고 있는 것이다.[23]

번역어 幸福이 사용된 경우는 다음과 같다.

① **행복**幸福을 추구하고 취의趣意를 달성하며 활계活計를 추구하면서 타인을 생각하지 않는다 해도, 오로지 사욕을 맘껏 휘둘러 타인에게 방해가 될 우려가 없는 것이 문명이다. 지금 못 배운 이민夷民(야만인을 의미함-인용자) 무리 속으로 재화財貨 한 덩어리를 던지면, 곧바로 무리들이 이를 차지하기 위해 서로 다투고 얼굴을 할퀴며 눈을 찌르는 추한 모습을 차마 눈뜨고 볼 수 없겠지만, 문명 세상에서는 그렇지 않다.[24]

It does not follow, however, that in thus seeking his own **happiness**, and pursuing his own objects as regards the means of livelihood and otherwise, each man is to trample down or injure his neighbour. Set a prize before a mob of untutored barbarians, and they will tread each other down or tear each other' s eye out to get at it: but with civilised men it is understood, both as the wisest and most moral arrangement, that in pursuing his own object in life, whatever it be, no one is to injure his neighbour.[25]

② 다른 여러 사정으로 그 처치가 제대로 되면, 자연스럽게 인간의 교제를 돕고 좋은 정부의 기초를 닦아서 세인世人의 **행복**幸福을 적지 않게 늘릴 수 있다고 앞에서도 언급했다.[26]

We have seen that there are certain propensities and qualities which, when rightly directed, have a tendency towards social order and good government; which is the same as saying, that they have a tendency to promote human **happiness**.[27]

③ 인간에게는 이른바 천부天賦의 성정性情이 있다. 한편으로 그 정실情實은 편소偏小한 사욕私慾 때문에 매우 천히 여길만하기도 하다. 하지만 그 성정이 자연스럽게 널리 인간 교제를 이루는 것을 보면, 즉 이 성정은 사람으로 하여금 그 안녕安寧과 **행복**幸福을 발전시키고 지선至善의 덕의德誼에 도달하도록 만드는 천여天與의 선물이라 할 것이다.[28]

He will soon find that certain propensities implanted in mankind, which, when viewed alond, have a selfish, narrow, and almost degraning aspect, are, when cintemplated in relation to each other, a wise provision for enabling man to advance his own welfare, **happiness**, and virtue.[29]

번역어 幸福은 앞에서 살펴본 미국 독립선언서의 경우와 동일하게 자연권 또는 재산권과 관련된 의미로 사용되고 있다. 하지만 자료 ①에서 '幸福추구'가 '타인에게 방해가 될 우려가 없는 것이 문명'이라는 문구에서 알 수 있듯이, 번역어 幸福에는 '문명'의 의미가 내포되고 있다.

문명의 의미를 내포한 번역어 幸福은 후쿠자와가 1869년 9월에 출판한 ≪세계국진世界国尽≫에도 등장한다.[30] 후쿠자와는 이 책을 "천하의 화복禍福"이 "국민 일반의 지우知遇"에 달렸으므로 "아동과 부녀자가 세계의 형세를 이해하고 그 지식의 단서를 깨달아 천하 幸福의 토대를 세울 수 있도록"[31] 하기 위해 저술했다. 따라서 본문에서는 아시아, 아프리카, 유럽, 북아메리카, 남아메리카, 태평양 등의 순서로 각 대륙의 자연환경 및 국가 정보를 요약 서술하고, 부록에서 '세계 형세'를 혼돈混沌, 만야蠻野, 미개未開·반개半開, 문명개화의 단계로 나누어 부연 설명하고 있다.[32] 결론적으로 이 책을 통해서 후쿠자와는 행복의 주체가 '아동과 부녀자'를 포함한 '국민 일반'이고, '행복의 토대'는 혼돈에서 문명으로 역사적 진보과정을 밟아가는 '세계 형세'와 '그 지식의 단서'를 깨우쳤을 때 가능하다고 주장하고 있다. 그리고 이 과정에서 번역어 幸福은 '국민 일반'을 주체로 하는 문명의 상징으로 제시되고 있는 것이다.

그렇다면 이처럼 문명을 매개로 한 번역어 幸福과 '국민 일반'의 결합은 바쿠후가 폐지되고 새로운 국가체제가 모색되면서 어떤 담론들을 생산해 냈을까?

국민 행복의 탄생

왕정복고와 국민 행복

1868년 1월 토막파討幕派는 바쿠후幕府를 폐지하고 '왕정복고 대호령'를 발포했다. 이후 유신정부는 막부지지파와 보신戊辰 전쟁을 치루는 한편, 다른 한편으로는 '어일신御一新'이라는 슬로건을 내걸고 천황을 정점으로 한 국가체제 만들기를 시작했다. 이른바 메이지유신의 시작이다.

서양 서적의 번역이 아니라 일본인이 저술한 서적 중 행복이라는 단어가 비교적 빠른 시기에 등장하는 것은 가토 히로유키加藤弘之가 1868년 9월에 출판한 ≪입헌정체략立憲政體略≫이다. 이것은 ≪태서국법론泰西国法論≫(츠다 마미치[津田真道] 역, 1868) 등 당시 번역되어 있던 서양 정체政體 관련서를 가토 나름대로 정리한 편저이다.

이 책에서 가토는 다섯 개의 정체 중 군주천제·군주전치·귀현정치를 '여전히 개화문명으로 향하지 못한 국가의 정체'로 규정하는 반면, 상하동치와 만민공치는 "공명정대 · 확연불발確然不拔의 국헌國憲을 만들어 진정한 치안治安을 구하는 것"[33]이라고 높게 평가한다. 군주천제는 '가장 나쁘고 천한 만이蠻夷의 정체'로 규정한 반면, 군주전치와 귀현정치는 "인문人文이 아직 발달하지 못한 우매한 민民이 많은 국가에 적당한 정체이지만, 개화된 국가에서는 당장 폐기해야 한다."[34]고 언급한 후, 현재의 일본에 대해 다음과 같이 적고 있다.

> 우리 황국皇國도 2천여 년 동안 고유한 정체正體를 지니고 있었다 하지만 지난날 바쿠후가 시세를 관찰하여 정권을 천조天朝(천황을 의미함-인용자)에게 귀납歸納하여 모든 것이 새롭고 공명정대한 정체가 만들어졌다. 진정 황국 중흥의 성업과 백성百姓의 **행복**이 이보다 더할 것이 없다.[35]

가토는 '우리 황국'이 '새롭고 공명정대한 정체를 만들어 냈다'고 평가하고, 이것이야말로 '황국 중흥의 성업과 백성의 행복'이라 적고 있다.[36] 그 결과 가토에게 '백성의 행복'은 '황국'이라는 '새롭고 공명정대한 정체'가 성립했기 때문에 가능한 것이 된다. '황국'이라는 용어는 유신정부가 '왕정복고'를 표방하기 위해 반복적으로 사용하던 정치적 용어이고, 당시 율령정체취조국律令政体取調局 관원이던 가토가 이를 의식적으로 차용한 것에 불과할 수도 있다. 그럼에도 불구하고 이제 막 성립한 '황국'을 전제로 가토가 제시한 '백성의 행복'은 국가(정부)의 필요조건으로 등장한 번역어 '인민의 幸福'이 언제든지 '황국'의 충분조건으로 변화될 수 있는 가능성을 단적으로 보여준다.

그러나 메이지 초년에 빈발한 대규모 '백성잇키百姓一揆'가 말해 주듯이,[37] '황국'의 충분조건으로 규정된 '백성 행복'의 의미는 쉽게 정착되지 않았다. 바쿠후와 각 번藩이 각각의 무장력으로 자신들의 지배를 관철시켰던 것과 달리, 그 국가적 성격상 '황국'은 천황제 국가지배의 절대성에 대한 '백성' 즉 '국민'의 승인이라는 절차가 필요했기 때문이다. 이런 의미에서 1872년 메이지천황의 사이코쿠西国 지방순행은 '국민'의 승인을 유도하는 이 시기의 대표적 정책이었다.[38] 이때 메이지천황은 서양식 군복을 착용하고 정부의 문명개화정책과 관련된 박람회나 조폐료 등을 방문했다. 이러한 천황의 퍼포먼스는 왕정복고에 그치지 않고 새롭게 '문명'이라는 문구와 결합된 '유신'을 실천하는 천황의 모습으로 '황국'에 대한 '국민'의 승인을 얻으려는 정치적 의도를 단적으로 보여준다.[39]

메이지천황의 지방순행이 '황국'에 대한 '국민'의 승인을 얻기 위한 국내정책이었다면, 정한론 정변에 이어서 실시된 타이완 침공은 결과적으로 '국민'의 승인을 얻어 낸 대외정책이었다.

1874년 타이완 침공은 타이완에서 1871년에 발생한 류큐인琉球人(지금의 오키나와) 조난사건을 발단으로 실시된 근대 일본 최초의 해외파병이다. 당시 일본 정부는 타이완 침공에 항의하는 청과 개전도 불사하겠다는 강경책을 고수하다가, 청 주재 영국 공사의 중재로 청이 일본 정부에게 배상금 50만 냥을 지불하는 것으로 타협했다.[40]

당시 일본에서는 '황국 존망'을 우려하며 '의용병'으로 지원하거나 헌금을 내겠다는 '우국 동지同志'들의 건백서建白書가 다수 제출되었다.[41] 예를 들어 시카마현飾磨県 사족士族 미마 모토나가三間元長는 "행복이 무엇이겠는가. 아무것도 하지 않고 가록家祿[42]을 받는 죄罪를 갚길 바랄 뿐"이라며 군자금으로 "금 30엔을 봉납"하기도 했다.[43] 모토나가의 신분이 사족이기에, 그에게 에도시대 이래 무사신분의 '의무'가 작동했다고 볼 수 있다. 그럼에도 불구하고 가록 수여의 주체가 번주藩主가 아니라 '황국'인 만큼, 이제 모토나가의 '행복'은 청과 개전도 불사하겠다는 '황국'에게 봉납하는 군자금으로 구체화되기 시작하는 것이다.

모토나가가 인식하는 '행복'의 실체는 타이완 침공 당시, 청 측과 교섭하는 일본 측의 모습을 상상으로 그린 니시키에錦絵가 명확히 보여준다.(그림 1)[44] 여기에서는 오른쪽 집단이 일본 측이라는 것을 '히노마루'와 검은색 서양식 복장 또는 군복으로 나타낸 반면, 왼쪽 집단이 청 측이라는 것은 전통적인 머리모양과 복장으로 나타내고 있다. 이것은 서양식 군복의 일본과 전통적인 머리모양과 복장의 청을 극명하게 대비시키는 효과가 있다. 또한 칼을 거의 지니고 있지 않은 청 측에 비해 일본 측 대부분은 칼을 지니고 있다는 점, 그리고 아래쪽 설명문이 "대신大臣 오쿠보 공公의 영단으로 공법통의公法通義(만국공법을 의미함-인용자)에 따라 이 미거美挙(협상타결을 의미함-인용자)를 이루어 낸 것은 국가의 행복으로 후세의 역사에 기록함에 부족하지 않다. 어찌 경하하지 않으리오."라고 글을 맺고 있다는 점에도 주목할 필요가 있다. 이것은 독자들에게 만국공법이 어디까지나 '칼'=군사력에 기초한 약육강식의 논리이고, 이를 근거로 실행한 타이완 침공에서 청에게 배상금 50만 냥을 받아낸 것이야말로 '국가의 행복'이라는 점을 시각적으로 인식하게 만들고 있다. 그 결과 '국가의 행복'은 "히노마루 국기를 실내에 장식하고 친척과 친구들을 초대하여 연회"를 벌인 '사쿠라佐倉의 구시도串度 씨'의 경우처럼, 어느새 '국민'의 행복으로 치환 가능한 의미로 인식되고 있는 것이다.(그림 2)[45]

그렇다면 왕정복고 이후 '국가의 행복'으로 치환 가능한 것으로 인식되기 시작한 '국민'의 행복은 그동안 국가체제 구상논의에서 배제되었던 '국민'들이 능동적으로 자신들의 구상을 제기하기 시작한 자유민권운동에서 어떤 의미를 지니

그림 1.

〈皇国支那和議決約之図〉, ≪東京日日新聞≫ 第847号, 一蕙斎芳幾, 1874.11.

그림 2.

≪東京日日新聞≫ 第849号, 一蕙斎芳幾, 발행일자 없음.

게 되었을까?

자유민권운동과 국민 행복

자유민권운동은 정한론에 패배한 이타가키 타이스케板垣退助 등이 1872년 1월 정부에 민선의원설립건백서民選議院設立建白書(이하 건백서)를 제출하면서 시작되었다. 이때 이타가키 등은 민선의원에 대한 여론 환기를 위해 '행복안전사幸福安全社'를 창립했다.[46] 그 명칭이 미국 독립선언서의 '인민의 안전과 행복'과 동일한 것은 건백서 작성 당시의 이타가키 등이 인식한 행복의 의미가 번역어 幸福의 범위를 넘어서지 않았음을 시사한다. 이것은 건백서의 마지막 문장도 "의원議院을 설립하는 것은 천하의 공론을 신장하고, 인민의 통의와 권리를 세우고, 천하의 원기를 고무하고, 상하가 서로 가깝고, 군신이 서로 아끼고, 우리 제국을 유지·진기振起하고, 행복과 안전이 보호되길 바라기 때문이다."[47]라고 끝나는 것에서도 알 수 있다. 다음은 건백서가 제출된 이후 불평사족을 중심으로 한 반정부운동에서 점차 지조개정을 통해서 토지소유권을 획득한 호농豪農 중심의 참정권운동으로 발전해 나가는 중요한 시점마다 제출된 의견서들이다.

> ① 1877년 6월, <입지사立志社 건백서>
>
> 나라에 정부가 있는 이유는 나라의 치안을 유지하는 데 있다. 치안 담당을 맡긴 자는 민民의 권리를 창달하여 행복안전의 영역에 있게 해야 한다. (중략) 인민이 아직 몽매하다는 것은 정권에 참여하는 의義를 취하여 행복안전의 영역으로 향할 여지를 막고 노예 상태에 만족하게 만드는 것이다. 이것은 인민을 우인시愚人視하는 도쿠가와 유사有司와 다르지 않다. (중략) 이 제도(징

병제를 의미함-인용자)를 토대로 사士의 상직常職을 없애고 자유의 정신을 함양해야 할 때이다. 지금 이를 성공시키려면 전제정체專制政體를 입헌정체로 변경하면 어느 누가 행복안전의 영역에 들어감을 기뻐하지 않겠는가. 어느 누가 비굴누습卑屈陋習을 벗어나지 않겠는가.[48]

② 1878년 4월, 〈애국사愛国社 재흥 취의서趣意書〉

인류가 서로 모여서 나라를 세우는 것은 각각 자신을 아끼고 자신의 권리를 보전하며 자신의 **행복**을 향유하기 위해서이다. 무릇 사람이 자신을 아끼는 마음은 본래 천성이다. 하지만 사람이 권리를 견고히 하고 **행복을 유지하여 안전을 유지할 수 있는 것**은 국가가 있기 때문이다. 국가의 안위는 실로 (그 나라) 사람의 안위와 관련된다. 따라서 나라가 평안하면 (그 나라의) 사람이 편안하고, 나라가 위험하면 (그 나라) 사람도 위험하다. 어찌 애신愛身과 애국愛國이 다르겠는가. (중략) 만약 사람이 자신을 아낄 줄 모르면 스스로 몸을 해치고, 민民으로서 그 나라를 아낄 줄 모르면 스스로 나라에 재앙을 끼쳐 결국 자신의 권리와 행복도 내버리게 된다.[49]

③ 1880년 4월, (국회기성동맹) 〈국회개설 윤가允可를 상원서上願書〉

무릇 인민이 나라에 의무를 다하는 이유는 그 나라에서 **안전행복**을 누리기 위해서이다. 그런데 우리나라는 유신 이래 10여 년 동안 병란과 소요가 끊이지 않으며, 아직 평안을 유지하여 민생民生을 안정시키지 못하고 있다. 그리고 반란이 발생했을 때에는 정부가 진압해야 하지만, 소란을 일으킨 인명人命을 상해하고 재화를 파괴하며 그 참상을 사회에 깊게 남김으로써

> 국가의 원기를 멸손滅損시키는 것이 적지 않다. 폐하(메이지천황을 의미함-인용자)는 어찌 이를 보려하지 않지 않으십니까. 신臣들이 어찌 침묵하고 있겠습니까. 무릇 오늘날 우리나라에서 국회를 개설하는 것은 일찍이 폐하가 바라는 바(1875년 4월 '점차입헌정체수립 조서'를 의미함-인용자)이자 신臣 등이 진정으로 바라는 바이며, 국가에 반드시 필요한 것이다. 따라서 신臣 등은 항상 폐하를 도와 하루빨리 국회 개설을 보길 바란다. 국회를 개설하여 폐하와 함께 지대한 경복景福을 다하길 바란다.[50]

여기에서는 대부분 '행복안전'과 같이 행복과 안전이 결합된 형태로 제시되고 있다. 이는 앞에서도 언급했듯이 미국 독립선언서와 동일한 형태이다. 하지만 그 의미는 시간의 흐름에 따라 복잡한 양상을 나타낸다.

①에서는 '나라(정부)'의 성격이 '민의 권리를 창달하여 행복안전'을 유지하도록 '나라의 치안을 유지'하는 것으로 규정된다. 이것은 만약 '나라(정부)'가 '정권에 참여하는 의義'를 막고 '행복안전의 영역'으로 향하지 못하게 하면 '도쿠가와 유사有司' 또는 '전제정체'가 된다는 것을 의미한다. 따라서 ①에서 '나라(정부)'는 '민民의 행복안전'을 보장하는 존재, 즉 미국 독립선언서와 동일하게 '인민의 안전과 행복'을 보전하기 위한 수단으로 규정된다고 할 수 있다.

하지만 ②에서 '나라를 세우는 것'은 '자신의 행복을 향유'하기 위해서라고 규정되는 한편, '사람의 권리'와 '행복・안전 유지'는 국가가 존재하기 때문에 가능하다고도 규정된다. 그 결과 '애신愛身'과 '애국'은 서로가 서로를 규정하는 관계가 된다. 이것은 당시의 민권파가 자신의 주장을 정당화하는 전형적인 논리였다. 다음은 국회기성동맹이 결성되기 직전에 민권운동가 27명이 제출한 국회개설청

원서이다.

> 밖으로는 강국의 눈치를 살피고 안으로는 국고國庫가 궁핍하여 국권의 확장과 국세國勢의 떨침이 불가능하다. 관민官民이 서로 소원하여 장차 국가가 위험하다. (중략) 오늘날 우리 정부는 하루속히 국회를 개설하여 우리 인민에게 의정議政의 권리를 부여하고 우리들로 하여금 널리 불패독립의 정신을 발휘하도록 하여 국가의 장래를 위험에서 함께 구제한다면 이는 곧 국권의 확장이요 국세의 떨침이요 국기國基의 확고함이요 국체國體의 보전이다. 메이지가 자유 세상을 만끽하고 오랫동안 부강을 세계에 빛낼 수 있는 것은 관민일치를 철저히 하는 것뿐이다.[51]

여기에서는 민권확보를 위한 국회개설이 국가의 자주권・독립권을 뜻하는 '국기 확고'와 독립국가로서의 권위 증대를 비롯한 세계에 대한 영향력 증대 및 정치경제적 진출을 뜻하는 '국권 확장'과 '국세 떨침'을 이루기 위한 전제조건으로 제시되고 있다. ①에서 그 자체로 의미를 지녔던 '인민의 행복안전'이 여기에서는 국가=국권과의 관련을 통해서 그 의미가 획득되고 있는 것이다. 예를 들어 '인민의 행복'을 쟁취하기 위한 언론과 집회의 자유를 주장하던 민권운동가들은 "우리 같은 논자論者가 많은 것은 국가의 幸福(こうふく)"[52]이라는 논리로 자신들의 주장을 정당화하기도 했다.

③에서도 '인민이 나라에 의무를 다하는 이유'가 '그 나라에서 안전행복을 누리기 위해서'라고 규정되고 있으므로, '인민의 안전행복'과 '나라(국가)'는 ②에서 '애신'과 '애국'의 관계처럼 서로가 서로를 규정하는 관계이다. 하지만 여기에

서는 '나라(국가)'를 위한 '국회 개설'이 '신臣'만이 아니라 '일찍이 폐하(메이지천황)가 바라는 바'라는 주장도 추가되고 있다. 당시 민권운동가들은 메이지천황의 칙령으로 발포된 왕정복고 대호령 · 5개조서문(1868), 점차입헌정체수립 조서(1875) 등을 국회개설의 정당성으로 제시했다. 또한 이를 근거로 천황이 바라는 바를 실행하지 않는 '유사有司' 정부에 반대하는 것이야말로 '애국'이라고 주장했고, '유사' 정부가 "국체를 파괴하는 적명敵名으로 국민의 충애심忠愛心을 선동"[53]한다며 탄압하면 할수록 '폐하'와의 일체감을 강조했다. 다음은 1881년 10월에 10년 후 국회 개설을 약속하는 '국회개설 칙유'가 발포된 직후, 자유민권운동가 아라이 쇼고新井章吾가 발표한 글이다.

> 지나 인민의 상황을 살펴보고 조선의 국정國情을 관찰해 보자. 그들은 우리 대일본국大日本國과 단지 일본해수日本海水를 사이에 두고 있는 가장 가까운 영토임에도 불구하고, 국체가 서로 달라 군민君民 사이가 너무도 멀어서 아래의 뜻이 위에 달하지 않고 위의 뜻이 아래에 관철되지 않는다. 국군國君의 의사는 국군國君 혼자 집행하고 하민下民의 고통은 하민下民이 스스로 참아내는 것을 당연시 여긴다. 이 어찌 군민공치君民同治라는 좋은 제도를 향유할 여지가 있겠는가. 이를 생각하건대 그 국민의 **불행**을 슬퍼하지 않을 수 없다. 하지만 광명청랑光明晴朗한 천지를 우러러 보고 예성청명叡聖淸明하신 황제폐하를 숭봉하며 천재일우千載一遇의 시운을 맞이한 우리 동포는 옛 조상들과 조선지나의 인민들에 비교하면 그 **행복**과 고통의 차이가 마치 하늘과 땅의 차이다. 어찌 감격하여 눈물을 흘리지 않을 수 있겠는가. 그런데 국민된 자들이 성은에 감격하여 단지 감읍할 뿐이거나 황제폐하의 성유聖諭를 읽는 것에

그쳐서야 되겠는가. 무릇 우리들의 본분은 반드시 이 성유聖諭의 뜻을 받들고 하루속히 의원議員을 소집하여 국회를 개설함으로써 군민동치의 좋은 결과를 만들어내 폐하께서 애초 생각하신 바의 성지聖旨를 관철해야 한다. 이것이 우리 동포 신민臣民된 자의 직분이다. 만약에 정부 유지有志들이 이를 나태하여 잘 못하는 자가 있으면 우리 인민은 이를 압박하여 재촉해야 한다.[54]

여기에서 '군민공치라는 좋은 제도'는 국회이고, 이는 어디까지나 서구의 근대적 제도를 의미한다. 서구의 근대적 제도를 '좋은 제도'로 파악하는 것은 메이지초년에 유행한 이른바 '문명사관'의 영향을 받은 것이다. '문명사관'에 따르면, 세계는 '최상의 문명국' 유럽국가 및 미국, '반개국半開國' 터키 · 청 · 일본 등 아시아 국가, '야만국' 아프리카 및 호주 등으로 나뉜다.[55] 당시의 일본은 아직 다른 아시아 국가들과 마찬가지로 '반개국'의 단계이다. 하지만 아라이 쇼고에 따르면, 일본 국민은 '문명'을 상징하는 '좋은 제도'=국회를 10년 뒤에 개설하겠다는 천황의 '성지聖旨' 때문에 '조선지나의 국민'은 물론이고 일본의 옛 조상들과도 다른 '행복'한 존재로 규정된다. 이렇듯 민권운동가들이 국회개설을 정당화했던 논리에는 서구문명을 실천하는 '근대적인' 천황을 매개로 하는 일본이 근린 아시아 국가와 다르다는 내셔널리즘이 존재했다. 이는 바꿔 말하면 서구문명을 실천하는 '근대적인' 천황의 존재야말로 다른 아시아 국가와 달리 일본 국민이 행복할 수 있는 이유로 인식되고 있음을 보여준다. 물론 "만약 입헌국의 인민이 존엄한 군주가 있어야만 안녕을 보장받을 수 있다면, 그 안녕이 가져다주는 행복은 자기 자신의 자유의 권리에 의해 획득한 것이 아니고 군주의 덕택으로 얻은 것"[56]이라며, 군주와의 관계를 비판적으로 인식하는 민권운동가들도 있었다. 하지만 이들도 결국에는

"민권을 발전시키는 것만이 황실을 안태安泰시킬 수 있다는 입장"[57]을 취하게 되었으므로, 자유민권운동에서 '황실'의 존재는 애초부터 부정의 대상이 아니었다.

한편 10년 후 국회 개설을 약속한 메이지천황의 '칙유'가 발포된 이후, 자유민권운동 진영은 각각의 정치적 입장에 따라 정당을 결성하여 국회개설에 대비하기 시작했다. 그 중 자유당과 입헌개진당은 대표적인 정당이다. 자유당은 프랑스식 급진적 민약民約 헌법론을 지지하며 일원제와 보통선거를 주장했고, 입헌개진당은 영국식 점진적 입헌론을 지지하며 이원제와 제한선거를 주장했다. 자유당의 지지층은 불평사족, 지주, 농민, 상업자본가였고, 입헌개진당은 지식계급, 산업자본가였다.[58]

그렇다면 자유당과 입헌개진당은 행복을 어떻게 인식했을까?

자유당은 당의 첫 번째 목적으로 "자유 확충 · 권리 보전 · 행복 증진 · 사회 개량 도모"[59]를 제시했고, 입헌개진당도 첫 번째 강령으로 "왕실의 존영을 유지하고 인민의 행복을 보전하는 것"[60]을 제시했다. 자유당은 '황실'에 대한 언급 없이 '행복 증진'을 제시하고, 입헌개진당은 '왕실 존영'과 '인민 행복'을 대등하게 제시하는 차이가 있을 뿐, 두 정당 모두 '인민 행복'을 첫 번째 강령으로 채택하고 있는 것이다.

자유당과 입헌개진당이 행복을 첫 번째 강령으로 채택함으로써 행복은 근대 일본의 '인민'이 쟁취해야 할 기본적 정치 권리로 규정되었다. 하지만 민권의 발전이야말로 국권 발전을 지탱한다는 "민권=국권형 내셔널리즘"[61]에 가까운 자유민권운동의 특성상, 실제적인 행복의 주체는 '인민'이라기보다 국권 확립을 전제로 하는 '국민'에 가까웠다. 또한 확립해야할 국권도 '천황'을 전제로 하는 '군민동치君民同治'의 범위를 벗어난 것이 아니었으므로, 그 '국민'은 언제든지 '신민臣

民'으로 전환될 가능성을 내포하고 있었다. 이러한 가능성은 '대일본제국헌법' 발포를 앞두고 자유당과 입헌개진당 등 민권파를 탄압하기 위해서 1887년에 보안조례가 발포되면서 현실화되었다.

정부는 "대정大政의 진로를 개통하고 신민臣民의 행복을 보호하기 위해 그 방해를 제거하고 안녕을 유지할 필요"[62]가 있으므로 보안조례를 제정한다고 발표했다. 이로써 정부는 '신민 행복'에 대한 의미 규정의 주도권을 쥐게 되었다. 따라서 두 정당이 보안조례로부터 자유로울 수 있으려면, 자신들이 추구하는 '인민 행복'이야말로 '신민의 행복'이라고 주장하거나, 아니면 적어도 '신민의 행복'을 방해하지 않는다고 강변하는 것 이외의 선택지는 없게 된다. 그런데 전자의 경우는 정부에 의해서 언제든 보안조례 위반으로 규정될 가능성을 내포하고 있으므로, 두 정당이 보안조례로부터 자신들을 보호하려면 결국 후자의 경우를 선택할 수밖에 없게 된다. 그 결과 두 정당의 강령에서 약간의 인식 차이를 보였던 '인민 행복'은 보안조례라는 거름종이를 통해서 '신민 행복'으로 수렴될 수밖에 없었다. 이런 의미에서 정부가 "신민의 행복을 증진하기 위해 필요한 명령을 발포하는 것"[63]을 천황의 권한 중 하나로 제정하고, 당시 언론이 이것이야말로 "신민의 지행지복至幸至福"[64]이라고 평가한 '대일본제국헌법'은 근대 일본에서 제기된 '행복' 담론의 소실점이었다.

국민 행복의 행방

그렇다면 '대일본제국헌법' 이후 '신민 행복'의 행방을 어떠했을까?

메이지 말기의 초기 사회주의자들은 1904년 러일전쟁 당시 러시아의 동료 사민주의자들과 연대하여 반전평화라는 '반애국反愛國' 운동을 전개했다. 때문에 이들은 메이지천황의 암살을 기도했다는 죄목으로 사형선고를 받았다. 이른바 '겨울의 시대'가 시작되는 1910년 대역사건이 발생한 것이다. 이들 중 옥중에서 사형집행을 기다리던 40세 고토쿠 슈스이幸德春秋는 다음과 같이 행복의 의미를 적고 있다.

> 장수는 결코 행복한 것이 아니며, 행복은 다만 자기가 만족해서 죽거나 사는 데 있다고 믿어 왔다. 만약 인생에서 사회적 가치value로 명명할 수 있는 것이 있다고 한다면, 그것은 장수에 있는 것이 아니라 인격과 사업이 주변과 후대에 미치는 감화나 영향 여하에 있다고 믿어 왔고, 지금도 그 생각에는 변함이 없다. (중략) 천수를 누리는 것은 오늘날의 사회에서는 누구도 어려운 일이다. 그러니 만약 만족스럽고 행복하게, 또한 가능하다면 그 사람의 분에 맞는—나는 분에 맞지 않는 것을 기대하지 않는다—사회적 가치를 지니며 죽는다고 한다면, 병들어 죽든, 굶어 죽든, 얼어 죽든, 타 죽든, 지진으로 죽든, 치어 죽든, 목매 죽든, 부상으로 죽든, 질식해서 죽든, 자실이든 타살이든, 애조哀弔하고 혐오할 이유가 전혀 없다. 그렇다면 결국 사형은 어떠한가. 생리적으로 부자연스럽다는 점에서 이들 각종 죽음과 다를 바가 있을까. 이들 각종 죽음보다도 더욱 혐오하고 잊어야 할 이유가 있겠는가.[65]

사형집행을 앞둔 비장함 속에서 고토쿠는 '천수를 누리는 장수'가 아니라 '사회적 가치를 지니고 죽는 것'에서 자신의 행복을 찾고 있다. '장수'라는 사적 영역의 행복을 넘어서지만, 그것이 국가적 또는 이를 전제로 하는 국민적 가치가 아니라 '사회적 가치'라는 공적 영역의 새로운 행복을 제기하고 있는 것이다. 이런 의미에서 메이지유신이 탄생시킨 국가와 국민의 행복, 나아가 신민의 행복을 상대화하려 했고, 또한 할 수 있었던 것은 민권운동가들이 아니라 메이지 말기의 초기 사회주의자들이었다. 물론 여기에도 이후의 역사적 전개 속에서 이들이 '일본적' 사회주의를 구상하기 이전까지라는 단서는 필요하다.

한편 고토쿠가 거부한 '천수를 누리는 장수'는 2장에서 살펴보았던 번역어 幸(さいわい)='사이와이'에 속하는 행복이다. 메이지유신 이후 번역어 幸은 대체로 행복이라는 단어로 통일되어 갔다. 하지만 동일하게 幸福이라는 단어를 사용하더라도 그 의미가 "세상에서 장수만큼 幸福(さいわい)한 것은 없다."[66] 처럼 사적 영역에 속하는 경우에는 'さいわい사이와이'라고 훈독을, "짐은 인민이 더욱 분려奮励하고 산업이 더욱 번성하며 나라에 오랫동안 풍부하고 넉넉한 幸福(こうふく)을 누리길 바라노라"[67] 처럼 공적 영역에 속하는 경우에는 'こうふく고우후쿠'라고 음독을 표기하는 구분도 한동안 이어졌다. 이러한 과정을 거치는 가운데 '사이와이'에 속하는 행복은, 기본적으로는 고토쿠가 언급하고 있듯이 여전히 '장수'와 같은 사적 영역에 속하는 의미가 지속되는 한편, 여기에 새로운 의미가 추가되기도 했다. 예를 들어 후쿠자와는 ≪학문의 권장≫ 제8편(1874)에서 다음과 같이 미국의 경제학자이자 교육자 웨일런드Francis Wayland의 ≪모럴 사이언스*Moral Science*≫[68]를 인용하고 있다.

> 인간에게는 누구나 정욕情欲이 있다. 정욕은 심신을 움직이게 하여 그 정욕을 만족시킴으로써 자신의 행복을 얻게 된다. 예를 들면 인간이라면 좋은 옷과

> 좋은 음식을 싫어하는 사람은 없다. 그것을 얻으려면 활동이 필요하다. 인간의 활동은 정욕이 바탕이 되어 일어난다. 그러므로 정욕이 없으면 활동을 하게 되지도 않고, 활동이 없으면 인간의 안락한 **행복**은 생기지 않는다.[69]

여기에서 '활동'은 노동을 의미하므로, '인간의 안락한 행복'은 노동을 통해서만 얻을 수 있는 것이 된다. 또한 별도의 저서에서 "하늘은 만물을 사람에게 부여하지 않고 노동[働]에게 부여는 것"이므로, 개인의 노동 능력을 키우는 '공부'야말로 "행복을 낳는 어머니"[70]라고 규정한다. 이것은 '사이와이'의 행복이 본래 지니고 있던 사적 영역의 의미를 넘어서 자본주의 윤리의 핵심요소인 '노동'과 결합된 의미로 재탄생되고 있음을 말해 준다. 이후 자본주의 윤리와 관련된 행복의 의미는 웨일런드의 번역서[71]가 소학교 수신과修身科 교과서로 사용되면서 '수신론'의 형태로 재생산되는 과정을 거쳐 1890년 교육칙어로 귀결되었다. 이것은 근대 일본의 공리주의 수용과 변용의 문제이기도 하므로, 이에 대한 구체적인 분석은 이후의 과제로 남겨 두기로 한다.

02

돈으로 행복을 살 수 있는가?

힐링, 행복 실현을 위한 진정한 도구인가?

이 글은 심적 치유를 통한 자기-계발과 자아-실현을 약속하는 치유문화의 내러티브를 점검한다. 최근 몇 년 사이 우리 사회에서는 이런 행복의 조건들을 제시하는 힐링의 언명들이 과도하게 상업화되고 각기 다른 이해관계에 영합되어 그 본래의 의미가 퇴색되어가고 있다. 이 글은 힐링의 언어가 과연 행복 실현을 위한 진정한 도구인지에 관한 객관적인 이해를 제시하고자 한다.

서길완

힐링의 현주소

최근 들어, 우리 사회가 폭력, 왕따, 세대차, 소통불능 등의 괴로운 문제들로 분열되어가고 있지만, 그럼에도 '힐링'(보다 정확히 말하자면 심적 치유)이라는 끈에 한데 묶여 있다. 가난하건 부자건, 나이가 많건 적건, 그리고 심지어 가해자건 피해자건 간에, 중요한 것은 고통과 상처의 치유와 심적 웰빙이며 그것이 곧 행복이라는 믿음을 공유하고 있다. 그러한 믿음을 바탕으로 우리 사회는 그 어느 때보다도 개개인들의 감정을 소중히 여기고, 우리 모든 삶의 영역에서 자아-실현을 장려하고 자존감을 높이는 방향을 강구하고 있다. 이 같은 믿음이 복음처럼 전파된 데는 힐링이 가르치는 몇 가지의 교리가 큰 몫을 차지했다. 첫째, 치유교리는 행복이 최고 목표이어야 한다고 가르친다. 부, 명예, 높은 덕성과 같은 성취는 그것이 우리를 행복하게 만들 때에만 값어치가 있다는 것이다. 그러므로 성공은 심적 기준으로 측정되어야 한다고 주장한다. 그리고 둘째, 우리의 문제(고통)는 심적인 원인에서 나오는 것이라고 믿게 한다. 그 결과 셋째, 우리의 실패와 좌절, 그리고 불행의 근저에 놓여 있는 심적인 문제들은 치료될 수 있고, 그래서 사람들은 개인적으로든 공적으로든 그들의 문제들을 이야기할 수 있고, 또 이야기해야만 한다고 독려한다.

실제로, 심적 웰빙과 행복을 실현하는 수단이 '힐링'이 되어야 한다는 믿음은 최근 베스트셀러 목록과 TV 토크쇼의 주제를 보면 쉽게 입증된다. 인터넷에서 힐링이라는 단어를 입력하면 국내 서적만 100여 권이 검색되고, 서점 진열대의 에세이 코너는 힐링 관련 서적과 자기-계발서들로 채워져 있다. 방송계에서도 힐링은 토크쇼 프로그램을 통해 광범위하게 전파되고 있다. 힐링과 관련된 가장 최근의 프로그램은 〈힐링캠프, 기쁘지 아니한가〉, 〈땡큐〉를 들 수 있지만, 그보다 이전에 이미 연예인들의 삶의 애환과 고통의 이야기를 들어주고 위로하는 형태의 주부형 토크쇼, 〈아침마당〉, 그리고 보다 더 스타성을 갖춘 연예인들이 초대 손님으로 출연해서 평소 개인적으로는 털어놓을 수 없었던 그들 자신의 아픈 과거사를 고백하는 형태의 토크쇼, 〈무릎팍도사〉와 〈강심장〉 등이 있었다. 하지만 외관상 고백과 위로의 형태를 취했던 토크쇼는 종편 채널의 증가로 흥미 위주의 다소 선정적인 개인사의 폭로와 분노 지르기 형태의 토크쇼로 변질되어가는 양상이다. 〈대국민쇼, 안녕하세요〉, 〈대찬인생〉, 〈속풀이 쇼, 동치미〉, 〈분노왕〉, 〈시월드〉 등에 출연해서 개인적인 문제와 애환을 고백하는 게스트들의 이야기는 따뜻한 위로와 격려가 필요하다기보다는 같이 비난해 주고 삿대질해 줄 분노 공동체나 분노 지르기 대회가 필요한 듯한 인상을 준다. 그럼으로써, 고백과 폭로를 보고 듣는 시청자들은 평소 사소한 사건에서 빚어진 자신들의 분노나 슬픈 감정들을 토크쇼 출연자들의 이야기에 감정이입해서 풀고, 심적 웰빙을 얻는 것이다. 감정적(심적) 웰빙을 추구하는 힐링의 바람은 비단 출판계와 방송계에만 국한되지 않는다. 관광 상품과 산업계는 물론 스포츠와 패션, 그리고 심지어 강좌와 건축도 힐링 트렌드를 따르며 마음의 상처와 시련으로 고통 받는 사람들을 위로하고 나섰다.

상처 입은 마음에 공감과 위로를 주는 것이 잘못됐다는 것은 아니다. 우리 사회에 여전히 부당한 억압과 착취, 그리고 불평등한 관계와 폭력 등의 문제들로 인해 고통을 받고 있는 사람들이 존재하고 또 그들의 이야기가 제대로 전달되지 않고 있는 만큼, 그들의 아픈 고통을 이해하는 데 도움이 되는 건전한 힐링 문화는 필요하다. 문제는 '힐링 열풍', '치유복음'[1], '심적 웰빙 강박'이라는 용어들에서 포착되듯, 최근 몇 년 사이 일고 있는 힐링의 바람이 열풍을 넘어 광풍으로 바뀔 조짐을 보이고 있다는 데 있다. 이러한 조짐들은 한국보다 20~30년 앞서, 1980년대와 1990년대 미국 사회가 경험한 치유강박 현상으로 변질될 위험성을 내포한다. 심적 힐링이 행복으로 가는 과정과 수단이 아니라 목적 자체가 되는 것이다. 사람들은 개인들의 어떤 고통과 상처를 치유할 것인지, 그 문제와 상처의 치유가 진짜 피해자들의 정당한 권리주장과 행복된 삶과 관련된 것인지, 또 최근 몇 년 사이 왜 갑자기 그런 문제들을 힐링치유의 형식을 빌려 극복하고 해결하고자 하는지, 극복 방식이 그것에 의지하는 사람들에게 적절한 해결책을 제공해 주는지를 파악하지 못하고 그저 '힐링' 자체에만 몰두하는 것이다. 우리가 지금, 왜 ,무엇을 치유해야 하는지 정확히 알지 못한 채, 단순히 유행의 바람에 떠밀려 심적 웰빙과 행복 추구를 위해 '힐링'을 열망한다면, 오히려 그것이야 말로 '치유강박'에로의 길을 재촉하는 일이 될 것이다. 심적 치유를 둘러싼 심층적이고 다차원적인 논의를 통해 힐링이 행복 실현을 위한 진정한 도구인지에 대한 검토가 필요한 시점이다.

왜 지금 심적 힐링인가?

사실 '힐링'이라는 말이 사회, 문화적 키워드로 등장한 것은 그리 오래된 일은 아니다. 한국의 경우, 불과 몇 년 전까지만 하더라도 '웰빙'이 행복의 척도가 되는 양, 잘 먹고, 잘 살고 잘 죽기 위한 방편을 찾느라 분주한 나날을 보냈다. 이때 '웰빙'은 대체로 섭생에 관련된 것들로서 개인의 내면세계의 안녕과 직결된 것은 아니었다. 그런데 지금 우리 사회에 유행하고 있는 '힐링'의 개념은 몸의 치유보다는 심적 웰빙의 의미에 보다 더 가깝다. 그렇다면 왜 지금 유독 심적 치료가 필요한가? 이 물음에 대한 답은 '힐링'이 심적(감정적) 치유와 상호 교환적으로 사용된 이유를 찾는 데서 그 실마리를 얻을 수 있다.

오늘날 우리 대부분의 사람들은 우리의 행동과 감정이 우리 자신의 내면의 어떤 것에서 도출된 것이라 믿는 경향이 있다. 그래서 종종 우리는 우리의 개인적 문제 뿐 아니라 사회적 문제들을 감정 상태의 탓으로 돌린다. 가령, 어떤 한 학생이 공부에 집중을 못하는 경우 많은 전문가들과 주변 조언자들은 불안장애나 과잉행동장애를 의심해 볼 것을 권하고, 또 폭력적인 동급생이나 선배의 부당한 요구를 거절하지 못하는 이유는 자존감이 결여되어 있기 때문에 그럴 수 있다고 말한다. 반대로 매우 폭력적이고 공격적인 행동을 보이는 학생들에겐 어린 시절의

학대경험과 상처가 문제의 근원일 수 있으니 심리학적 치료를 촉구한다. 그리고 자신을 학대하는 남성과 헤어지는 못하는 여성은 사랑중독을 앓고 있지 않는가를 의심해 보아야 하고, 일의 능률이 오르지 않을 경우 스트레스를 받아서 혹은 에너지가 소진되었기 때문에 그럴 수 있으니 마음의 휴식을 취할 것을 권고한다. 그리고 중년의 위기를 겪는 남성과 여성은 우울증이 발전되어 심지어 자살에 이를 수 있기 때문에 갱년기 증상을 살피는 일에 경계를 게을리해서는 안 된다고 당부한다. 말하자면 어떤 사람이 이런 행동을 하고 저런 결정을 내리는 것은 그 사람의 마음에서 생긴 어떤 것 때문에 그렇다는 것이다.

그렇다면 오늘날 많은 사람들이 행동과 감정에 대해 이런 관점을 갖게 된 이유는 무엇인가? 다수의 학자들은 그 이유를 현대성의 특성들에서 찾는 경우가 많다. 그 중에도 개인화는 오늘날 많은 사람들이 자신들의 문제와 여타의 다른 문제를 감정의 문제로 생각하게 된 결정적인 요인으로 지목된다. 전통과 종교의 쇠퇴로 인한 경험공동체와 도덕적 규범의 와해, 정치의 종말로 인한 사회적 결속력과 통제의 상실 등으로 인해 공동체와 사회적 네트워크의 망이 해체되고 모든 것이 유동적이 되어가는 현대 사회에서 사람들의 삶은 극도로 원자화된 특질을 갖는다. 이런 환경에서 개인들은 점차 고립되어가고 사람들은 자기 경험으로부터 분리될 수밖에 없다. 독일의 사회학자 울리히 벡Urich Beck은 "우리가 공유하는 많은 것을 인식하는 능력과 우리의 결정에 영향을 미치는 사회적 힘을 파악할 수 있는 능력이 바로 이 현대성의 특성들 때문에 약화된다."고 쓴 바 있다.[2] 이와 비슷한 맥락에서, 안소니 기든스Anthony Giddens는 현대성의 주요 특성들로 인해 우리의 실존적인 문제들과 연결되는 핵심적 유형의 경험인 탄생과 죽음, 그리고 질병 등의 문제와 격리되어가고 있다고 진단한 바 있다. 기든스에 따르면, 죽음과 질병은 우리 자신들이 직접적으로 대면해야 하는 실제 경험이 아니라 병원과 전문가가 관리하고 결정하는 문제가 되어가고 있다. 그리고 사람들의 편의를 위해 자연이 활용됨으로써 현대인들은 위험이 제거된 안전하고 잘 다듬어진 자연과 마주한다. 격리의 대가로 사람들은 현대적 '보호고치protective cocoon'[3]를 얻게 된 것이다. 다양한 제도와 기술적인 '보호고치'의 매개 덕택으로, 후기 산업사회의 사람들은 출산의 위험성, 죽음의 과정에서 발생하는 추함과 공포, 정신이상자들의 광기, 그리고 거칠고 위험한 자연환경과 직접적으로 대면하지 않게 된 것이다.

문제는 이런 환경에서 개인들이 예상치 못한 어려움에 봉착했을 때, 그들은 어떻게 그 문제의 경험을 이해하고 해결할 것인가이다. 앞에서 설명된 현대성의 특성들 때문에 사람들은 제 자신의 경험에서 의미를 찾는 일이 쉽지 않게 되었다. 그런 환경에서, "개인들은 자기 삶을 이해할 때 갖는 어려움을 사회가 공통된 의미망을 제공하지 못하는 사실로 해석하기보다는 그들 자신의 내부적 삶의 산물로 해석"[4]하게 된다. 외적 환경이나 사회적 조건에서 생기는 고통도 자기(자아)의 문제로 받아들이고, 점차적으로 사회적 문제를 개인들의 감정적 문제들로 생각하는 경향을 갖게 되는 것이다. 결국 사회의 문제가 제기되는 장소도 개인의 내면세계(감정 상태)이고 그것이 해결될 필요가 있는 장소도 개인의 내면세계가 된다.

패배에서 위안을 가르치는 치유 내러티브

이제 개인이 그/그녀의 내면세계를 잘 알면 모든 문제는 해결될 일이다. 그렇다면 개인이 자기 내면의 삶을 알기 위해 구체적으로 무엇을 어떻게 할 것인가의 문제가 남게 된다. 그런데 앞의 설명에서 짐작할 수 있듯, '보호고치' 속에 살아가는 개인들이 자기-앎을 성취하기란 쉽지 않다. 바로 이러한 난점을 잘 포착해서 개인의 자기-앎의 길을 터 준 것이 바로 자기-이해(발견)와 자기-계발, 그리고 자아-실현을 목표로 삼는 치유문화의 어휘와 내러티브이다. 치유 내러티브는 주관적인 경험을 찬양하며, 개인의 감정적인 삶에 특별한 의미를 부여한다. 가령 대한민국의 자기-계발서들 중 가장 대표적인 책, ≪아프니까 청춘이다≫는 치유 내러티브의 전형적인 모티브를 구현하고 있다. 이 책의 전체 내용을 집약하는 말 '아프니까 청춘이다'는 '아프고 고통스러운 청춘이야말로 진정한 청춘이다'로 풀이된다. 보다 더 구체적으로, 이 말은 '청춘의 고통스러운 경험들을 극복한 젊은이가 진정한 인생의 승리자로 거듭난다'로 설명될 수 있다. 여기서 아픔과 고통은 현시대 젊은이들의 자기-정체를 규정하는 어휘이고, 아픔을 극복함으로써 진정한 청춘이 된다는 구조는 전형적인 치료 내러티브인 것이다.

이 내러티브에서 청년실업, 생활고, 미래의 불확실성 등 청춘의 현실적 문제는 후경에 있고, 아픈 청춘(자아)의 문제, 즉 개인의 심적 상처(고통)가 전면 배치된다. 어떻게 보면, 이러한 치유학적 논리는 사회, 정치적 변화에 대한 필요성보다는 사회적 현상을 유지해야 한다는 뜻을 피력하는 듯하다. 이러한 종류의 자기-계발서에는 구조적 불평등에 대한 관점이 거의 없기 때문에, 사람들의 관심은 실제적인 사회 환경을 평가하는 것에서 개인의 특성(성격)에 초점을 맞추는 쪽으로 쏠리고, 권력이나 부당함, 고통의 상황과 맞서 싸우는 일이 자기-계발의 활용으로 설명되기 때문에 고난에 처한 개인은 그 외부적 환경의 피해자가 되지 않기 위해서 자기의 내면을 바로 세우는 자존감 프로젝트를 가동시키는 일에 관심을 갖게 된다. 결국 개인들이 당면하고 있는 아픈 문제는 그들의 내면적 문제로 환원되고, 그에 대한 해결책 역시 그들의 심적 능력에 달려 있게 된다.

만약 자기-계발서 안에 진정한 답이 있었다면, ≪아프니까 청춘이다≫의 수많은 아류 자기-계발서들이 출판계를 점령하지 않았을 것이며, 또 그 자리를 대신하는 수많은 힐링서들이 뒤따르지 않았을 것이다. 이것은 책을 읽고 난 뒤 심적 행복을 찾고, 문제의 답을 얻었다는 착각이 보다 더 빠르고, 단순한 심지어 분별없는 힐링 관련서들의 양산을 부추겼다는 추측을 낳게 하는 대목이다. 그래서 "아프니까 읽는 책에 출판계가 아프다."는 소위 '웃픈' 말이 나오기까지 한다. 여기서 다시 한 번 강조해서 말하지만, 필자는 심적 안녕이 행복의 중요한 조건이 된다는 것을 반대하거나, 행복 실현 수단으로서 마음의 깊은 통찰(탐색)을 문제 삼으려는 것이 아니다. 다만, 전 사회가 행복과 자아-실현을 슬로건으로 외칠 때, 그 과정에서 우리는 중요한 무엇인가를 놓치고 있다는 사실을 환기시키고자 한다. 심적인 것에 집중하느라 그 근저에 놓인 실제 현실을 보지 못하거나 사회, 정치, 경제적 맥락을 밀어내는 슬로건은 그러한 구호를 외치는 개인과 사회를 잘못된 방향으로 이끌 수 있다는 점을 강조하고자 하는 것이다.

그런데 필자의 이런 우려가 TV 토크쇼에서 현실로 나타나고 있다. 텔레비전 산업은 토크쇼와 힐링 관련 예능 프로그램을 발견했고 이 새로운 형태의 오락에서 이윤을 창출했다. 특히 토크쇼는 심리적 치료언어를 가정의 거실로 옮겨 놓음으로써 수백만의 사람들이 동시에 '이야기 치료talking cure'에 참여할 수 있도록 했다. 글의 첫머리에서 언급했던 토크쇼들 대부분이 바로 그러한 형식을 취했던 것들이다. 손님으로 초대된 유명 연예인들 혹은 심지어 일반인들까지 자신들의 개인적인 문제를 털어놓는 이들 '게스트 토크' 들은 심리 전문가(공식적인 자격이 있을 수도 있고 그렇지 않을 수도 있는)들이 그들의 문제해결을 돕는 형식을 취한다. '이야기 치료' 형식을 띠고 있기 때문에 사람들은 별다른 제약 없이 그들 자신의 좌절과 결함을 드러낸다. 아픈 환자들이 상담사들에게 그들의 고민거리를 말하는 것은 당연한 일 아닌가. 무엇보다도 치료과정에서 말하여지는 모든 것들은 상처회복에 필요한 자기표현과 자기-이해의 수단이기 때문에 그 어떤 도덕적 책임도 묻지 말아야 하는 것이다. 그리하여 심지어 때로 출연자들은 서로 자기 실패를 인정하고 싶어 안달을 하는 진풍경이 연출되기까지 한다. 과거엔 숨기는 게 능사라고 생각되었던 곤궁과 나약함이 이제는 공적으로 폭로되는 것이다.

가령 지금은 종영되었지만 불과 몇 달 전까지만 해도 높은 시청률을 기록했던 <강심장>이 대표적인 예로 제시될 수 있다. 겉으로는 예능 프로그램이지만 사실 그것은 '떼거리' 토크쇼에 가깝다. 이 프로그램에 출현한 유명 연예인들은 자신들이 평소 말할 수 없었던 과거의 아픈 경험들을 가깝게는 방청객들, 그리고 보다 멀게는 수백만의 시청자들 앞에서 고백하고 폭로한다. 그리고 소개된 사연들 중 가장 충격적인 이야기를 내놓은 사람이 '강심장'의 자리에 등극하는 것이다. 그 충격적인 이야기라는 것이 하나같이 눈물 날 만큼 찡한 과거의 아픈 경험들이다. 결론은 그럼에도 '그러한 시련을 극복하고 지금은 만족된 삶을 누리고 있다'로 마무리된다.

사실 이런 정도의 치료 내러티브는 치유문화의 순기능의 역할을 어느 정도 수행하고 있다고 생각될 수도 있다. 그러나 보다 최근에 우후죽순으로 생겨나고 있는 토크쇼 형식의 프로그램은 치유문화의 역기능을 더 많이 양산하고 있는 듯하다. 연예인들의 자기 패배와 결함을 드러내는 일을 삼가지 않는 태도와 소소한 해택을 받아내기 위해서 감정적 표현을 여과 없이 분출하는 무분별한 태도에서부터 아픔을 가장하거나 삶의 고난을 꾸미고 생소한 변명을 만들어서 어려움에서 벗어나려는 개인들의 일화에 이르기까지 그야말로 고통과 상처 입은 개인들로 넘쳐나는 세상이 되어가고 있는 듯하다.

바로 이런 현상(치료 내러티브가 산출하는 역기능의 문제)과 관련해서 대한민국 힐링문화의 현주소를 그대로 비춰 주는 거울 이미지가 있다. 우리보다 훨씬 더 이전에 치유문화를 경험한 미국의 한 방송국에서 방영된 시트콤 <너의 열정에 재갈을 물려라Curb Your Enthusiasm>의 "생존자Survivor"(HBO 2004) 에피소드가 그것이다. 이 에피소드는 주인공의 오해로 빚어진 코믹한 사건에서부터 시작된다. 시트콤의 주인공 래리 데이비드Larry David는 자신의 저녁 파티에 랍비가 생존자를 데려올 것이라는 이야기를 듣고, 그가 말하는 생존자가 홀로코스트 실제 생존자라고 추측한다. 그래서 래리는 초대될 손님이 그와 같은 경험을 공유한 홀로코스 생존자를 만나보고 싶어 할 것이라 예상하고는, 또 다른 실제 생존자를 초대할 계획을 세운다. 그런데 파티에 랍비가 데려온 손님은 실제 홀로코스트 생존자가 아닌 CBS 리얼 게임 쇼, <생존자>의 참가자 중 한 사람이었다. 앞뒤 정황이 어찌되었건 간에, 저녁 식탁에서 만난 두 초대 손님들은 그들 각자가 경험한 일들의 중대성을 놓고 탁상격론을 벌인다. 리얼 서바이벌 게임 쇼의 참가자는 오스트레일리아 오지에서 맞닥뜨린 위험에 대해 떠벌리기 시작하고, 이에 질세라, 실제 홀로코스트 생존자는 집단수용소의 경험들을 말하기 시작한다. 게임쇼 참가자가 오지에서의 추위와 굶주림, 그리고 신발과 의복의 부족현상 등 문명적 혜택이 끊어진 상황을 늘어놓으면, 홀로코스트 실제 생존자는 보다 더 과장된 어조와 태도로 집단수용소의 추위와 굶주림의 경험을 묘사한다. 몇 달 동안 제대로 먹지도 못하고 영하 42도의 추위를 견뎌낸 자기야말로 진정한 생존자라는 것이다. 그리고 어느 시점에서 이 둘의

격론은 더 많은 고통을 겪은 사람이 누구인지, 누가 더 탁월한 생존자인지를 가려내는 고함지르기 대회로 전락하고 만다. 사실 이 장면은 자신들이 극한 상황의 피해자 겸 생존자라고 주장하는 사람들을 풍자하기 위해 연출된 것이다. 그럼에도 우리는 이 에피소드를 웃고 나서 보면 더 씁쓸해진다. 인간의 한계를 넘어서는 고통(희생)을 극복하고 살아남은 사람만이 진정한 생존자-승리자라고 주장하는 시트콤의 두 인물은 현재 대한민국 토크쇼의 수많은 게스트들의 모습과 겹쳐 보이기 때문이리라.

치료 내러티브의 역효과 — 〈정글의 법칙〉을 맹비난하다

앞의 설명들에 비추어볼 때, 치유문화의 내러티브는 본질적으로 고통스러운 기억의 내러티브이다. 달리 말하자면, 이 내러티브의 추진력은 고통의 기억을 환기시킴으로써 고통에서 벗어나거나 극복해야 한다는 명령인 것이다. 지금까지 치유문화의 복음서 역할을 한 토크쇼와 자기-계발서들은 치유문화의 지시를 잘 따름으로써 대중들의 마음을 힐링하는 데 큰 힘을 보태는 듯했다. 그런데 보다 더 최근에 등장한 오락 연예 프로그램, <정글의 법칙>을 둘러싼 일련의 논쟁들은 이와는 반대의 효과를 예고하며 치유복음서의 한계와 문제를 노정한다. 이 프로그램은 만능 개그맨으로 불리는 김병만을 족장으로 해서 여러 명의 게스트들이 아마존의 정글과 무인도, 그리고 히말라야와 같은 오지에서 극한 상황을 체험을 하는 형식으로 구성되어 있다. 기존의 오락 연예 프로그램들과 다른 생소한 기획(접근) 때문에 방영 당시 높은 시청률은 기대되지 않았다. 그러나 예상과 달리, <정글의 법칙>은 동시간대 프로그램들 중 가장 높은 시청률을 기록한다. <정글의 법칙>이 이토록 많은 사람들의 관심을 끈 데는 여러 이유가 있겠지만, 아래에 소개될 스캔들과 관련지어 생각해 볼 때 힐링문화의 지배적인 내러티브의 전략적인 성공이 가장 결정적인 이유가 된 듯하다. 게다가 리얼한 한계 상황을 연출하기 위해 제작진이 출연자들에게 오지에서 생존할 수 있는 최소한의 연장과 음식만 지급하고 나머지는 자급자족을 통해 획득할 것을 요구한 전략이 생존을 위한 자기-계발 매뉴얼을 따른다는 점도 인기를 얻는 데 한몫했을 것이다.

그런데 자기-계발 매뉴얼을 충실히 따르며 시청자들의 마음을 끌었던 <정글의 법칙>이 어느 날 갑자기 사기 예능 프로그램으로 전락하는 사건이 발생한다. <정글의 법칙>에 출현한 어떤 한 여배우의 기획사 대표가 그녀의 고생이 안쓰러워 체험의 진정성을 의심하는 비난 글을 인터넷에 올린 것이 사건의 발단이 되었다. 내용인 즉, 프로그램을 촬영할 때만 실제 체험을 하는 척하고 카메라가 돌아가지 않는 뒤 무대에선 출연자와 제작진 모두 충분한 음식을 섭취하고 심지어 술 파티까지 벌인다는 것이다. 그 글을 접한 네티즌들은 격한 분노를 표출하며 비난의 댓글을 올렸다. 그 여파가 일파만파로 번지자 기획사 대표는 뒤늦게 해명과 사과의 글을 올리게 된다. 하지만 시청자와 네티즌의 실망은 이미 회복할 수 없는 수준을 넘어선 듯, <정글의 법칙>에 대한 실망과 비난의 목소리는 쉬이 수그러들지 않고 오히려 분노의 수위만 더 높아질 뿐이었다.

한편, <정글의 법칙>을 둘러싼 논쟁의 장에선 또 다른 목소리도 들린다. 카메라가 돌아가지는 않는 시간 동안 '리얼 체험'을 잠시 멈추는 것이 그리 잘못된 일인가? 더구나 '리얼'을 표방한 여타의 프로그램들도 사실 조작과 연출 논란으로 비난을 받았던 적이 있지 않았던가. 가령, SBS <패밀리가 떴다>와 KBS <1박2일>, MBC <무한도전>까지 리얼 버라이어티 프로그램은 조작 및 왜곡 편집 논란에서 자유롭지 못했다. 그럼에도 그들 프로그램들은 〈정글의 법칙〉만큼 그렇게 집단적인 분노의 뭇매를 맞지 않았다. 그리하여 "일부에서는 예능 프로그램에 지나치게 엄격한 잣대를 들이대는 게 아니냐는 동정론"(고현실)도 제기되었다.[5]

그렇다면, 무엇 때문에 시청자와 네티즌들은 유독 〈정글의 법칙〉에 그렇게 엄격한 잣대를 적용하고, 또 그럼으로써 너무 높은 기준을 만족시키지 못한 결과에 대해 격한 분노를 표출하는가? 바로 이 질문에 대한 답은 분노의 감정 이면에 놓여 있는 어떤 것을 읽을 때 비로소 찾아질 수 있다. 〈'정글의 법칙', 결국 직접 '진정성 논란' 밝혀야 한다〉에서 신소원이 적절하게 지적하듯, 그 감정의 밑바탕에는 "시청자들이 쉽게 체험할 수 없는 '정글'이 가져다주는 판타지"(신소원)가 있다.[6] 그것은 '보호고치'의 매개 속에서 살아가는 개인들이 극한 상황의 체험을 통해 고통을 극복하고자 하는 일종의 대리체험인 것이다. 그 대리체험은 단순한 상상과 환상의 경험이 아니다. 그것은 나를 내 '정신적 행복의 책임자'[7]로 만들어서 나의 미래를 구원해 줄 동력이다. 말하자면, 시청자에게 정글의 체험은 이런 의미인 것이다 ― 나는 극한 상황을 겪으면서 온갖 고통과 상처를 입었지만 그 어려운 상황을 이겨냄으로써 마침내 나의 진정한 자아를 발견하고 나를 가로막는 장애물에서 자유롭게 되었다. 앞에서 언급했듯이, "치료학적 자아-실현의 내러티브는 문제적 상황이 무엇인지가 밝혀진 뒤에야 비로소 작동될 수 있으며", "문제 상황은 내가 과거에 경험했던 어떤 사건을 참조함으로써 비로소 설명될 수 있다."[8] 그런 의미에서 한 연예기획사 대표의 폭로는 시청자들로부터 단순한 환상을 박탈한 것이 아니라 자아-실현 내러티브의 원동력을 뺏은 것이다. 나의 문제적 상황을 이해하고 그것을 극복할 이야기를 만드는 데 필요한 고통과 상처의 경험을 날조된 가짜로 만듦으로써 나의 구원적(해방적) 미래를 망가뜨린 것이다.

우리는 앞의 토크쇼들의 예와 〈정글의 법칙〉을 둘러싼 논쟁을 통해 다음과 같은 씁쓸한 결론을 도출할 수 있다. 치유문화는 역설적이게도 고통과 상처를 특권화한다. 회복되기 위해서는 우선 병에 걸려 있어야 하는 것처럼, 자기-계발과 자아-실현을 위해서 부득이 질병, 상처와 아픔, 그리고 고통의 경험이 이미 전제되어 있어야 하는 것이다. 여기서 고통은 개인의 인격적 계발의 수단으로 작용하게 된다. 서로 모순되는 고통의 내러티브와 자기-계발(실현) 내러티브가 은밀하게 연결되어 고통을 경감시키기로 되어 있는 치유학은 아이러니하게 많은 고통을 창출하는 것이다.

이런 치유학의 기풍에서 보다 우려되는 점은 고통과 치유 내러티브가 생존자 담론과 결합되어 오히려 피해자와 생존자의 지위를 더욱 모호하게 만든다는 것이다. 가령, 미국의 시트콤 〈너의 열정에 재갈을 물려라〉의 "생존자" 에피소드에 등장한 두 게스트들의 경쟁과 〈정글의 법칙〉의 스캔들에서 유추할 수 있듯이, 피해와 상처를 더 많이 입고 살아남은 사람은 생존자-승리자가 된다. 여기서 생존자는 한계 상황을 직면하고도 계속해서 살아가는 사람으로 묘사되는 반면, 피해자는 실제적인 죽음을 대표하는 희생자, 혹은 상징적 죽음을 경험한 루저loser로 표상된다. 그럼에도 생존자 담론을 통해 굴절되는 자아-실현 내러티브는 피해자/생존자의 이분법적 관계가 불운의 역전을 강조하는 피해자/승리자의 관계로 전환될 수 있음을 시사한다. 고통의 경험을 자기변화와 자기 학습의 기회로 재활용할 수 있는 피해자는 고통의 경험을 극복한 승리자가 될 이행적 입지에 있다는 것이다. 이 경우, 생존자는 피해와 고통의 상처를 과거로 밀쳐놓음으로써 희생양(루저)이라는 불명예를 입지 않고 자신의 상처와 피해를 언급한다. 그러므로 '생존자는 희생자(피해자) 지위에 대한 권리를 주장하는 보다 용인된 방식'으로 자신의 고통을 선전할 수 있게 되는

것이다.[9]

이런 식이라면, '고통은 우리에게 좋은 경험', '바람직한 경험'이 된다.[10] 더구나 고통에서 승리의 기회를 얻을 수 있다면 견디지 못할 고통이 없을 것이고, 회복하지 못할 정도의 상처를 입은 사람도 없을 것이며, 그런 행위에 책임질 사람도 없을 것이다. 이 같은 논리는 우리에게 '행복보다는 고통경험의 강인한 책임자가 되는 방법'을 가르치는 문제적 효과를 낳는다.[11] 그리고 사회적 변화보다는 현상 유지에 중점(앞으로 나아가려면 과거는 잠시 접어두어야 한다)을 두는 방식으로 문제들을 바라보게 한다. 그렇게 해서, 결국 고통의 이야기를 자기개선의 이야기로 재활용하는 치유서사는 우리가 대면해야 하는(처한) 현실(문제)을 지워 버리고, 우리가 우리 자신의 불행의 유일한 책임자가 되게 하는 것이다.

이러한 인식의 논리를 가장 잘 구현하는 영화가 있다. 1994년 미국에서 수많은 관객을 끌어들이며 '검프주의'라는 용어까지 낳았던 <포레스트 검프>가 그것이다. 이 영화는 고통의 경험을 다루는 두 개의 다른 모델을 제시한다. 첫째, 주인공 포레스트는 75의 지능을 가진 다리가 불편한 장애인이다. 어린 시절, 그는 친구들의 놀림감의 대상이었지만, 그럼에도 나중에는 그 아이들과 친해진다. 영화 초반부에 묘사되는 포레스트의 어린 시절의 고난과 극복의 패턴은 영화가 끝나는 순간까지 반복된다. 포레스트의 고난의 여정은, 고통 경험의 또 다른 모델을 제시하는 그의 어린 시절 여자 친구(제니 큐랜)의 여정과 교차된다. 어릴 때 성학대를 당한, 제니는 계속되는 고통의 순환에서 벗어나지 못한다. 학대를 일삼는 파트너를 만나 약물을 남용해서 결국 에이즈에 감염된다. 그런데 사실 알고 보면 어린 시절 제니는 야망을 가진 당찬 소녀였다. 반면, 포레스트는 부와 명예에 대한 욕망이 전무한, 완전히 순수한 사람이었다. 그는 자기 삶의 운명을 받아들이며 언제나 엄마의 말씀("다음 단계로 넘어가기 전에 과거는 잊어버려야 한다.")을 가슴에 새기고 사는 마음이 넓은 낙천주의자였다. 그런 그가 장애를 극복해서 스타 농구선수가 되고, 전쟁에 참전해서 전쟁 영웅으로 칭송받으며, 심지어 팝 아이콘으로 등극해서 엄청난 부자가 된 것이다. 힘든 역사의 순간들(베트남 전쟁, 케네디 대통령 암살, 그리고 워터게이트 사건)에서 살아남아 인생의 승리가 된 포레스트는, 지나가는 사람에게 그의 이야기를 들려주며 행복한 삶을 영위하고 있다. 하지만 제니는 결국 씁쓸한 죽음을 맞게 된다. 그녀는 생존기술이 부족해서 퇴보할 수밖에 없는 생존자의 나약한 타자인 것이다. 그리하여 피해자/생존자에서 피해자/승리자로 자리매김하게 된 포레스트와 달리 제니는 희생자-패배자(낙오자)로 삶의 무대에서 퇴장한다.

그런데 이상하게도, 영화의 곳곳에는 승리자로서의 포레스트의 현재 입지가 결코 능동적인 자기-실현의 의지에 의해 획득된 것이 아님을 시사하는 상징물이 등장한다. 영화의 오프닝과 엔딩 장면을 장식하는 깃털의 움직임은 바로 그 상징물의 역할을 한다. 영화는 오프닝과 엔딩 장면에서 가벼운 깃털 하나가 미풍을 따라 임의대로 떠다니는 움직임을 쫓아가는 포레스트의 시선을 다소 긴 시간 동안 보여준다. 수잔나 래드스톤Susannah Radston에 따르면, 깃털의 이 같은 움직임은 포레스트의 기구한 운명을 비유한다는 것이다—"역사적 미풍의 운명적 변덕"에 떠밀리듯 움직이는 포레스트의 삶, 그래서 그는 "만능이면서도 분명 수동적이다."[12] 포레스트는 그의 엄마가 늘 말했던 것처럼, 어떤 불이익과 상처를 받더라도 일단 그것을 과거의 일로 밀쳐두고 전진한다. 그에게 개인의 시험적이고 변형적인 역할은 거의 사라지고, 자아의 무조건적인 수용의 미덕만이 소중한 가치로 남아 있는 듯하다. 자아(수용)에 대한 이런 보수적인 관점은 자아의 변화와 계발을 요구하는 치유서사의 이상을 거부하거나 변화를 회피하는 우회적 방식을 표현하는 것이다.

나가는 글

고통 경험에 대한 포레스트의 모델은 오늘 날의 치유(서사)가 개인에게 어떤 역할을 하고 있는지를 명확하게 보여준다. 치유는 개성을 탐색하고 확장하는 수단, 자기-계발을 위한 유용한 방편이 되기보다 오히려 생존의 도구가 되어가고 있는 것이다. 결국, 개인적 성공과 행복을 추구하던 사람들의 이상은 삶이란 생존을 위한 끝없는 투쟁이라는 생각에 무너져 내릴 것이다. 이와 관련해서, 아나톨 브로야드Anatole Broyard의 다음과 같은 문구들은 힐링이 지배적 문화가 된 사회에 살고 있는 우리에게 시사하는 바가 크다. ―"우리는 다시 영웅이 되어가고 있다." 그러나 "신화와 우화의 옛 영웅이 아닌, 그렇다고 슈퍼맨도 아닌, 생존을 위한 최소한의 영웅이 되어가고 있다."[13]

여가와 행복
— 리조트 여행을 중심으로

발리, 괌, 세부, 보라카이, 파타야, 코타키나발루, 몰디브…… 어느 나라에 속하는 섬들인지는 분명치 않지만, 그 이름들은 매우 익숙하다. 적어도 한두 군데는 직접 다녀왔을 수도, 혹은 다녀온 사람들의 얘기를 들어보았을 것이다. 이 글에서는 현대인들이 휴가를 보내는 대표적 방식인 리조트 여행에 대한 우리들의 욕구가 어디에서 유래하는지, 그러한 방식의 여가는 우리들의 행복에 어떻게 기여하는지, 혹은 기여하지 않는지를 일과 여가, 여가와 행복의 관계를 통해 고찰해 본다.

최하영

여기 아닌 어딘가

바로 앞에서 에메랄드 빛 바다가 반짝이는 해변, 쾌적한 카바나 안의 썬베드, 옆에는 쿨러에서 막 꺼낸 시원한 맥주 한 잔이 놓여 있다. 화면에는 나오지 않더라도 지척에는 물놀이에 피곤해지거나 싫증나면 언제나 돌아갈 수 있는 리조트 혹은 호텔이 있을 것이다. 여행사의 패키지 상품광고일 수도 있고 새로운 취항지를 안내하는 항공사의 광고일 수도, 혹은 자국의 휴양지를 홍보하는 관광청이 낸 광고일 수도 있겠다. 성공적인 광고라면 그러하듯이, 이러한 장면은 여가 · 휴가 ·

휴식 · 여행에 대한 사람들의 욕구를 단편적이지만 예리하게 포착해 낸다. 그날이 그날 같은 삶을 다람쥐 쳇바퀴 돌듯 살아가는 대부분의 현대인들은 '여기 아닌 어딘가somewhere not here'를 꿈꾸며 일 년에 며칠 동안은 실제로 그렇게 떠날 수 있도록 계획을 세우고 비용을 지출한다. 매일 아침 만원버스나 지옥철에 시달리며 출근해, 직장에서는 업무와 인간관계에 시달리며, 야근이나 회식 후 지친 몸으로 퇴근해 쓰러지기가 바쁜 직장인이라면 더욱 그러하다. 휴가 판타지에 지리적으로 충실하여 동남아나 인도양의 어느 섬으로 떠나든지, 해외로 떠날 수 없다면, 국내의 유명 휴양지에서 힐링을 체험하든지, 시간과 경비 등 여러 여건이 부족하다면 가까운 워터파크의 파도 풀에라도 몸을 던져 본다. 이렇게 일상을 떠나 휴식을 취하고, 좋은 음식을 먹고, 멋진 풍광을 눈에 담으면 앞으로 1년간의 고된 삶을 다시금 견뎌낼 힘이 생기고 에너지가 충전된 기분이 든다. 그런데 정말 그러한가?

이 글은 현대인들이 휴가를 보내는 대표적인 방식인 리조트 여행[12]을 우리의 삶과 노동, 나아가 세계와의 관계 속에서 조금은 다른 관점에서 바라보고자 한다. "열심히 일한 자 떠나라"는 카드 회사의 광고 문구가 보여주듯, 휴가 여행은 열심히 일한 자의 특권이자 당연한 권리로 칭송된다. 일상의 공간을 떠나 누리는 안락한 쉼은 그 자체로 행복이며, 이후의 노동 생산성도 증가시키므로 더 넓은 의미의 행복에도 기여한다는 것이 대중의 대체적인 믿음이며, 여행 산업과 관련된 많은 이익집단—여행사, 항공사, 자동차, 호텔, 관광청, 보험, 광고, 언론 등—은 그 믿음을 강화시켜, 대중이 이러한 특정한 형태의 여행을 거의 필수재로 인식하게끔 하였다. 이 글은 리조트 여행이 통념과는 다르게 우리의 행복을 가리는 측면을 살펴보고, 그럼에도 불구하고 너도 나도 떠나고자 하는 이유는 무엇인지 생각해 보고자 한다.

기성품이 된 여가

논의에 앞서 간단히 용어 정리를 하자면, 글의 제목에 쓰인 여가餘暇는 사실 역사적인 이해를 요하는 매우 폭넓은 개념이다. 남해경과 김영래는 ≪여가와 풍요의 역설≫에서 "일상의 바쁜 일로부터 벗어난 '자유시간'을 의미"하는 '겨를'인 여가의 한자어 '가暇'가 긍정적이거나 부정적 느낌에 치우치지 않는 중립적인 용어로서 여가현상을 지칭하기에 적절하다고 지적한다.[3] 반면 '여가'의 영어 단어에 해당하는 leisure에 대해서 남해경과 김영래는 그 단어의 라틴어 어원이 "합법적이거나 허용된다는 의미의 'licere'"인 것을 생각하면, 여가가 이미 통제되어야 할 부정적인 것이거나 노동에 대립/복속되는 하위개념의 뉘앙스를 포함하고 있어 적절치 않다고 주장한다.[4] 남해경과 김영래는 바람직한 노동과 여가의 관계를 설명함에 있어 '교호성'이란 단어를 사용하여, 일과 여가가 "번갈아 가며 삶을 지배"[5]하는 이원적 구조를 이상적인 상태로 설정한다. 일을 하기 위한 재충전 수단으로서의 여가가 아니라 "일하고 여가를 누리고, 여가를 누리고 일하는 반복적인 삶의 양식의 교체"를 의미한다. ≪얼마나 있어야 충분한가≫에서 로버트와 에드워드 스키델스키Robert and Edward Skidelsky 부자는 행복한 삶 대신 좋은 삶good life을 추구할 것을 주장하며 좋은 삶을 구성하는 이른바 기본재로 건강, 안전, 존중, 개성, 자연과의 조화, 우정, 여가를 제시한다. 그들에 따르면 기본재는 보편성, 최종성, 독자성, 필수불가결성 등의 기준을 갖추어야 하는데, 그러한 기준을 갖춘 기본재로서의 여가는 현대인의 통념과는 매우 다른 의미를 지닌다. 아리스토텔레스의 여가 개념을 적극 수용하여, 그들은 여가를 "다른 어떤 것을 위한 수단으로서가 아니라 그 자체를 위해 행하는 어떤 것"으로 "그 자체로서 정당한 활동의 특수한 한 형태"로 정의한다.[6] 이 정의를 따른다면, 생산성 증대를 주목적으로 하는 휴식이나, 체중 감량을 목표로 하는 운동 등은 그 목적에 부합하며 얼마간 행위자의 흥미를 이끌어 낸다고 하더라도 여가라고 볼 수는 없게 된다. 텔레비전을 보는 일이나 술을 마시는 등의 일차적이고 즉각적인 만족감을 주는 활동들도 여가가 특징적으로 소유하는 "자발성[7]과 기량"[8]이 부족하기 때문에 진정한 의미의 여가에는 다다르지 못한다. 보통의 현대인이라면 쉽사리 누리지 못할 것처럼 보이는 이 고차원적인 여가를 좋은 삶의 구성요소로 포함시킨 이유에 대해 스키델스키는 이렇게 설명한다.

> 그 이유는 명백하다. 여가 없는 삶, 모든 것을 다른 무언가를 위해서만 행하는 삶은 정말로 공허하다. 그것은 무언가를 준비하면서 보낸 삶일 뿐 실제로 삶 그 자체를 위해 영위된 적이 한 번도 없는 삶이다. 여가는 높은 수준의 사유와 문화의 원천이다. 필요한 일을 해야 한다는 압박감에서 벗어나야만 우리는 세계를 참되게 바라볼 수 있고 삶의 고유한 특성과 윤곽을 관조할 수 있기 때문이다. 고전 그리스어에서 여가라는 말인 스콜레schole[9]는 이와 관련된 의미를 암시한다. 피퍼는 다음과 같이 썼다. "진정으로 자신의 마음을 장미꽃 봉오리나 놀고 있는 아이, 신성한 신비에 맡기고 고요히 있으면 우리는 꿈도 없는 깊은 잠을 자고 난 것처럼 잘 쉬고 다시 기운을 차리게 된다." "세계를 조화롭게 묶어 주는 존재에 대한 인식이 가끔씩 인간의 영혼에 찾아오는 때는 이처럼 고요하고 감수성 넘치는 순간이다."[10]

그러나 "장미꽃 봉오리나 놀고 있는 아이, 신성한 신비"를 고요히 관조함으로써 몸과 마음을 회복하는 여가에는 시장이 침투해 이윤을 창출할 여지가 희소하므로 현대의 자본주의 경제는 "자발적인 형태의 여가보다는 기성품이 된 여가"를 만들어 내고자 한다.[11] 자본주의가 주도하는 상품화에 아직 물들지 않은 어린 아이는 즐거움 그 자체를 추구하기 때문에 집 안의 목욕탕에서 물 한 대야 받아놓고 노는 것이나, 차타고 몇 시간을 달려가 워터파크에서 슬라이드를 타는 것이나, 비행기를 타고 날아가 하와이의 와이키키 해변에서 파도를 좇는 것 사이에 체감하는 즐거움의 차이가 크지 않다. 여행이 주는 피로감과 공간의 위압감을 생각하면 매일매일의 사소한 물놀이가 더 즐거울 수도 있다. 그러나 비행기 좌석 등급과 호텔의 별 개수 등으로 대표되는 자본의 '구별 짓기' 전략에 이미 포획되어 그것이 내재화된 어른들에게는 올여름 휴가를 국내에서 보냈는지 해외에서 보냈는지, 별 몇 개의 호텔에서 묵었는지, 호텔 패키지에 포함된 조식뷔페는 괜찮았는지, 마일리지로 업그레이드한 비즈니스 좌석은 안락했는지, 여행 전후에 구입한 물품들은 성공적이었는지 등의 요소들이 즐거움의 크기를 결정하는 데 중요한 요인으로 작용한다.

뒤처지지 않기 위하여, 이 정도는 해주어야

매년 경신되는 인천공항의 출국자 수가 보여주듯 점점 더 많은 사람들이 거의 야단법석에 가까운 북새통을 치르고 휴가를 다녀와 디지털 카메라로 찍은 여행지의 사진을 블로그에 올리고 나서야 '이제 끝났구나'라는 안도의 한숨을 내쉰다. 탁석산은 ≪행복 스트레스≫에서 토크빌A. Tocqueville이 지적한 미국 민주주의의 특징을 인용하며, 왜 현대인이 많은 가치 중에서 행복에 집착하게 되었는지를 설명하고 있는데, 이 설명은 여가에 대한 현대인의 태도에도 적용될 수 있겠다. 토크빌은 미국 민주주의의 특징을 평등으로 설명하였다. 신분사회에서와는 달리 적어도 기회의 평등을 보장받는 민주주의 사회에서 개인은 내가 다른 이와 비교해 열등하지 않다는 자긍심을 가질 수 있는 반면, 신분이 부여해 주었던 세계 안에서의 안정된 내 자리를 잃고, 자신의 위치를 증명, 획득해야 할 과업을 지게 되었다.[12] 이 경우 사람들은 자신의 고유한 개성을 추구하는 위험부담을 지기보다는 다른 사람들이 하는 대로 하고자 한다. 토크빌의 표현을 빌리면, "계급이나 인간에 의해 과해졌던 모든 속박을 타파한 인류는 최대 다수의 일반의지에 의한 속박에 얽매이게 된 것이다."[13] 최대 다수의 일반의지는 공리주의와 결합하여 정신적 가치가 아닌 성공과 쾌락이라는 물질적 가치의 추구로 기울어졌고, 시장주의는 광고[14] 등의 수단을 이용, 사람들의 욕구를 거의 무한대로 팽창시켰다.

집 근처의 계곡에서 조용히 탁족濯足을 하며 피서와 더불어 정신수양을 하는 조상들의 모습은 떠들썩한 현대인의 휴가여행과 거의 극적인 대조를 이룬다. 그러나 토크빌의 신분사회와 민주주의 사회의 차이에 대한 설명을 적용컨대, 조선시대 양반에게는 그러한 소동을 피할 수 있도록 현대인들이 여러 자원을 투자하여 획득하고자 하는 구별의 표지가 이미 획득되어 있었다. 신분사회였던 조선 사회에서 필부필부匹夫匹婦들이 계곡물에 발을 씻으며 더위를 피하는 것은 세족이나 족욕이었지 탁족이라고 불리지는 않았다. 고대적 의미의 여가에 가까울 탁족은 귀족이자 남성인 선비들의 전유물이었다. 같은 계곡물에 발을 담그고 앉아 있어도, 외면적으로는 도포와 갓이 그들을 평민으로부터 자연스레 구별시켜 주었고, 탁족이라는 구별된 명칭은 그들의 행위에 정신적 가치를 부여해 주었다. 탁족이라는 단어는 기원전 4세기 초나라의 시인이자 정치가였던 굴원屈原의 〈어부사漁父辭〉에서 유래한다. "창랑의 물이 맑거든 갓끈을 씻고, 창랑의 물이 흐리거든 발을 씻는다.滄浪之水淸兮可以濯吾纓 滄浪之水濁兮 可以濯吾足" 정치적 격랑 속에서 인생의 부침을 겪고 자연으로 돌아온 시인의 마음 다스리기 비법은 후대의 지식인 남성들에게 주위 환경에 상관없이 평상심을 유지하는 본보기로 계승되었다.

그러한 특별한 표지와 명칭으로 구별되지 않는 현대인들에게 중요한 덕목은 일단 남과 견주어 뒤처지지 않는 것이다. 이웃에 살고 있는 존스 가족Joneses[15]과 비교해 그들이 지니고 있는 것은 우리도 소유하고 있어야 낯도 서고 맘도 놓인다. 일단 동일성을 획득한 후에는 그 안에서 자신의 우월성을 드러내 줄 물질적 표지를 찾게 되었다. 그 결과 좀 더 멀리 가서, 좀 더 화려한 곳에 짐을 풀고, 좀 더 희소한 자원을 즐기는 것이 중요하게 되었다. 비근한 예를 들자면 요즘 불고 있는 캠핑 열풍이 그러하다. 번잡한 도시를 떠나 자연 속에 들어가는 것이 목표가 아니라 고가의 캠핑 장비를 신묘한 솜씨로 차 안에 '팩' 하고, 신속, 정확하게 설치한 후, 옆 텐트와 비교해 보는 것이 이 활동의 주요 재미가 되었다. 조금씩 의미가 다르기는 하지만 과시소비, 밴드왜건 재화, 베블런 재화, 블링효과 등이 그러한 현상을 설명해 주는 경제학적 용어들이다.

진공 상태의 시간과 공간

이런 종류의 여가에서 우리가 경험하는 휴식은 인터넷이나 SNS가 제공하는 인간관계에 비교될 수 있다. SNS를 통해 우리는 많은 사람들을 접하고, 그들이 쓴 글을 읽고, 사진을 보고, 점심으로 뭘 먹었는지를 알고, 친구 찾기 기능을 통해 옛날

옛적 스쳐 지나간 가느다란 인연의 끈까지 되살리게 되었으나, "진실은 내가 어두컴컴한 방 안에서 삐걱거리는 딱딱한 의자에 혼자 앉아 있다는 것이다."[16] 탁석산은 "살덩이를 갖고 냄새를 풍기는 인간"[17]과의 대면접촉을 진짜 관계로 부르면서, SNS상의 관계를 가짜라고 단언한다. 오프라인에서 관계를 맺기 힘들어하는 사람들에게 온라인의 관계가 구원이 될 수 있다는 점에서, 또한 많은 경우 양자가 서로를 보완하여 인간관계를 더 깊고 풍성하게 만든다는 점에서 SNS상의 인간관계는 그가 주장하듯 그렇게 쉽사리 '가짜'라고 매도될 수는 없다. 마찬가지로, 고도로 상품화되고 기성품이 된 여가라 할지라도 리조트 여행이 많은 사람들에게 (비교적 적은 비용으로) 일상을 벗어난 해방감을 맛보게 하고, 육체적, 정신적 쉼을 제공한다는 점에서 휴가가 아니라고는 할 수 없다. 그러나 세계와의 접촉이라는 관점에서 볼 때에 기성품화된 여가는 탁석산이 SNS에 대해 지적하고 있는 바와 유사하게 마치 모니터상의 매끈거리는 인간관계처럼 유리 막으로 가려진, 박제된 풍광과 체험을 제공한다.

보통 경치가 아름다운 곳에 리조트가 세워지지만 상업적 목적으로 세워지는 그 건물들은 자주 장소가 지닌 지리적, 역사적 고유성을 무시하는 맥락 없는 모방물일 경우가 많다. 강원도 지역에 세워진 "스페인 남부 안달루시아 지방의 말라가 항구 Costa del Sol 주변 건축을 모티브"[18]로 한 콘도라든지, 전국 각지의 산토리니풍 펜션들이 그러하다. 반대로 세계 어느 곳을 가든 맥도날드처럼 표준화된 건축물이 건설되어 있기도 한다. 초국가적으로 운영되는 호텔체인에서는 비용절감과 이윤극대화의 원칙에 따라 로컬 푸드가 아닌, 그들만의 유통망과 물류창고를 거친 다양한 원산지의 음식이 제공된다. 식사 · 숙박 · 체육 · 오락 · 유흥 등의 활동이 모두 건물, 혹은 단지 내에서 이루어지기 때문에 지역주민들과의 만남은 거의 없거나 밤거리의 풍물시장 상인들이나 룸 메이드, 댄서 등의 극히 제한된 모습으로만 이루어진다.[19] 물론 여행객들의 돈도 이 회로 내부를 순환할 뿐 지역경제에는 크게 기여하지 않는다. 예를 들어, 자신의 방대한 여행 경험을 통해, 여행과 관광을 비판적으로 고찰한 엘리자베스 베커Elizabeth Becker의 ≪여행을 팝니다≫에서는 앙코르와트를 보기 위해 매년 수백만 명이 몰려드는 캄보디아의 시엠레아프Siem Reap 지역이 어떻게 쌀과 생선이 유명했던 유복한 주에서 1인당 소득이 가장 낮은 가난한 주로 전락했는지를 설명하고 있다. "호텔들은 필요한 물품의 70%를 캄보디아 밖에서 수입해 들여온다. 식품의 경우는 겨우 5~10%만을 캄보디아 농장에서 구매한다. 높은 자리에는 잘 훈련된 외국인을 앉힌다. 캄보디아 인은 저임금에 장시간 노동을 하는 단순 업무를 맡는다. 그마저도 한철 고용이지만 이마저도 감지덕지다."[20]라고 그녀는 비판한다.

이러한 여가의 특징을 잘 나타내는 리조트의 구조물 중 하나가 인피니티 풀Infinity Pool이다. 인피니티 풀은 수영장을 바다와 같은 높이에서 인접시켜 바다와 이어지는 착시현상을 일으키는 것이다. 도시에 위치한 고층빌딩에서는 하늘과 이어지도록 해 마천루가 솟아 있는 하늘 위에서 수영을 하는 듯한 환상을 제공한다. 그러한 착각을 유도하기 위해 바다 혹은 하늘과 이어지는 수영장의 외벽은 투명유리로 마감되거나 아찔한 낭떠러지의 느낌을 주기 위한 건축적 기지가 발휘된다. 이제 굳이 발에 모래를 묻히며 해변을 가로질러 걸어가, 소금기와 부유물을 몸에 남기지 않고도 멋진 바다를 만끽할 수 있다. 달력 사진 속의 풍경을 실제로 경험하기 위해 비행기 등의 교통수단을 이용하여 먼 거리를 여행했지만, 그곳에서도 여전히 몸은 수영장 물속에 있으며 풍광은 시각적으로만 소비된다. 도시 호텔의 인피니티 풀에서도 사정은 마찬가지이다. 고층빌딩에서 펼쳐지는 야경을 배경으로 수영을 하고 있으니 이 도시를 온통 소유한 것만 같다. 굳이 아래로 내려가 수고롭게 골목골목을 탐색하지 않더라도 이 도시를 다 보았다는 느낌이 든다. 놀이공원이 안전하게 통제된 위험 아래 가능한 최대치의 공포를 제공함으로써 이용객들의 쾌감을 자아낸다면, 고도로 상품화된 여가는 최소한의 오물, 불결함, 혹은 불편마저도 제거한 완벽한 진공 상태의 시간과 공간을 목표로 조직된다.

나가는 글

앞서 언급된 스키델스키의 "다른 어떤 것을 위한 수단으로서가 아니라 그 자체를 위해 행하는 어떤 것"[21]이라는 여가의 정의에 따르자면, 좋은 글을 쓰기 위해 고군분투하는 작가나 완벽한 점프를 하기 위해 몇 백번이고 도약을 연습하는 발레리나는 단순한 고역toil이 아닌 여가활동에 종사하고 있는 것이다. 육체적으로 정신적으로 힘들지 않은 것은 아니겠지만, 그러한 노동에는 자신이 하고 있는 일에 대한 자각이 존재하고, 외부 세계와도 작든 크든 나름의 의미로 연결되어 있다. 그러나 많은 현대인들은 거대한 기계의 작은 부속품이 되어 자신이 행하는 일의 의미를 알지도, 또한 알고 싶지도 않아하는 상태의 소외된 노동에 종사한다. 알랭 드 보통Alain de Botton은 ≪일의 기쁨과 슬픔≫에서 한 비스킷 공장을 묘사하는데, 이는 현대 노동의 한 전형을 포착한다.

> 혼자 부엌에서 잠깐이면 할 수 있을 것 같은 일들 (오븐을 준비하고, 가루 반죽을 만들고, 라벨을 쓰고)이 유나이티드 비스킷스에서는 따로따로 분리

되고, 체계적으로 정리되고, 한 사람의 근무 시간 전체를 차지할 만큼 확대되어 있었다. 그러나 이 회사의 모든 일이 궁극적으로 과자와 소금을 친 스낵을 파는 것으로 수렴되기는 하지만, 이 회사 직원 가운데 많은 수는 엄격하게 말해서 먹을 수 있는 것들과 직접 접촉하는 일로부터 떨어져 있었다. 이들은 창고에서 지게차 트럭들을 관리하거나, 소금을 친 견과를 담는 전형적인 포장지의 옆면에 적힌 80여 단어를 꼼꼼하게 살핀다. 어떤 사람들은 슈퍼마켓으로부터 판매 자료를 모으고 분석하는 일에 특별한 전문성을 갖게 되었으며, 어떤 사람들은 매일 운송 중에 웨이퍼wafer 사이에 일어나는 마찰을 최소화하는 방법을 연구한다. [……]

나는 직원들과 대화를 나누다 여러 번 당황하면서, 유나이티드 비스킷에서는 [빌프레도] 파레토의 유토피아가 어느새 현실화되고 있음을 깨달았다. 그러나 오후 한나절에 할 수 있는 일의 요소들을 분리하여 40년 동안 할 수 있는 다양한 직업으로 세분화하는 것이 경제적으로 얼마나 큰 이익을 주는지는 몰라도, 그 과정에서 의도하지 않은 부작용이 생기지는 않는지 궁금해진다. 특히 동쪽으로 흘러가던 구름이 헤이스의 유나이티드 비스킷 본사 건물 위에 낮게 걸려 있는 음울한 날이면, 그 결과로 얻은 삶이 얼마나 의미 있게 느껴지는지 묻고 싶은 유혹에 사로잡히게 된다.[22]

보통은 "수단의 진지함과 목적의 하찮음 사이의 괴리"[23]와 "우리 노동의 진부함을 생각하며 "희미한 절망감"[24]을 느끼지만, 곧 그것이 창출하는 물질적 풍요에 경의를 표한다. "겉으로는 유치한 게임처럼 보이지만, 사실 그것이 우리의 생존 자체를 위한 투쟁과 절대 거리가 멀지 않다는 것을 알았기 때문이다."[25]라고 고백한다. 그 행위 자체는 큰 의미가 없어도, 그것을 통해 나와 내 가족의 밥상에 일용할 음식을 올리는 것으로, 나아가 "신전이나 고아원을 건설할"[26] 사회적 부가 축적되는 것으로 충분히 정당화된다.

보통은 그렇게 자신의 절망감을 얼른 미봉彌縫해 버리고자 하지만 다음과 같은 의미심장한 지적 속에서 소외된 노동에 대한 그의 의구심과 염려는 한층 두드러지게 나타난다. "아이들 책에는 보통 가게 주인, 건설 노동자, 요리사, 농부가 등장한다. 인류의 생활을 눈에 띄게 개선하는 일과 쉽게 연결될 수 있는 노동을 하는 사람들이다. 선천적으로 균형과 비례를 의식하는 피조물인 우리는 '스위트 비스킷 브랜드 감독 코디네이터' 같은 직책에는 뭔가 뒤틀린 것이 있다고 여기며, 빌프레도 파레토의 주장이 아무리 논리적이고 명민하다 해도, 아직 아무도 설득력 있는 이름을 붙이지 못한 다른 원리가 무시되고 더 섬세한 인간 법칙이 침해를 받고 있다고 느낄 수밖에 없다."[27] 우리의 노동이 우리의 생활과 생존을 가능케 하고, 나아가 사회 발전에 기여한다고 하더라도 그것만으로는 충분치 않다. 매일 매일의 노동이 세계와 연결되어야 하며, 유의미하게 해석될 수 있어야 한다.

우리의 일상이 그러하지 못하기 때문에 일하지 않는 시간인 여가도 우리를 소외시키는 방향으로 흘러간다. 분업과 더불어 노동의 유연화와 자본의 세계화가 고도로 진행된 신자유주의의 시대에는 소외된 노동마저도 안정적으로, 혹은 최소한의 자부심을 가지고 하기가 힘들게 되었다. 우리는 은행대출을 받거나 건강검진을 받으러 가서 정규직이냐 비정규직이냐는 질문을 여상如常히 묻고 답하는 시대에 살고 있다. 일에서 경험하는 차별이나 부조리함, 또한 그로 인한 스트레스가 커질수록 내면적 성찰과 사회적 연대를 아우르는 수단을 통해 근원적 해결을 도모하기보다는, 일시적 탈출이나 휴식을 통해 재충전을 하고자 하는 욕구가 증대된다.

노동을 할 때와 같이 똑같은 구조로 여행지와 여행지에 살고 있는 사람들을 소외시키는 형태의 여행을 즐기면서.

리조트 여행을 다녀온 블로거들의 감상평을 보면 '낙원,' '천국'과 같은 단어나 '시간이 멈춘 듯하다'는 표현들이 자주 등장한다. 분주한 출근길 지하철의 스크린 도어에서 마주친 말레이시아의 휴양지 코타키나발루를 홍보하는 광고도 "천국의 한 조각a slice of heaven"이라고 스스로를 소개한다. 세계 각국에서 자신들이 처한 분주하고 복잡한, 때로는 비루한 현실을 피해 '지상 낙원'을 찾아 온 여행자들은, 그 곳이 자신들의 삶의 터전과 마찬가지로 시간이 흐르고, 사람들이 태어나고, 살아가고, 일하고, 죽는 곳이라는 것을 보지 않거나 보지 않아도 된다고 생각한다.[28] 시인 월러스 스티븐스Wallace Stevens가 종교가 약속하는 사후의 낙원에 던졌던 송곳 같은 질문을 여가산업이 약속하는 '지상 낙원'에도 던져 본다. 그 "낙원에는 죽음의 변화가 없는 것일까?/익은 과일도 떨어지지 않을까? 혹은 가지들이/변하지 않은 채 [……] /그 완전한 하늘에 무겁게 걸쳐 있을까?Is there no change of death in paradise?/Does ripe fruit never fall? Or do the boughs/Hang always heavy in that perfect sky,/Unchanging"(Wallace Stevens. "Sunday Morning")[29](이규명 40에서 재인용) 그럴 리 없지 않은가? 같은 "사멸하는 지상perishing earth"[30]에 존재하면서 우리의 필요를 위해, 지상의 어느 한 부분을, 죽음도 없고, 과일이 맺어 익은 후 떨어지는 생명의 순환도 없으며, 사철 구름 한 점 없는 하늘을 지닌 광물질 세계로 대상화시켜서는 안 된다.

여가를 연구하는 많은 학자들이 여가의 형태를 분류하고 평가할 때에 리조트 여행과 같은 소비 지향적인 일상 탈출형 여가를 비판적으로 바라보며, 저차원의 여가로 분류하지만, 학자들의 지적이나 비판과는 반대로 점점 더 많은 사람들이 그러한 형태의 여가에 마음이 향하고, 지갑도 열리고 있다. 여행지와 그 지역 사람들을 배려하고 존중함을 기본 요소로 삼는 대안적 여행인 '공정여행'에 대한 논의가 시작되어 참여가 확대되고는 있으나, 대형마트 이용객들이 동네의 작은 가게로 돌아가기 힘들듯이, 패키지여행과 프랜차이즈 호텔이 제공하는 안락함을 여행객들이 거부하기는 쉽지 않은 일이다.

그렇다면 무엇부터 시작할 수 있을 것인가? 남해경과 김영래는 일과 여가의 관계를 설명함에 있어 '번갈아 가며 삶을 지배하는' 교호적 관계가 결코 일 따로, 여가 따로 삶에 들어오는 것이 아니라 오히려 노동 현장에서 일과 여가가 구분 없이 구현되는 상태임을 강조한다.[31] 그들은 전형적인 예로 농사 현장에서 '노동과 쉼, 새참, 막걸리, 노래'가 인위적인 시간의 구분이나 관리 없이 어우러져 최선의 몰입과 협동을 이끌어 냈던 것을 든다. 그와 대조적으로 현대의 일터는 철저한 노동 관리와 인사평가로 노동에 여가적 요소가 혼입되는 것을 막는 데 주안점을 두고 있다. 밥벌이와 생존을 위해 하는 노동일지라도 최종적으로는 세계와의 소통과 다양한 의미의 즐거움에 연결될 때에 진정으로 인간의 존엄에 기여할 수 있다. 참된 의미의 여가를 회복하기 위해서는 여가와 톱니바퀴처럼 맞물려 있는 일에 대한 재성찰부터 이루어져야 한다.

근대 이상적 가정과 행복에 관한 소고小考

행복의 조건 중 돈, 즉 경제적 조건이 큰 비중을 차지한다는 데 누구나 동의할 것이다. 그렇다면 행복을 객관적으로 '측정'할 수 있을까? 행복이란 개념은 주관적이고 감정적인 것이어서 도저히 측정할 수 없고 학문적으로 행복을 다루는 것은 불가능한 일로 치부된다.
이 글은 현진건의 「피아노」를 통해 근대 이상적 가정을 꾸민다는 근대 부르주아 계급의 삶의 허위성을 고발하고, 민족의 역사적 굴곡 속에서 가진 자의 분수 잃은 행동에 당대 사회를 바라보는 지성인의 모습을 보여주고 있다.

엄현섭

이상적 가정이란?

우리 사회가 근대로 접어들면서 전대前代보다 직접적인 소통보다는 간접적인 소통에 의존해 가치판단을 하는 경향이 많아졌다. 다양한 매체의 등장과 사회의 다변화로 기인한 결과인 것이다. 그런데 면대면 접촉에서 사람을 평가하는 기준은 그 사람에 대해서 미리 알고 있으면 문제가 될 것이 없겠지만 어떠한 정보도 없는 상황이라면 현재 어떤 지위를 갖고, 어느 정도의 인물인가에 대해서 쉽사리 판단을 내리기 힘들다. 그래서 현대 사회에는 서로 명함을 교환하는 방식으로 어느 정도 자신의 정보를 주고받는다. 과거에 명징한 계급구조가 있었던 사회라면 복장이나 말씨 등등 여러 가지 그 사람의 위치를 알 수 있는 정보가 있었다. 그러나 근대로 접어들면서 단순히 복장이나 외형적인 모습만으로는 판단하기 힘들어졌다. 표면적으로는 계급구조는 사라졌기 때문이다.

따라서 어떠한 사람을 알기 위해서 그 사람이 어떠한 아이템Item을 소유하고 있느냐는 중요한 판단척도 중에 하나가 되었다. 가령 일제 강점 하에서 자동차를 타고 다니는 사람을 일반 사람들이 보았을 때, 그들은 분명히 그 자동차 안에는 갑부내지 식민통치기구에 봉사하는 이들이 있을 거라는 대략의 짐작을 할 수 있다. 그렇기 때문에 계급이나 자신의 위치를 상징할 수 있는 아이템은 그 사람에 대한 현재의 위치를 가늠할 수 있게 한다.

이 글에서는 현진건의 ≪피아노≫를 통해서 피아노라는 아이템이 어떠한 의미를 갖고 있으며, 피아노를 둘러싼 상징자본의 형성과정을 확인하고자 한다. ≪피아노≫의 내러티브 속에는 당대 부르주아 계급의 이상상과 작가의 현실의식이 그려져 있다. 이 작품을 프리즘화시킨다면 근대 우리 사회의 또 다른 단면이 도출될 것이다. 이것을 위해 양악 수용 속의 피아노의 위상과 의미를 탐구하면서 피아노가 근대 부르주아 아이템으로 자리 잡는 과정까지 살필 것이다. 이 과정을 통해 근대에 생긴 '이상적 가정理想的 家庭'이라는 것이 극소수의 사람의 전유물이었음이 드러날 것으로 기대된다. 또한 당시 대중 매체가 염두에 두고 있었던 조선의 중산계급에 대해 심도 깊게 조사를 한 후 객관적 자료와 대비시켜 근대 조선의 중산계급의 존재유무에 대해서 평가를 내리고자 한다. 중산층의 유무는 '이상적 가정'이 존재하기 위한 기반이기 때문이다.

이 글에서는 이러한 피아노의 문화사회적 의미에서 전대前代의 일상을 재구하고자 한다. 또한 거대담론과 구분되는 삶의 양상들이 다양한 시각을 볼 수 있는 계기가 마련 될 것이며, 문화적 기억 속에 내장되어 있는 피아노에 대한 의식이 본고를 통해 드러날 것으로 기대된다.

소설 ≪피아노≫의 내러티브와 이상적 가정

≪피아노≫의 내러티브 속의 근대적 가정

〈피아노〉[1]는 빙허 현진건이 ≪개벽≫에 발표한 소설이다. 근대 이상적 가정을 꾸민다는 근대 부르주아 계급의 삶의 허위성을 고발하고 있다. 식민지라는 민족의 역사적 굴곡 속에서 가진 자의 분수 잃은 행동에 당대 사회를 바라보는 지성인의 모습을 보여주고 있다. 인간은 태어나면서부터 서로의 관계 속에 얽혀 든다. 인간 사회에는 가정을 비롯하여 전체 사회 속에 여러 가지 공동체들이 있다. 가정은 여러 가지 인간관계의 원형이 혈연적으로 모여 있는 최초의 기본 단위이다. 가족공동체인 가족은 인류 사회가 창안해 낸 가장 완벽한 게마인샤프트이며 유니언union, 공동체이다.[2] 그렇기 때문에 가족은 모든 인간관계에서 가장 친밀하고 중요한 것이며 한 인간의 윤리적인 측에서도 인격을 연마시키는 장소이기도 하다. 가족의 관계를 성립하는 요소로는 부부를 시작으로 부모와 자녀, 형제자매로 이루어진다. 남녀의 특정적으로 결합한 부부관계가 맺어지면 필연적으로 가정이 있게 마련이다. 그렇다면 가정 속의 인간관계 중 가장 먼저 형성된 것은 부부관계이다. 이는 전혀 다른 두 생명체가 하나의 생활, 생식, 생육,

성사成事 등 일치된 사람의 의지, 목적을 실천하기 위해 결혼이라는 형식으로 맺은 관계이다. 그리하여 이를 가정 구성의 기본 여건인 남녀의 결합관계, 즉 부부관계의 정립이라고 한다.[3] <피아노>의 주인공 궐厥은 일본 ×××대학을 졸업한 인텔리로서 불의의 상처喪妻를 당한다.

> 厥은 가정의 團欒에 흠신 心身을 잠그게 되엇다.
> 보기만 하여도 지긋지긋한 형식상의 애해가, 厥이 日本 ×××大學을 졸업하자 말자 不意에 죽고 말엇다. 厥은 中等敎育을 마치인 어여쁜 처녀와 新式結婚을 하얏다. 새안해는 비스듬이 갈른 머리와 가벼이 옴기는 구두 신은 발만으로도 厥에게 만족을 주고 남앗다. 게다가 그 날신날신한 허리와 언제든지 생글생글 웃는 듯한 눈매를 바라볼 때에 厥은 더할 수 업는 행복을 느끼엇다. 살아서 산 보람이 잇섯다.

주인공 궐厥은 보기만 해도 지긋지긋한 형식상의 아내가 불의에 의해 죽자 중등교육을 마친 어여쁜 처녀와 신식 결혼식을 올린다. 가족의 관계를 성립하는 요인 중 부부의 관계가 맺어지면 필연적으로 가정이 탄생되나 주인공 궐厥의 첫 결혼은 그가 꿈꾸는 이상적인 가정이 아니었다. 그러나 상처로 인해 그는 자신이 꿈꾸는 여성과 재혼을 하게 된다. 그는 그녀로부터 행복감을 느끼며 행복한 삶을 영위해 나간다. "부모의 덕택으로 궐厥은 날 때부터 수만원 재산의 소유자"였다. 궐厥은 수년 전 부친의 별세로 재산을 가지고 고향을 떠나 서울에서 신살림을 시작하게 된다.

> 爲先 한 스무남은간 되는 집을 장만한 그들은 多年의 憧憬대로 抱負대로 理想的 家庭을 꾸미기에 노력하엿다.- 마루는, 한복판에 桃花心木 테불을 노코, 그 주위를 소파로 둘러 應接室로 맨들엇다. 그리고 안방은 寢室, 건너 방은 書齋, 뜰알에ㅅ 방은 食堂으로 정하얏다. 늣그릇은 위생에 해롭다 하야 사긔그릇, 유리그릇만 사용하기로 하고. 세간도 朝鮮衣거리, 三層欌 가튼 것은 거창스럽다 하야 전부 廢止하얏다. 누구든지 그집에 들어서면 첫눈에 띄이는 것은 마루ㅅ 正面 바람벽 한가운대 노힌, 근 體鏡 박히인 洋服欌과 그량편, 樺榴木으로 맨든 瀟灑한 桌子에 아기자기하게 언처인 사긔그릇, 유리그릇이리라.

우리의 가족공동체는 가부장제 가족공동체로서 오랜 세월 동안 전통적 가족형태로서 존속해 왔다. 그것은 가장이 강대한 가부장권patiria postesta을 행사하여 가정 구성원을 지배하고 가족은 가장에 대하여 절대적으로 복종하는 가족 관계의 제도이다. 따라서 가족 구성원은 개인적 욕구보다는 전통적 집단 질서와 의식을 존중해야 했다. 가정 구성원으로서의 가치 서열도 생산적 실력과 공헌의 의해 다소는 정해졌으나 가장이나 장남의 권위는 절대적이었다. 그렇기 때문에 가정윤리도 친자와 조손관계와 남존여비 관념을 중심으로 한 신분적 종적 인간관계로서 성립된 것이 그 특징이다.[4]

일본식 교육을 받은 주인공 궐厥도 부친의 가부장적 권위("무서운 親權의 壓迫과 拘束")에서는 자유롭지 못했다. 그러나 부친의 별세로 그는 장남으로서 자신의 몫을 받게 된다. 궐厥은 그 재산을 가지고 서울로 오게 되었고 호화스러운 주택을 마련하고 '이상적 가정'을 꾸미기 위해 전력을 한다. 서양식 살림에 "독서讀書 · 정담情

談・화투花鬪・키쓰・포옹抱擁" 등의 일과日課로 삶을 지내고 있었다. 그 외에 일과가 있다면 이상적 가정에 필요한 물품을 사들이는 것이다. 그의 아내는 "이상적 가정에 잇서야 만할 물건을 차저 내"는 일에 가장 민감한 반응을 보이는 여성이었다. 그녀와 궐厥은 이렇게 하는 것이 이상적 가정을 만든다고 확신을 하고 있었다.

<피아노>의 도입부에서는 삼강오륜으로 대표되는 유교적 가족주의 윤리가 근대화 과정에서 겪으면서 '가家' 중심의 가족 윤리가 해체되는 과정과 맞물려 있다. 즉, 특권적 신분 중심의 사회가 무너지고 개인의 생명 재산과 자유의사를 존중하는 근대 사회가 등장하자 종래의 가정공동체의 관념도 변화가 일어난 것이다. 친자와 조손祖孫을 중심으로 한 가부장제 가족은 해체되어 부부를 중심으로 한 근대적 가정이 등장하게 되었다. 이러한 가정은 외적으로 주어진 운명적 집단이 아니라 자유, 평등한 개인에 의하여 선택되는 인격적 결합체에 지나지 않게 되었다. 이것은 부부와 친자라는 좁은 범위의 애정, 혈연의 관계로서 구성되는 소가정공동체의 특색을 띠게 된다.

이러한 가정에서는 인간관계가 단순하기 때문에 강한 결합성이 있는 반면 가족윤리는 폐쇄적으로 되어 대외적인 인간관계를 위한 가치관과 윤리의식이 희박하게 된다. 이와 같은 가정은 부부간의 애정과 친자간의 애호와 의존이라는 극히 본능적인 것으로 되어 넓은 사회의 종적, 횡적 인간관계를 망각하기 쉽다.[5] 이러한 폐쇄적인 가정윤리는 근대 사회로 진입하기 시작한 우리 사회의 새로운 양상인 것이다. 타인을 의식하지 않고 좁은 가족관계로만 세상을 인식하는 개인주의적 경향이 발생한 것은 전대前代와는 또 다른 삶의 양태인 것이다.

하로는 안해는 그야말로 理想的 家庭에 업지 못할 무엇을 깨달앗다. - 그것은

> 내가 어째 입때 그것 생각이 아니 낫는고, 하고 스스로 놀랄 만한 무엇이엇다. 호올로 제 思索의 周到한데 연거퍼 만족의 미소를 띄우며, 마츰 어대 出入하고 업는 남편의 돌아옴을 기다리기에 第三者로는 상상도 할 수 업시 支離하얏다. 남편이 돌아오자 말자 안해는 무슨 긴급한 일을 말하랴는 사람모양으로 회오리바람가티 달겨들엇다.
>
> 「나 오늘 또 하나 생각햇서요.」
>
> 「무엇을?」
>
> 「그야말로 理想的 家庭에 업지 못할 물건이야요!」 (중략)
>
> 「피아노!」
>
> 「오올치! 피아노!」

어느 날 궐厥의 아내는 이상적 가정에 있어야 할 것이 없음을 깨달았다. 지금까지 그것을 왜 생각하지 못했는가보다는 자신이 "이상적 가정에 업지 못할 물건"을 찾아냈다는 벅차오르는 감정을 가지고 궐厥을 기다렸다. 궐厥이 돌아오자 득달같이 달려들어 자신이 찾아낸 "이상적 가정에 업지 못할 물건"에 대해 이야기를 했다. 궐厥은 아내의 이야기를 듣고 이상적인 아내의 자격을 인정하고 그들에게 행복을 가져다 줄 '피아노'를 구입한다. 두 내외는 훌륭한 피아노 한 채를 보며 기쁨이 철철 넘치는 웃음을 교환한다. 그러던 중 궐厥은 아내에게 피아노 솜씨를 보여줄 것을 요청한다.

> 이윽고 남편은 달래는 듯이 말을 하얏다. 그러나 그 소리는 자리가 잡히지 안핫다.

「나…… 나 칠 줄 몰라.」

모긔가튼 소리로 속살거린 안해의 두뺨에는 불이 흐르며 눈에는 눈물ㅅ그림자가 어른거리엇다.

「그것을 모른담.」하고, 남편은 得意揚揚한 웃음을 웃고는 「내 한번 치지」하고, 피아노압헤 안젓다. 厥도 또한 이 악기를 매만질 줄 몰랏다. 함부로 건반 우를 치홀고 나리홀틀 따름이엇다. 그제야 안해도 매우 안심된 듯이 해죽 웃으며, 이런 말을 하얏다.

「참 잘 치십니다. 그려.」

서로에게 연주를 권유하다 끝내 궐厥의 아내는 피아노를 칠 줄 모른다고 대답을 한다. 그러나 궐厥도 마찬가지로 피아노를 전혀 연주할 줄 모르는 사람이었다. 마지막은 피아노를 통해 삶의 허위의식의 아이러니를 보여준다.

현진건의 〈피아노〉는 삶의 실상을 외면한 지식인의 정신적 허세와 굴절 상을 표현한 것이다. 민족적 현실을 외면한 허세에 분노하고, 그 허세의 진상을 비판하려는 데 작가정신을 보여준 것이 된다. 즉 민족의 현실 앞에 삶의 진정한 뿌리를 잃고 허세와 가식으로 일관하려는 일제 식민지 시대의 부유층 지식인의 허실을 폭로 고발하는 소설이고자 한다. 이 점에서 비판적 리얼리즘 정신의 소설적 형상화가 아닐 수 없다. 그로부터의 심화와 확대의 의미를 작품의 이면사상으로 제시하기도 한다.[6] 〈피아노〉는 식민지 부르주아 계급의 허위와 위선적 삶을 잘 제시하고 있다. 이 소설에서 드러난 식민지의 이상적 가정이란 무엇인가를 좀 더 고찰한다면 근대를 바라보는 또 다른 시각이 드러날 것이다.

대중 매체 속에 그려진 이상적 가정

대중 매체는 식민지 시대에 문화를 보급하고 계몽하는 역할을 하였다. 그 영향으로 우리의 일상사에서 생활의 범위가 확대되고 면대면 의사소통보다 매체화된 의사소통이 많아지던 시기였다. 특히 일제 강점 후 일제는 여타餘他의 신문을 폐간했고 총독부 기관지인 ≪경성일보≫와 ≪매일신보≫, 그리고 영어로 된 ≪경성프레스≫만 두었다. 1919년 3·1만세운동 이후 20년에 ≪동아일보≫가 창간되었고 ≪조선일보≫는 일본인이 경영하다가 1933년 방인모가 인수하였다. 그 영향으로 대중잡지의 등장도 3·1만세운동 이후 새로운 문학 활동이 일어나 ≪창조≫, ≪폐허≫, ≪백조≫ 등의 동인지가 발간되었고 취미 잡지인 ≪별건곤≫이 1926년에 개벽에서 출간되었다. 그리고 라디오 방송(JODK)의 개국, 무성영화, 유성기는 다채로운 매체 환경을 조성시켰던 것이다.

근대 대중 매체의 발달과 더불어 이상적 가정理想的 家庭이란 개념이 등장하게 된 계기는 학교교육의 확대이다. 특히 일제 때에는 수많은 여학교가 생겨났다. 이때 여학교는 근대 여성의 배출 통로였다. 이들은 선각자란 이름 아래 남성 위주의 사회에 고독하게 맞서 싸우기도 했고, 적지 않은 이들은 항일여성투사로 변신했다. 그 중에는 '신여성'으로 새로운 여성문화와 패션을 주도하는 이들도 나왔다. 일제 때 신교육을 받은 여성들의 직업은 근대적인 것이었고 그러기에 자연 이들 앞에는 으레 '최초의 여성 ○○○'라는 수식어가 붙었다.[7] 대중 매체들은 여학교 출신의 신여성과 부르주아 계급의 딸들을 대상으로 이상적 가정이라는 환영을 만들어 내기 시작하였던 것이다. 기실 앞선 소설 〈피아노〉에서 확인했듯이 여러 가지 부르주아 아이템들은 식민지 현실에서는 대다수의 사람들에게는 신기루 같은 것이었다. 그러나 이상적 가정에 관련하여 참신한 주장, 내용들은 대중 매체를 통해서 소개되고 있다.

> 家族本位의 데모크라씨
>
> 協成失業 金麗植
>
> 1. 在來習俗의 弊害 新舊思想의 衝突 日常生活의 不安定으로 基因하여 破滅狀態에 在한 우리 家庭을 建設的 또한 理想的으로 만들라면 먼저 男女의 平等 階級의 打開, 產業의 安全을 얼기 前에 어떤 改革을 論하기는 너무 早計이요 皮相的이 될 것입니다. 그러나 이 問題의 表示와 같이 이 모든 制度를 뜨더 고칠 能力이 만일 내게 잇다하면
>
> 家庭은 現在의 複雜하고 嚴格한 것으로 一貫한 制度를 單純하고 「떼모크타틱」하게 만들되 업무에 부닥기던 남자는 참으로 休息과 慰安을 어으며 其他 家族의 團欒하는 處所가 되겟하것습니다. 家庭은 家長 及 主婦의 王國만이 아니요 一般家族本位로 同居同樂케 되어야할 것입니다.[8]

근대는 새로운 문화를 적극적으로 수용한 신세대와 전前 산업사회의 가치와 윤리를 지키려는 기성세대와의 갈등이 등장하게 되었다. 갈등의 가장 첨예한 부분이 가족관계의 남녀의 위치문제이다. 전대의 가족관은 조선의 건국 초기부터 유교이념에 근거한 사회질서를 구현하기 위해 중국 고대의 종법과 주자가례에 입각한 유교적 가족질서를 채택하였다. 물론 지배층을 포함한 일반 백성들까지 널리 수용하게 되었다. 그 노력들에 힘입어 17세기를 전후하여 가족과 관련된 사회제도는 혼인거주규칙과 그에 따른 가족유형, 상속과 양자제도, 상제, 족보 등의 영역들에 있어 '부계 중심적 요소'가 정착되었다.[9] 이러한 모든 것들은 사회의

제반 구조, 신분제도, 토지제도 등에 유교적 원리를 수용함으로써 가족의 개념, 인간관계, 가사처리 등도 이에 부합되는 방향으로 재정립되었다. 이때 가족의 권력구조에서 '가장권'은 막대한 영향력을 지닌다. 가장은 물론 가족 내에서 가장 연장자인 남성이며, 조상에 대한 제사를 주관하는 사제자로서의 역할도 담당한다. 뿐만 아니라 가족을 대표하는 대표권, 가족의 재산을 관리, 소유하는 재산권, 가족원의 생활을 감독하고 지도하는 가독권을 갖는다.[10] 물론 주부권이 함께 존재함에 따라 권력의 균형으로 가족이라는 생활 공동체를 유지하게 되었지만, 전통 가족에서 주부권은 어디까지나 가장권에 복속되는 하위개념으로서만 작용할 뿐이었다.[11] 전통주의적 가족관은 이와 같이 부계혈연조직을 가족 구성 원리로 삼고 유교의 차별, 차등주의에 입각하여 효와 예에 의한 가족규범이 가족생활을 이끄는 중심원리가 된 것이다.

그런데 위의 인용문 "가족본위家族本位의 데모크라씨"에서 가정을 건설적, 이상적으로 만들기 위한 요건으로 남녀평등을 주장하고 있다. 당시의 가정은 재래습속의 폐해, 신구사상의 충돌, 일상생활의 불안정으로 기인하여 파멸 상태에 이르고 있다고 정의함으로서 전대의 전통주의적 가족관의 타파를 역설하고 있다. 이상적인 가정을 만들기 위해 가정을 민주적으로(「떼모크타틱」) 만들면 남성도 휴식과 위안을 얻으며 다른 가족들에게도 단란한 장소가 될 것이라 주장한다. 또한 가정은 가장家長과 주부主婦만이 아니라 다른 이들도 가정의 본위가 되어 동고동락할 때 이상적 가정이 될 수 있을 것이라고 주장하고 있다. 이 주장은 가장권과 주부권이 차별을 전제로 성립한 전통적인 가족관계에 남녀평등, 그리고 기타 가족구성원들의 행복까지 포함한 것으로 상당히 근대적 발상인 것이다. 다른 설문 조사의 반응도 예문과 대동소이하다.[12] 다음으로 주목할 만한 것은 박○희朴○熙

의 논지이다.

> 신가정이니 구가정이니 하고 쉽사리 말들은 하지만은 그다지 容易히 구별되지 안을 것이라고 생각합니다. 적어도 신가정이라 하면 부부되는 사람은 보통세상을 알만한 상식을 가지고 될 수 잇는대로 현대문명의 모든 利器를 이용하야 간편하고도 경제적이오 문화적인 생활을 경위하여야만 할 것이오 구가정이라면 구도덕에 浸淪되여 긴 담뱃대나 물고 호랑이 담배 먹든 이약이나 하고 안진 것을 말할 것입니다. 양머리 튼 색시에게 장가만 들어도 신가정이라하고 短杖을 휘두르고 同夫人하야 극장구경 한번만 가도 신가정이라고 하니 이러케 허름한 신가정이 어데 잇겟습닛가. 통틀어 말하자면 우리가 보통 짓거리는 신가정이라는 것은 過渡期에 처한 우리의 모든 것이 그러한 것과 가티 新도 안이도 舊도 안인 얼치기 생활이라고 할 수 밧게 업겟지오.[13]

당시의 세태를 이야기하는 것으로 신가정, 구가정에 관해 쉽게 구별되지가 않는다고 기술하고 있다. 우선 현대 문명의 이기를 이용하거나 간편하고 경제적이고 문화적인 생활을 하면 신가정의 부부라고 할 수 있는데 서양식 머리 스타일을 여성에게 결혼을 하거나 스틱(短杖)을 하고 부인과 같이 극장에 가도 신가정이라고 말하는 세태에 대해 박○희朴○熙는 우리 사회가 과도기에 처했기 때문이라고 진단하고 있다. 이러한 생활 형태를 얼치기 생활이라고 평하고 신新가정도 아니고 구가정도 아니라고 말하고 있다. 또한 이러한 신가정의 삶의 형태를 "설넝탕湯신세"라 정의하고 있다.

신가정을 일우는 사람은 하로에 설넝탕 두그릇을 먹는다고 합니다. 웨 그러냐하면 청춘부부가 새로 만나서 달콤한 꿈을 꾸고 돈푼이나 넉넉할 적에는 양식집이나 풀낙어리고 드나들지만 어쩐 돈이 무제한하고 그 두사람의 행복을 위하야만 제공될 理가 잇겟슴닛가. 돈은 넉넉지 못한데다가 아츰에 늦잠을 자고 나니 속은 쓰리지만은 찬물에 손늣키가 실으닛가 손쉽게 설넝탕을 주문한담니다. 먹고나서 얼골에 粉쭉이나 부치고나면 자연이 새로 세시가 되닛가 그적에는 손을 마조 잡고 구경터나 공원가튼데로 산보를 단이다가 저녁 늦게나 집에를 들어가게 되닛가 어느 틈에 밥을 지어먹을 수 업고 또 손쉽게 설넝탕을 사다 먹는담니다. 그래서 하로에 설넝탕 두그릇이라는 것인데 이것도 물론 신가정의 부류에 屬하는 者이람니다.

위 인용문은 신가정의 사람들을 "설넝탕湯신세"라고 말하는 이유를 기술한 것이다. 청춘부부가 돈이 있을 적에는 양식집 같은 곳을 다니지만 항상 여유가 있는 것이 아니어서 아침에 늦잠을 자고 일어나 찬물에 아침밥을 짓기가 싫어 설렁탕을 주문한다. 그리고 자질구레한 일을 하다 밤늦게 들어와서도 밥 지을 틈이 없으나 또 손쉽게 설렁탕을 주문하니 하루에 설렁탕을 두 그릇씩이나 먹는 사태가 일어난 것이다. 그나마 설렁탕을 먹을 수 있는 능력이 있는 신가정의 사람들은 형편이 나은 것이다. 경성의 허울 좋은 룸펜 멋쟁이들은 카페에서 커피 한잔 마시고, 밥값이 없어서 정작 끼니를 곯는 경우도 비일비재했다. 그리고 일반 서민의 생활은 더욱더 고난의 연속이었다. 빙허의 <운수 조흔 날>에는 그 실상이 잘 묘사되고 있다.

천 번에 30전, 둘재 번에 50전- 아츰 댓바람에 그리 흉치 안흔 일이엇다. 그야말로 재수가 옴부터서 근 열흘동안 돈 구경도 못한 김 첨지는 10전짜리 백동화 서 푼, 또는 다섯 푼이 찰각하고 손바닥에 떨어질 제 거의 눈물을 흘릴 만큼 깃벗섯다. 더구나 이날 이때에 이 80전이란 돈이 그에게 얼마나 유용한지 몰랏다. 컬컬한 목에 모주 한잔도 적실 수 잇거니와 그보담도 알는 안해에게 설렁탕 한 그릇도 사다줄 수 잇슴이다.[14]

1930년대의 설렁탕의 값은 십이 전이었다.[15] 이 값은 당시 카페에서 마시는 커피 한 잔 값 정도였다. 당시의 조선인 남자 노동자의 하루 일당이 대개 60~80전[16]이었으니 〈운수 조흔 날〉의 김 첨지는 아침나절에 하루의 일당을 번 것이다. 일제 강점기 하에 조선의 사람들의 식생활은 대부분 전통적인 것을 그대로 유지하고 있었다. 조선의 독특한 조리법과 미각을 그대로 고수되었다. 그러나 경성의 신흥 부유층은 재빨리 일본풍을 본받기에 바빴다. 일제가 전시체제로 돌입한 이후 조선은 식량난으로 허덕이게 되었으며, 맛있는 음식은커녕 겨우 연명할 정도였다.

이러한 시대적 상황을 염두에 둔다면 위의 두 예문은 너무나 커다란 간극이 존재한다. 하루에 밥하기 싫어 설렁탕을 두 그릇씩이나 먹는 신가정의 부류들과 제대로 먹지 못해 앓고 있는 김 첨지의 아내의 설렁탕 한 그릇은 너무나 대조적인 것이다. 더군다나 서구에서 들어온 먹거리인 빵·케이크·카스텔라 같은 고급 먹거리는 혼마치本町에 가야 볼 수 있었다. 어쩌다 한 번 먹게 되면 카스텔라에 붙은 종이까지 씹어 먹었다. 그러나 그런 빵조차 식민지 일반인들에게는 쉽게 차례가 돌아오지 않았다. 그만큼 조선 경성의 부르주아 계급과 일반 서민들 사이에는 삶의 양태에 있어서 많은 차이를 가지고 있었던 것이다. 조선 내적으로는 가진 자와 가지지 못한 자의 계급적 모순이 존재하였고 외적으로는 식민지와 피식민지라는 모순, 이중의 모순이 자본주의를 만나게 된 시기에 '이상적 가정'이라는 이데올로기가 만들어진 것이다. 이 이데올로기는 식민 지배권력, 자본권력, 전문가 집단의 지식권력이 합쳐서 조선의 문화 헤게모니의 성격을 결정하게 된 것이다. 이상적 가정이라 하면 매우 교양 있는 가정을 상징하는 것처럼 이야기되고, 대중 매체들은 이러한 이상적 가정이라는 새로운 가정 형태를 연출하고 있다. 따라서 여성의 위치도 직장에서 떠나 순수하게 가정을 지키는 본분이 주어지고 남성이 안심하고 노동에 종사할 수 있도록 여성의 지위를 변화시켰던 것이다. 식민지 대중 매체들은 더욱더 이러한 이상적 가정 형태를 연출시키고 있다.

> 理想的 妻: 健康 23파-센트 / 美 16파-센트 / 愛嬌 14파-센트 / 端正한 몸차림 12파-센트 / 家庭的(아해에게 대한 사랑) 11파-센트 / 飮食 잘 짓는 솜씨 10파-센트 / 從順 9파-센트 / 精力 及 性質 5파-센트 / 以上合計 100파-센트
>
> 써 당신은 당신의 안해를 이 表와 比較하여 보아 感懷如何하신고?
>
> 理想的 男便: 健康 20파-센트 / 財產 15파-센트 / 家庭 13파-센트 / 勤勉 13파-센트 / 品性 13파-센트 / 周到한 注意力 10파-센트 / 愛嬌 8파-센트 / 端正한 몸차림 8파-센트 / 計 100파-센트
>
> <u>써 당신께서는 당신 남편을 이 表와 對照하여 보시고 깁히 생각하시어 男便에 過不足이 잇거든 애써 矯正하시기에 努力하옵소서.</u>[17]

이 조사는 독일에서 "이상적 남편과 이상적 안해를 분석"한 것이다. 이상적 아내, 남편에 관한 설문이 끝나면 반드시 당신은 당신의 아내, 남편과 이 표를 비교하여 보아 교정하거나 이 표대로 노력하라고 주문하고 있다. 일제 강점 치하에서 일반의 서민과는 너무나 다른 생활을 묘사하고 있는 것이다. 계속해서 등장하는 대중 매체의 기사는 더욱 현실과 동떨어진 이야기를 하고 있다. "즐거운 나의 가정家庭"[18]이란 제목으로 "俳優 沈影氏 夫人 李明喜, 評論家 白鐵氏 夫人 韓始鳳, 音樂家 朴景嬉, 「モダン日本社」社長 馬海松氏 夫人 朴外仙, 孫基禎氏 夫人 姜福信"을 등장시켜 가정의 즐거운 모습을 연출시키고 있다.

> 나는 각금 어린애가 너무 커진 것을 볼 때 참말 내가 낳았나 하고 거울에 내 얼굴을 비치어볼 때도 있다. 우리가 結婚한지 꼭 2年채 되는 正月에 어린애를 낳았다. 男便은 아이가 낳기 1週日 前부터 나를 入院식혀 놓고 每日밤 동무들과 「쌈펜」을 마시며 낳기를 苦待하느라고 그만 神經衰弱에 걸렸다고 한다. (「モダン日本社」社長 馬海松氏 夫人 朴外仙)[19]

1937년 7월 일제는 노구교사건을 조작하여 중일전쟁을 일으킨다. 초기는 어느 정도 일본군이 우세했으나 1939년 제2차 세계대전이 발발하고 1941년 진주만을 습격한 이후로는 식민지 조선이나 일본은 극심한 탄압과 경제적 어려움에 직면하였다. 위의 기사는 1941년에 나온 기사로서 매일 밤 친구들과 샴페인을 마시며 아기 낳기를 고대하느라고 신경쇠약에 걸렸다는 기사는 마해송이 그만큼 가정적인 남편인 동시에 아이를 사랑하는 이상적인 남편임을 말하고 싶은 의도를 알겠으나 '총력전'이란 명분으로 모든 사회적 기구가 전쟁에 봉사하는 당시대의 상황과 비교해 볼 때는 다분히 의도적인 연출이 들어갔던 것이다. 이런 유형의 기사들은 이후로도 이상적인 결혼, 가정 등등의 항목으로 여타의 잡지에 지속적으로 실리고 있는 것으로 미루어 보아 일제의 프로파간다propaganda에 의한 의도적인 것으로 보인다.

양악洋樂의 수용과 피아노의 의미

양악의 수용과 피아노

양악이 수용된 시점은 대략 개화기로 추정될 수 있는데 논자에 따라서 양악 도입의 시점에 차이가 있다. 일반적으로 개화기는 갑신정변 이후 일제 강점기까지 약 20년간의 시기를 지칭하는데 문학의 경우에도 신문학이라는 용어가 이 당시에 나온 것으로 볼 때 신음악이라는 용어도 대략 개화기로 추정된다. 예를 들자면 양악이 도입된 이후 최초의 한국 사람에 의한 창작품이 김인식金仁湜 작사·작곡의 '학도가'이다. 선교사들이 세운 평양의 숭실학교에 다니고, 그곳에서 선교사들에게서 서양음악을 지도받고, 바이올린·코오넷·노래를 배웠던 김인식이 1905년 학교 운동회 때 부르기 위해서 노래를 지은 것이 '학도가'였다. "학도야 학도야 저기 청산靑山 바라보게 고목古木은 썩어지고 앵목은 소생하네"라는 노래를 썼고, 그보다 앞서 1902년 우리나라 최초의 양악(軍樂)대의 지도자 독일인 프란츠 에케르트Franz Eckert가 조선의 의뢰를 받고, '대한제국 애국가(國歌)'를 작곡했는데 나름대로 한국 전통음악의 표현요소들을 크게 도입하여 작품을 썼다. 이것은 비록 에케르트가 작곡했지만, 동과 서의 음악적 표현기법을 잘 조화시켜서 작곡한 최초의 작품이다.

굳이 말하자면 시대적인 흐름에 잘 부합되고 조화를 이룬 신新음악이었다.[20] 1908년 우리나라 최초의 음악교과서(노란책)가 편찬되었다. ≪학부창가집學部唱歌集≫이라는 이름 아래 알려졌고, 원명은 ≪보통교육창가집≫이었다. 일제 강점 이전의 대한제국 시대(隆熙 4年)에 정부가 공식적으로 발간한 창가집인 만큼 중요하게 평가되고 음악교육 확산, 그리고 음악적인 정서의 전형을 이루는 출판물로서 그동안 중요한 시기 구분의 획을 그었으나, 그 내용이 일본 창가집의 번안이라는 점에서 가치가 희석되고 있다.[21]

양악의 도입과 비슷하게 피아노가 일반 개인에게 알려진 것은 천주교회의 선교 활동과 근대 학교 설립이 본격화되면서 시작되었다. 그러나 이 당시는 풍금이 일반적이었고 아직은 피아노는 낯선 것이었다.

조선의 학교교육에서 음악교육이 자리를 잡은 것은 1910년이 지나면서 조선의 피아노가 여성 중심으로 받아들여지기 시작했다는 것을 의미한다.[22] 왜냐하면 개화기 근대 학교는 남학교(배재학당: 1885)는 '스포츠'를 여학교(이화학당: 1886)는 '음악'을 소개하는 것을 중점적으로 신문화운동을 하였기 때문이다.[23] 이러한 교육방향은 피아노가 태생적으로 '여성적' 영역이라는 인식을 갖게 하는 계기로 작용된 것이다. 서구에서도 피아노가 부르주아 딸들의 필수 아이템item으로 등장한 것으로 미루어 보아 피아노는 여성의 영역으로 간주되었던 것으로 보인다. 이에 발맞추어 서구에서는 부르주아 딸들의 피아노 소곡小曲들이 대량으로 만들어지기 시작하였다. 특히 조선의 경우 황후(순종 비)가 일본의 음악학교를 방문하여 학생의 피아노 연주를 감상하고 또 황후가 연주자를 조선으로 초청하여 궁에서 황제 앞에서 연주를 하게 하는 등 수용자 입장에서 조선의 황후가 피아노에 호의적인 관심을 보였다는 점이 주목할 만하다. 이 과정에서 일본이 갖고 있던 피아노에 대한 관습적

지식 즉 당시 전통적 음악과 순수예술론과 예술의 여성화 관념이 조선에 그대로 전달되게 되었다.

피아노는 도입기부터 이렇듯 여성과 자연스럽게 이미지가 연결되었다. 또한 피아노는 도입기부터 매우 귀한 악기였고, 선택된 자만의 악기였고, 자부심을 가질 수 있는 악기였으며 부러움의 대상이었던 악기였던 것이다. 서우선[24]은 도입기 수용집단의 특성을 정리하였다. 첫째, 한국의 피아노 도입기 수용집단은 매우 부유하고 개화의지가 있는 가정환경 또는 기독교적 환경을 가졌다. 둘째, 피아노 도입기 수용집단은 '전문직 여성'의 모델이 되었다. 셋째, 피아노 도입기 수용집단은 피아노의 이미지를 '전문가 악기'로 만들었다. 넷째, 피아노 도입기 특히 2세대 이후 수용집단들이 피아노를 접하게 된 결정적 동기는 공통적으로 '가정'이며 아버지에 의해 주도된 것으로 나타났다. 다섯째, 피아노 도입기에 피아노는 극소수의 부유층과 기독교 환경을 가진 계층에 한정되어 수용되었다. 그들의 자녀들은 대부분 음악을 전공하거나 아니면 상류층을 형성하는 전문직 배우자들을 만나 결혼하면서 그들 자녀들에게도 그들이 경험했던 것과 같은 음악적 환경을 대물림하게 되었다.[25] 여섯째, 피아노 도입기 수용집단에서 수용자의 성별은 여성이 압도적으로 많이 배출되었다. 일곱째, 피아노 도입기 수용집단은 공통적으로 '피아노를 좀 더 깊이 있게 배우기 위해' 졸업 후 일본 · 미국 · 독일 등으로 유학을 하였다. 그러나 대부분 일본으로 유학을 갔다. 이러한 근대 음악교육 영향으로 1910년도에 들어 음악회도 많아지는데 음악회 성격은 주로 교회단체나 각국 영사 부인 등이 주회하는 자선음악회나 성탄축하음악회 등이며 연주곡들은 서양음악과 전통음악이 같이 연주되고 풍금 독주는 서양인과 일본인 여성연주가에 의해 이루어졌다. 1913년부터 피아노가 교과과정에 나타나기 시작했고[26] 음악회에서 피아노가

풍금을 대체하기 시작하는 것을 1915년[27]으로 추정된다.[28]

사실, 당시의 피아노의 값은 정말 비쌌다. 김영구란 이가 "재동공보齋洞公普에 이천오백二千五百원짜리 피아노"[29]를 기증했다는 기사에서 알 수 있듯이 당시 돈으로도 2천5백원 정도였으니 상당히 비싼 악기였던 것이다. 당시의 "경성의 쌀값이 다마금 특등미 1kg이 이십육二十六전, 동1등미가 이십오二十五, 동보통1등미가 이십사전오리二十四전五리"[30]정도였으니 상상을 초월하는 값이었던 것이다. 유성기의 경우에도 상류층의 과시용 아이템item으로 많이 사용되었지만 피아노와 비교가 되지는 않았다.[31] 그런데 피아노는 산다고 해서 단기간에 피아노 연주가 가능한 것이 아니다. 피아노 도입기 수용집단이 피아노의 이미지를 '전문가 악기'로 인식할 수밖에 없었던 가장 큰 이유는 초창기 피아노 교육이 가정을 중심으로 하거나 근대 학교를 중심으로 형성되었기 때문에 일반인들의 경우에는 집안 환경이 피아노를 교습할 수 없는 환경 내지 기독교식 교육의 혜택을 받지 못한다면 피아노를 연주하기는 다소 무리가 있었던 것이다. 앞서 소설 <피아노>에서 확인했듯이 부를 소유했고 일본에서 근대식 교육을 받았던 궐厥과 그의 아내도 결국 피아노 무능력자가 될 수밖에 없었던 이유가 바로 이런 것이다.

상징 자본으로서 근대 피아노

피아노는 상품으로 등장한 최초의 악기이다. 피아노가 문화사회성을 갖는 이유는 기술혁신과 시장개척이 연동해서 보급된 악기이기 때문이다. 서구에서는 19세기 영국에서 최초로 생산을 하였고 중산계급의 대두와 더불어 부의 상징으로 자리 잡게 되었다. 그런데 양악과 피아노는 서구의 레코드 비즈니스계와 손을 잡고 점점 신화화되어져 갔다.[32] 이것은 지극히 고도의 상술이 가미된 것으로 계급의 우열과 교양주의가 상품화되는 과정과 밀접한 관련이 있다. 특히 피아노는 대표적인 악기였던 것이다. 피아노의 확산은 부르주아지의 지위를 상징하게 되었으며 가족애와 사생활의 표상이 되었던 것이다. 부르주아의 이상상으로 '교양 있는 가정'을 상정하고 피아노는 부르주아 계급 딸들에서는 필수 아이템이 되었고 그들을 위해 많은 소곡들이 만들어졌다. 교양 있는 가정이라는 새로운 개인적 가정 형태를 연출하기 위해서는 피아노는 좋은 아이템이었던 것이다.

머리를 두 갈래로 가지런히 딴 딸이 거실의 피아노 앞에 앉아서 피아노를 치고 있으면, 그 옆에는 자상하게 딸의 피아노 치는 것을 지켜보며 지도해주는 좋은 어머니의 상, 그리고 거실 소파에는 신문을 보면서 모녀를 자애롭게 바라보는 아버지의 상이라는 개인적 가정 형태를 연출하는 것이었다. 이러한 패러다임은 우선 일본으로 건너 들어왔고 조선의 상류층들이 수입하여, 전업주부 · 현모양처라는 새로운 어머니상이 탄생하게 된 것이다. 여성은 직장을 떠나서 순수하게 가정을 지키면 남성은 안심하고 노동에 종사할 수 있도록 여성의 지위를 변화시켰던 것이다. 그러나 일본의 상황과 조선은 조금 다른 양상이었다. 일본은 기본적으로 서구의 중간계급과 비슷한 신중간층이 형성되었지만[33] 식민지 조선의 상황은 그렇지 못하였다.

> 인사상담소에 가게 되는 부녀들은 물론 주림을 이기지 못하는 덤은 일치하다 하나 행동으로 보든지 의표로 보든지 언어사용 등으로 보아 하류계급下流階級이 극히 소부분으로 총 수중 약 구할 이상이 중류계급中流階級이라 한다. 그런데 그들은 다대수가 시골사람임으로 경성으로 먹을 것을 차즈려고 올라와서 아는 사람이나 혹은 일가집을 유일한 의지로 알고 무엇을 구하야 보나

조선사람 사는 부락에는 첫재 문간직히는 행랑어멈이나 그려치 아니하면 침모 유모 안잠잔기 밧게 업슬 샌 아니라 지독히 부림을 밧고도 박한 보수를 엇는데 불과한 것과 둘재는 엊그제까지 자긔도 행랑어멈을 부리고 안잠자기를 두고 지내든 사람이 아모리 재산이 업서젓다 할지라도 말악고 풍속가튼 조선 사람의 집에 가는 것이 더욱 창피하다하야 『나는 일본사람의 집이 아니면 안가겟다』하며 됴견을 부치는 사람이뎨일만코 귀족貴族의 집부인들도 종종 보이는데 그들의 소망은 진고개 부근에서도 뎨일 구석진곳을 가리어 달라는 부탁이 잇다한다.[34]

식민지 경성의 사람들이 일자리를 위해 인사상담소를 찾아오는 장면이다. 그런데 그 중에 90%가 중간계급인데 그 경제적 실상은 최빈 계급의 그것과 다르지 않다. 대부분이 시골에서 경성으로 올라온 사람들로서 먹을 것이 없어서 올라온 사람들이 대다수이다. 그들 중에서는 경성에 아는 사람이나 일가친척에게 의지하다 행랑 어머・침모・유모 같은 보수가 박하고 혹사당하는 일을 한다. 설상가상으로 경제적 몰락으로 인하여 귀족 부인들도 이들과 같은 처지를 당하게 되면 인사상담소에 조선 사람들의 집에는 가지 않고 일본인집 중에서 진고개의 제일 구석진 곳을 부탁한다고 한다. "행동으로 보든지 의표로 보든지 언어사용 등으로 보아" 하류계급은 아닌 중산계급의 몰락은 위 인용문을 통해서 본다면 조선에 중산계급의 존재를 의심하기 충분하다. 또한 농촌의 실상을 살펴보면,

최근 총독부에서 제작한 소화 四년도 조선 내 농업호구는 二백八十一만五천二백七十七호에 인구는一천五백二十二만二백四인으로 전년 즉 소화 三년

에 비교하면 호구에 一만六천八十九호 인구에 一백十만三천八十三인의 증가이다. 그런데 농업자 계급을 보면 대지주는 二만一천三백二十六호 중지주는 八만三 천一백七十호 자작농은 五十만七천三백八十四호 자작겸소작농은 八十八만五천五백九十四호소작농은 백二十八만三천四백七十一호소작겸화전민은 九만二천七백十호 순화전민은 三만四천三백三十七호인데 인것을 전년과 대조하야 증감을 봄변 다음과 갓다.[35]

人種別	戶 數	人 口
朝鮮人	2,801,827	15,153,707
日本人	10,390	45,364
中國人	3,309	11,080
外國人	21	53
合 計	2,815,277	15,210,204

표 1

人種別農業戶口表(朝鮮人增減事項:大地主:增五四九/中地主:減六五九/自作農:減六五四/自作兼小作農:減八,七八四)

1929년 말 조선인 인구는 "일천팔백칠십팔만사천사백삼십칠인一천八백七十八만四천四백三十七人"[36]이었다. 총독부가 조사한 1929년의 농업 호구는 2,801,827호이며 인구수는 15,153,707명이었다. 조선의 80%가 농업에 종사하고 있었던 것이다. 농업계급 내에서도 대지주・중지주, 약 10만 호를 제외하면 대부분이 영세한 소작농 내지 화전민이었던 것이다. 농촌사회 내에서도 중간계급의 존재가 드러나지 않는 통계자료인 것이다. 앞선 두 인용 자료를 통해서 경성에서도 중간계급의 몰락이 확인되었고 전 인구의 80%를 차지하는 농민계급에서도 중간계급의 존재가 지극히 희박한 것으로 보인다. 그렇기 때문에 본고가 대상으로 하고 있었던 이상적 가정이란 개념도 실상 상류층 내지 신문화를 경험했던 소수를 겨냥으로 한 것이다. 현진건의 <피아노> 속의 주인공 궐厥이 대지주계급・일본유학을 한 신문화 경험한 인물로 설정된 것은 당대의 시대적 상황이 녹아 있었던 것이다.

그렇기 때문에 피아노는 식민지 부르주아 계급의 지위를 상징하는 좋은 아이템이었던 것이다.

또한 그들의 위치를 명징하게 보여주는 부르주아 스포츠 아이템도 일제 강점하에서 있었다. 경마와 골프였다. 경마란 일정한 거리를 정하여 놓고 말을 타고 달리게 하여 승패를 결정하는 경기이다. 우리나라에서는 1922년에 조선경마구락부가 결성되어 한강 백사장에서 경마가 개최된 것이 시초라고 한다. 1923년 신설동에 경성경마장이 설치되어 해마다 여러 차례 경마가 개최되었으며, 부산 등의 지방에도 경마장이 설치되어 대성황을 이루었다.

골프장은 1900년에 이미 도입되었다. 일제 때에는 1919년 효창고원에 9홀의 코스가 등장하였으며, 1924년에는 청량리에도 새로운 코스가 생겨났다. 1938년에는 조선골프연맹이 조직되었고, ≪클럽 라이프≫라는 월간지도 발간되었으나, 전시체제하에서는 중단되었다. 경마와 골프는 외국인과 일본인, 친일 상류층이 이용할 수 있는 운동으로서 일반인들은 꿈도 꾸기 어려운 것이었다.[37] 식민지 부르주아의 과시용 스포츠가 이것들이었다.

유성기의 보급은 가정 속에서 훌륭한 연주가가 연주하는 명곡을 듣는 것이 가능해졌기 때문에 우리가 음악을 실천한다든지, 그러한 연주를 사서 소비하는 것이 새로운 음악문화의 존재 방식이 생성되었다. 소비적 매체 문화의 존재 방식이 탄생하게 된 것이다. 이러한 새로운 매체의 등장이 단순히 매체의 문제로만 국한되는 것이 아니라 가정의 모습, 사람들의 라이프스타일을 변화시켰던 것이다. 이러한 개인적인 가정 형태를 더욱 촉진시킨 것은 피아노라는 최초의 상품화된 악기였다. 그러나 식민지 조선은 서구・일본과는 달리 특정한 계급에 의해서 독점화되었다. 예술과 한 계급 사이의 단합이 형성된 것이다.

근대 피아노 수용자들은 근대화의 열망이 시대정신이었던 변화의 사회에서 신문화의 상징으로 등장한 피아노를 생경 · 호기심 · 순수 · 아름다움이란 긍정적 반응으로 받아들였다. 이후 피아노는 조선 황실의 관심, 오랜 학습기간, 연주자의 이미지, 서양식 연주무대의 구조, 근대 교육체제, 전문가 집단 형성 등의 요인을 통해 음악의 가치를 변화시키는 매체로 작용하였다. 그리고 피아노를 식민지 부르주아 계급의 전유물로 만들었던 것이다. 그 대표적인 것이 피아노 연주회장이었다. 그 공간은 부르주아 계급이 타 계급과의 우월성을 보여주는 표상으로 작용하였다. 우아하고 화려한 드레스, 신사복과 정장, 세련된 연주회장, 조명 등은 관객들로 하여금 관객들로 하여금 연주자와 그의 가족에 대해 문화적 우월감을 갖게 하였으며 연주자들의 예절과 좋은 태도, 몸가짐과 스타일은 상류층 사람들의 세계의 외부적 기호들로 작용하였다.[38] 피아노는 이렇듯 근대 부르주아 독점 아이템으로 자리를 잡았으며 이러한 전통은 한국인들의 문화적 기억 속에 존재하고 있었다. 일례로 7, 80년대 한국 사회의 피아노 붐이 일어나게 된 가장 큰 이유는 피아노라는 부르주아 아이템에 관한 문화적 기억이 이어 내려왔기 때문이다.

나가는 글

<피아노>는 근대 이상적 가정을 꾸민다는 근대 부르주아 계급의 삶의 허위성을 고발하고, 민족의 역사적 굴곡 속에서 가진 자의 분수 잃은 행동에 당대 사회를 바라보는 지성인의 모습을 보여주고 있다. 이상적 가정에 필수품인 피아노를 갖지 못한 주인공과 그의 아내는 피아노 연주에 무능력자들이다. 그러나 그들은 그

아이템을 소유함으로써 부르주아적 지위를 드러내고자 한다. 삶의 허위의식과 아이러니를 보여준 것이다.

식민지 대중 매체들은 앞을 다투어 이상적 가정에 관한 여러 논설들을 제공하였고 해외의 가정생활을 게재함으로써 조선의 가정 제도에 변화를 불러일으켰다. 가부장적 가족제도에서 개인적인 가정 형태로 어느 정도 변화가 있었다. 이러한 변화는 교양 있는 가정이라는 부르주아 계급의 이상상이 반영되었고 현모양처 · 전업주부라는 개념도 나오게 되었다. 이때 피아노는 부르주의 계급의 지위를 상징하는 중요한 표기로서 작용을 하였다.

그런데 서구의 개념대로라면, 이상적 가정의 핵심은 중산계급이다. 그러나 당시의 조선의 중간계급은 철저하게 몰락하였고, 전 국민의 80%를 차지하고 있었던 농업계급의 실상은 더욱더 심하였다. 이상적 가정이라는 것은 조선의 경우에 비추어 본다면 철저하게 상류층의 이상이었고 조선의 일반적인 경향과는 거리가 먼 것이 확인되었다. 특히 피아노의 수용과정은 부르주아 계급의 전유물이었고 그들의 문화적 우월성을 입증하는 좋은 아이템으로써 작용을 하였다.

피아노는 상품으로 등장한 최초의 악기이다. 피아노가 문화사회성을 갖는 이유는 기술혁신과 시장개척이 연동해서 보급된 악기이기 때문이다. 초창기 피아노 수용집단은 특징은 철저하게 예술과 한 계급사이의 단합으로 형성된 것이다. 그렇기 때문에 피아노와 부르주아의 이상적 가정은 불가분의 관계를 맺고 있는 것이다. 피아노에 대한 문화적 기억은 현대에 이르기까지 내려왔다. 7, 80년대 피아노 붐은 그것을 반증하는 문화현상이었던 것이다.

03

행복한 사회가 가능한가?

'살 만한 사회'를 위한 하인리히 뵐의 대안사회 모델[1]

이 글은 어떤 사회가 행복한 사회인지를 독일 작가 하인리히 뵐의 문학작품을 통하여 알아본다. 하인리히 뵐은 문학의 역할을 '살 만한 언어'로 '살 만한 사회'를 구축하는 데 기여하는 것으로 여기며, 그 사회의 모델을 직접 구상하여 보여주기 때문이다.

사지원

살 만한 사회를 향한 걸음

우리 인간이 가장 원하는 것은 행복이고 우리 모두는 행복을 추구하며 산다. 그러나 '행복'이라는 개념은 추상적이고 실체가 애매하여 파악조차 쉽지 않다. 아니 그 실체가 애매하기에 오히려 각자가 생각하는 대로 또 디자인하는 대로 잡히는 쉬운 개념일지도 모른다. 이처럼 개인에 따라 그 기준조차 천차만별인 행복을 어떻게 잡을 수 있을까? 필자는 어떻게 해야 우리가 행복해질 수 있는지 문학작품을 통하여 알아보기로 한다. 왜냐하면 문학은 세분화시켜서 지식을 전달하는 사회과학이나 자연과학과 달리 우리가 살고 있는 사회를 총체적으로 보여주며 사회 전반에 걸쳐 통합적으로 생각하게 하는 장점을 지녔기 때문이다. 그리고 그 대상 작가로 독일의 작가 하인리히 뵐Heinrich Böll(1917~1985)을 택한다. 하인리히 뵐은 끊임없이 불평하면서도 그에 못지않게 따뜻한 위로를 보내며 '살 만한 사회'를 구축하자고 외쳤기 때문이다.

1972년 노벨문학상을 수상하고 동시대 작가 중에서 최고의 자리를 차지했던 하인리히 뵐은 전 작품을 통해 어떤 형태의 외압에도 절대로 굴복하지 말고 자신을 지키라고 당부한다. 때문에 그의 문학은 저항의 문학이며, 이 저항은 그의 작가이력과 비례한다. 즉 세계적 작가 반열에 오르면서부터 그는 작중인물들에게 점점 더 강한 행동력을 요구한다. 하지만 그는 세상에 대한 자신의 견해를 책상 앞에 앉아 작품으로만 피력한 것이 아니라 인권이 말살되는 곳이나 자신이 필요하다고 느끼는 곳이면 어디든지 국경을 초월하여 직접 달려갔다. 때문에 그는 비방과 공격의 표적이 됐으며 상처받고 불이익을 당했다. 하지만 살 만한 사회를 향한 열망과 노력을 결코 굽히지 않았다. 그의 문학 목표가 '살 만한 언어'로 '살 만한 사회'를 구축하는 데 기여하는 것이었기 때문이다. 따라서 그는 부정적 언어가 아니라 삶에 용기를 주는 말들로 약하고 힘없는, 그런 까닭에 무시당하는 사람들, 그러나 가슴이 따뜻한 사람들을 언제나 보호하고 그들에게 한줄기 빛을 준다. 그것이 비록 근본적 해결책이 되지는 못하고 유토피아적으로 보일지라도 그는 대부분의 작품에서 이 희망의 원칙을 고수한다. 그리하여 그는 독자에게 인간적인 것이 무엇이며 인간다운 삶이 어떠해야 하는지를 숙고하게 한다. 그는 말한다. "모든 것은 언젠가 유토피아적이었다. 그러나 고루한 사람들은 유토피아적인 것을 언제나 비웃는다. (……) 나는 세계를 기술적인 정신사적 방법으로 완전히 실현될 수 있는 유토피아로 여긴다." 즉 그에게 문학이란 '모사'가 아니라 '선취적으로 이상안'을 제시하는 것이다. 이처럼 하인리히 뵐은 인간적이고 인간다운 삶을 위해 노력할 것을 촉구하며 그런 사회를 형성할 수 있다는 희망을 주는 것을 작가의 사명으로 여겼다. 그리고 이런 자신의 문학을 "인간적인 것의 미학"이라고 표현했다. 그러니까 그가 작품에서 보여주는 작중인물들의 저항과 희망은 곧 작가 자신의 세상에 대한 저항과 바람이며, 작가의 삶과 작품은 아주 밀접한 관계를 가지고 있다고 할 수 있겠다.

따라서 이글에서는 하인리히 뵐이라는 작가를 이해하기 위한 예비 작업으로 그의 시대체험이면서 작품의 핵심주제가 되는 사건들을 거칠게 살펴본 후, 그가 바라는 사회의 형태를 우리 사회가 나아가야 할 방향으로 제시해 보고자 한다. 그 대안사회의 형태가 기준이 조금씩 다른 행복의 토대가 될 수 있다고 생각하기 때문이다.

하인리히 뵐과 그의 문학

정계와 결탁한 독일 가톨릭교회에 대한 저항

하인리히 뵐이 가톨릭교회에 대하여 가장 분노한 점은 바티칸이 라테란 협정을 통해서 무솔리니를 인정하고 1933년에는 나치즘을 수용했다는 사실이다. 이 인정이 무엇을 의미하는지를 충분히 예상할 수 있었음에도 불구하고 물질적 이득과 안위를 위하여 더구나 복음에 따라 낮은 곳을 향하고 청빈한 삶을 살아야 할 최고의 성직자들이 이런 결정을 했다는 사실에 하인리히 뵐은 경악했다. 평범한 가정주부였던 하인리히 뵐의 어머니조차도 1933년 히틀러가 정권을 장악했을 때, 이것은 바로 전쟁을 의미한다고 지적할 수 있었는데도 말이다. 그 결과, 마침내 1939년 전쟁이 발발했고 하인리히 뵐은 제2차 세계대전에 징집되어 6년간의 '지옥'생활을 하게 됐다.

사실 독일 가톨릭교회의 정계 연계는 무솔리니와 히틀러 이전에 이루어졌다. 1919년 제정된 바이마르 헌법에 종교세(교회세)가 포함되어 있기 때문이다. 덕분에 독일 교회는 현재까지도 합법적으로 모든 근로자들로부터 — 지역별로 차이가 있긴 하지만 — 약 8%의 세금을 거둬들이고 있다. 이러한 일들은 교회가 정치와 손잡지 않고는 이루어질 수 없다. 때문에 하인리히 뵐은 "독일 교회와 독일 정치계는 부부관계"라고 비판했다. 뿐만 아니라 기독교민주당이나 기독교사회당 등의 정당명 역시 교회와 정치의 결합을 의미한다고 지적했다.

사실 가톨릭교회에 대한 하인리히 뵐의 부정적인 경험은 어린 시절로 거슬러 올라간다. 목공예가인 뵐의 아버지는 가톨릭교회의 가구를 제작했는데, 대금을 제대로 지불받지 못해 고위성직자들과의 알력이 심했다. 때문에 뵐은 고위성직자들의 횡포에 대해 부모님이 토로하는 불만을 어렸을 때부터 듣고 자랐던 것이다. 이런 경험들을 그는 전 작품을 통해서 보여준다. 특히 하인리히 뵐은 독일 가톨릭교회의 신부들을 이분화한다. 즉 호화로운 취미생활과 문화생활을 즐기며 숱한 철학자들의 미문들을 혼합하여 설교하는 달변의 고위성직자와 '농부의 얼굴'을 하고 이웃사랑을 실천하는 어눌한 신부들로 나눈다. 이러한 이분법적 인물 구도가 그의 작품에 대한 예술성 문제를 야기하지만 그는 전 작품을 통해 비교적 단순하고 도식적인 이 기법을 그만의 창작기법 중의 하나로 사용한다.

무엇보다 하인리히 뵐은 이기주의가 팽배한 자본주의 사회에 이웃사랑이 결여됐음을 안타까워하고 그 사랑의 실천에 독일 교회가 앞장서야 한다고 생각했다. 따라서 전쟁터에서 돌아와 창작활동을 시작한 하인리히 뵐이 집필한 첫 작품도 '종교와 사랑'을 주제로 한 ≪사랑 없는 십자가≫다. 그만큼 그는 정통 가톨릭 집안의 아들로 굳건한 신앙심의 소유자였다. 즉 그가 비판한 것은 교리를 벗어난 독일 가톨릭교회이지 종교 자체가 아니라는 말이다.

요컨대 '종교와 사랑'은 하인리히 뵐이 가장 관심을 가진 주제이며 그의 전 작품을 관통하고 있는 요소다. 따라서 기독교 정신을 잃어버리고 사랑의 붕괴를 관망한 독일 가톨릭교회를 정면공격하며 1971년에는 결국 가족과 함께 독일 가톨릭교회를 탈퇴하고 만다. 당시 신문에 대서특필된 교회 탈퇴사건으로 하인리히 뵐은 다시 한 번 질책과 야유의 대상이 된다. 노벨문학상을 수상한 세계적인 작가의 인세가 엄청날 것임에도 불구하고 종교세를 내지 않기 위해서 가톨릭교회를 탈퇴했다고 평했기 때문이다. 이처럼 가톨릭교회와 평생을 반목했음에도 불구하고 하인리히 뵐이 1985년 동맥경화로 갑자기 세상을 떠났을 때, 장례식은 가톨릭의식으로 행해지고 연방대통령을 비롯한 많은 유명 인사들이 참석하여 그를 추모했다.

무장 강화와 군대 거부

21살에 제2차 세계대전에 징집되어 6년을 전쟁터에서 보낸 하인리히 뵐의 전쟁체험은 그의 전 작품의 근간이 된다. 그는 전쟁을 오로지 완전히 '무의미'하고 '권태로운 것'이며 인력과 자본의 낭비라고 여겼다.[2] 때문에 그는 작품에서 전쟁테러와 무력한 인간의 실존적 공포만을 세세히 전달할 뿐 전쟁에 대하여 공개적으로 판단하지 않으며 병사들이 체험한 대로 독자에게 전달하고 스스로가 결론을 내리도록 독자에게 내맡긴다. 따라서 그의 작품에는 역사적 조망이나 사령관의 전략 같은 것은 전혀 내재되어 있지 않고 오로지 전쟁이라는 특수한 상황 속에서

한 개인이 영문을 모른 채 사라져 가야 하는 억울한 운명만이 나타나 있다 무력한 병사들은 '지랄 같은 전쟁'에서 빠져나가려고 할 뿐 전승에도 전패에도 관심이 없다. 실제로 하인리히 뵐 자신이 무의한 전쟁에서 탈영한 경험이 있다. 하인리히 뵐은 히틀러의 나치스를 위해서 목숨을 걸 필요가 없다고 생각하여 부상을 핑계로 휴가를 나왔다가 서류를 조작하여 전선으로 돌아가지 않고 가족과 함께 보냈다.

하인리히 뵐은 이 경험을 바탕으로 1950~1960년대 소설에서 탈영 모티브를 지속적으로 등장시키며 군대와 무장 강화를 거부한다. 예컨대 ≪열차는 정확했다≫(1949)와 ≪아담, 너 어디에 있었느냐?≫(1951)에서는 탈영을 꿈꾸고, 유고작 ≪천사는 말이 없었다≫(1992)와 ≪부대로부터의 이탈≫(1964)에서는 나치 국방군으로부터 탈영을 감행한다. ≪9시 반의 당구≫에서는 연방군동맹의 축하행렬에 참여하고 있는 장관에게 총격을 가하고 ≪운전임무의 끝≫에서는 나치스이건 연방군이건 할 것 없이 세대를 이어 군대를 무조건적으로 거부하는 모습을 보여준다. 이처럼 전쟁과 무장에 대한 저항이 문필활동의 전부였다고 해도 과언이 아닐 정도로 하인리히 뵐은 독일의 재무장을 지속적으로 반대하며 생의 마지막까지 열정적으로 평화운동을 펼쳤다.

하인리히 뵐은 새로운 무기가 안전을 도모하는 것이 아니라 오히려 위협한다고 단언했다. 소련이 동독에 퍼싱 II 미사일을 배치하자, 나토는 1979년 12월 브뤼셀에서 군비확장을 결의했다. 이후 평화주의자들이 핵무기 전쟁의 위협에 반대하는 시위를 벌였다. 이때 하인리히 뵐은 미소 양국이 무기의 균형을 명분으로 과도하게 무장하는 모순과 허위를 지적하고, 유럽 작가들이 펼치는 평화운동과 무장해제운동의 주요 연사가 됐다. 많은 시위가 있었음에도 불구하고 결국 1983년 서독에 퍼싱 II 미사일이 배치됐다. 하지만 하인리히 뵐은 "대지가 비옥해지기 위해서는 완전히 갈아엎어져야 한다."고 호소하며 지속적으로 평화운동을 펼쳤다. 즉 그는 지구가 개혁되어야 한다고 주장했던 것이다.

소비사회의 거부

소비사회는 자본주의 사회의 정점이다. 전후 경제부흥으로 치달은 독일은 미국과 마찬가지로 이미 1960년대에 소비사회로 접어들었다. 하인리히 뵐이 전후 독일 사회의 발전과정을 보며 매우 씁쓸해하고 목소리 높여 거부했던 것이 바로 이 소비사회이다. 그는 쓰레기와 소음이 증가하는 것을 기술의 발달과 번영의 결과라고 여기고 광고와 홍보물을 분류하는 사람을 별도로 고용한다고 생각했으며, 상품에 포장을 하고 그 포장을 벗겨 내는 수고와 낭비를 하는 소비사회를 보고 "지구의 모습을 (……) 변화시키는 데 충분한 에너지가 낭비된다."고 지적했다. 이런 소비사회의 산업체에서 나오는 폐기물들로 인하여 라인 강이 유럽에서 가장 더러운 강이 됐다고 한탄하기도 했다. 그럼에도 불구하고 라인 강 자체가 하나의 상품이 되어 수많은 관광객을 끌어들이는 관광자원이 되고 심지어 원자력발전소는 학생들의 견학지가 되는 상황을 보고 하인리히 뵐은 후손들을 핵폐기물의 위험에 빠뜨리는 것은 범죄라고 항의를 한 적도 있다.

또한 하인리히 뵐은 방사능이나 핵폐기물처럼 직접적 악영향을 미치지 않을지라도 삶의 질을 떨어뜨리는 큰 원인 중 하나가 소음이라고 생각했다. 무엇보다 그는 자동차 증가와 그로 인한 소음을 문제 삼으며 "몇 십만 대의 격리의 매체와 엄청난 소음으로 인하여 도시가 파괴되어 버렸다."고 개탄했다. 그는 쓰레기 처리와 소음의 문제를 단편소설 〈우편물의 분류 처리자〉와 장편소설 ≪배려 깊은 포위≫에서 구체화하여 보여준다.

하지만 무엇보다 그는 광고 기능에 대해서 인지하고 광고를 소비사회의 전형적 특징으로 여긴다. 자본주의 소비사회에서는 생산성에 모든 것이 희생된다. 따라서 이런 사회에서는 "문화적 성장 없이 경제적 성장만이 지속된다."고 그는 강조한다. 그렇다고 해서 이 경제적 성장과 소비에 사회구성원 모두가 참여할 수 있는 것은 아니며 "강자들에게는 언제나 초록불이 켜지고 약자들에게는 언제나 붉은 불이 켜진다." 즉 소비사회에서는 부익부 빈익빈의 양극화 현상이 첨예화되며 하인리히 뵐의 작중인물들처럼 가난한데다가 '능력'과 '에너지'까지 없는 사람들의 위축감과 박탈감은 더욱 심화된다.

제2차 세계대전이 끝난 지 10년이 안 된 1952년 9월의 거리는 활기가 넘치고 스키복을 비롯한 겨울 스포츠용품과 겨울휴가여행 광고가 사람들의 눈을 자극하며 유혹한다. 하인리히 뵐은 경제부흥으로 치닫는 1950년대 초를 배경으로 한 소설 ≪그리고 아무 말도 하지 않았다≫에서 광고테러의 전형을 보여주며 이어지는 소설 ≪지난 시절의 빵≫, ≪어느 어릿광대의 고백≫, ≪여인과 군상≫, ≪배려 깊은 포위≫ 등에서 지속적으로 자본주의 소비사회를 거부한다. 하지만 그는 단순히 저항하고 거부만 하는 것이 아니라 자신이 생각하는 대안사회의 모습을 구체적으로 형상화하여 보여주고 실현을 위하여 앞장섰다.

대안사회를 위한 생태운동

독일에서는 68 학생운동 이후 대안운동이 일어났다. 대안운동은 자본주의의 산업화로 인한 생태파괴의 대안·관료주의적 체제 개선·냉전 체제의 재무장화에 대한 반대·여성해방운동 등의 사회적 모순들을 재인식하고 이를 해결하고자 하는 시민운동이다. 따라서 대안운동은 생태운동·평화운동·여성운동·

대안적인 생활개혁 운동 등의 다양한 형태로 나타나지만 그 바탕에는 공통된 서구 민주주의 시민정치의 새로운 질적 면을 담고 있다. 때문에 이를 신사회운동이라고 부르기도 한다.

하인리히 뵐은 특히 생태운동과 평화운동을 적극적으로 지지하며 늘 그 선두에 섰다. 하인리히 뵐은 원자력발전소의 건설과 핵폐기물의 처리문제 · 산성비로 인한 숲의 훼손 · 도시의 광역화로 인한 농촌마을의 해체 등에 대한 녹색당의 운동에 적극적으로 참여했다. 그 이유는 무엇보다 녹색당을 1970년대의 성장과 소비를 최고의 미덕으로 여기는 독일 사회에서 변화를 이끌 수 있는 유일한 정당이라고 여겼기 때문이다. 이 점에서도 드러나듯이 뵐이 독일 사회에 대해 가장 예민하게 반응하고 비판했던 점은 이익경제 정책과 그로 인한 이윤추구만을 목표로 하는 사회분위기였다. 그는 한 글에서 "연방독일은 눈먼 재건 시기에 성찰 없이 오로지 이윤만을 목표로 매진했고 (……) 세계는 이 재건을 일종의 기적이라고 받아들였다."고 한탄하면서 "이 기적의 원인은 근면뿐만 아니라 동참자 모두가 장님노릇을 했기 때문"이라고 개탄한 적이 있다. 즉 완전 폐허 상태에서 "이른바 사회주의나 사회주의의 유사한 형태를 시작할 수 있었음"에도 불구하고 결국 성취지향과 이윤과 소비추구의 자본주의 사회를 택했고 그 결과 "땅과 물과 공기가 오염되고 자연정경은 인간 · 동물 · 물 · 숲 · 공기 · 땅이 순전히 그 유용성에 헌신할 때 생겨나는 산업정경이 됐다."는 것이다. 동시에 그는 "산업국가의 복지는 더 이상 국민총생산이 아니라 마실 수 있는 공기와 식수로 측정될 것"이라고 경고했다. 그러니까 하인리히 뵐은 독일 사회의 환경오염과 생태계 파괴는 기본적으로 자본주의 사회의 이윤추구 욕망에서 비롯된다고 보았던 것이다.

결국 그는 1977년, 50년대부터 중공업단지 조성으로 이윤추구의 본산지가 되고 '독가스 부엌'이 되어 버린 고향 쾰른을 떠난다. 이후 아이펠 지역의 보른하임-메르텐이라는 조그만 마을에서 생을 마감한다. 그는 여러 글과 인터뷰에서 독일 사람들이 촌스럽다고 폄하하는 지방이야말로 이웃과 신뢰할 만한 연대감을 이룰 수 있는 유일한 가능성이고 삶과 일상의 기쁨을 느낄 수 있는 곳이라고 말한다. 따라서 그는 대량생산 되고 대량소비 되며 소음으로 가득 찬 대도시와 대조를 이루는 시골마을을 여러 작품에서 미학적으로 형상화한다. 그곳은 이웃의 정을 느낄 수 있으며 느린 삶이 펼쳐지는 곳이다. 사실 하인리히 뵐은 대부분의 작품에서 권력과 거리가 먼 '작은' 사람들을 국가나 교회가 보호해 주지 않더라도 그들끼리 서로 연대하는 희망을 보여준다. 하지만 사회에서 작가의 사명을 철저히 인식하고 있었던 적극적인 참여 작가인 하인리히 뵐은 독자들에게 아직 세상은 살 만하다는 희망을 주는데 그치지 않고 작은 공동체에 대한 모델을 직접 선보이기도 한다. 그 작품은 1954년 ≪보호자 없는 집≫, 1966년 ≪운전임무의 끝≫, 1977년 ≪배려 깊은 포위≫다. 여기서 드러나듯이, 하인리히 뵐은 약 10년 단위로 작품에서 작은 공동체의 모델을 직접 구상하여 보여주면서 '작은 것이 아름답다'는 사실을 자각시키고 작은 공동체의 형성을 촉구했다.

정리하면 하인리히 뵐은 개인주의가 팽배하고 물질주의로 치닫는 소비사회를 가차 없이 비판하고 거부하면서도 대부분 작품에서 희망의 빛을 던지며 끝을 맺는다. 그 이유는 인간세계에 대한 기대와 바람을 버리지 않기 때문이다. 하지만 그에 앞서 무엇보다 물질만능주의와 이익추구에 사로잡힌 광기 속에 억눌려 있으면서도 자신의 존엄을 지키고자 애쓰는 작은 사람들, 그러나 소중한 사람들을 보호하고자 하는 그의 사유 때문이다. 따라서 그의 문학은 착취당하고 정복당하기만 한 자연과 억압받아 온 힘없는 사람들의 권리를 회복하여 진정한 자유가 존재하는 풍요롭고 다양한 삶이 있는 곳으로 만들어보자는 그의 강력한 희망의 표출이기도 하다. 요컨대 하인리히 뵐의 문학은 저항의 문학이면서도 희망의 문학인 것이다.

그러면 하인리히 뵐의 정신을 집약하고 있으면서도 가장 화합하고 조화로운 사회를 보여주는 ≪운전임무의 끝≫을 구체적으로 살펴보자.

≪운전임무의 끝≫

경제재건국가의 재무장에 대한 저항

전범국가인 독일은 핵을 가질 수 없었고 전후 첫 수상 아데나워Konrad Adenauer는 무장을 하지 않겠다고 선언했다. 그러나 불과 전후 5년 만에 경제기적을 일으키고 경제부흥을 하자, 독일 사람들은 경제적 부에 취해 가고 아데나워 수상은 나토에 가입을 한다. 이처럼 과거를 망각하고, 아니 애써 외면하고 소비로 치달으며 재무장을 논하는 사회에 대해 하인리히 뵐은 매우 실망하고 분노한다. 이후 탄생한 작품이 ≪운전임무의 끝≫이다.

≪운전임무의 끝≫은 그룰 부자가 독일연방군의 지프에 불을 지르고 체포되어 재판을 받는 과정으로 되어있다. 이 재판의 증인으로 나선 군인들에 의해 연방군의 실태가 드러난다. 방화의 공범인 아버지 요한 그룰은 가구 공예가(가구 공예가였던 아버지로 인해 하인리히 뵐은 가구공예가의 재정실태를 파악하고 있었다)이다. 그는 1940년에 입대하였는데, 주로 장교와 하사관과 연대장의 집에 파견되어 가구를 수선하는 일을 하였다. 그러니까 그는 전쟁 동안에 "가구 전선에서 싸웠을 뿐"[3] 전투에는 참여해 본 적이 없다. 그의 전쟁 동안의 체험이 군대에

대한 경멸의 원인이 되고 있으며, 이는 평화시대의 행동에까지 영향을 미치고 있다.

그의 아들 게오르그가 입대하여 연방군에서 하는 일은 하사관과 장교용 카지노를 짓는 일에 동원되고 "킬로미터 잡아먹기"에 차출되는 것이다.

게오르그 그룰의 증인으로 나선 쿠트케 병장은 자신이 군인이 된 이유를 "하는 일 없이 돈을 벌 수 있고 일정 기간이 지나면 앉아서 적지 않은 퇴직금까지 받을 수 있기" 때문이라고 설명한다. 동시에 그는 자동화된 서독 사회에서 "가장 좋은 자극제인 권태와 무의미"를 얻을 수 있는 곳은 오로지 군대이기 때문이라고 보충한다. 반면에 그는 부하 게오르그 그룰은 자신이 즐기고 있는 "무의미, 비생산, 권태, 나태라는 부조리의 4위 일체"에 시달리며 괴로워하는 것 같아서 새로운 일거리를 주었다고 증언한다. 그룰이 맡은 일거리란 차량을 적시에 검열준비완료 상태로 만들어 놓는 일이다. 다시 말하면 검열이 예정되어 있을 때 차량 검열에서 요구되는 주행거리 상태로 만들어 놓는 일이다. 만일 주행거리가 1,000미터밖에 되지 않은 자동차를 일주일 이내에 5,000킬로미터 검열에 대비시켜야 하는 경우가 있을 때면, 누군가가 그 차를 맹렬한 속도로 질주하여 그만큼의 킬로미터를 먹어치워야 하는데, 자신은 이 일을 그룰에게 맡겼다는 것이다. "매우 훌륭한 운전수"인 그룰을 권태롭고 무의미한 군대생활에서 구제해 주고 싶었기 때문이다.

또 다른 증인 베라우 상사는 법정에서 그룰의 일처리가 완벽하기 때문에 일 년에 두세 번 정도 "속도계-균일화 주행"을 그룰에게 맡겼다고 증언한다. "속도계-균일화 주행"이란 쿠트케 병장이 "킬로미터 잡아먹기"라고 칭한 것으로 "검열에서 요구하는 주행거리"를 만들어 놓는 일이다.

게오르그 그룰 자신의 증언에 의하면 이런 종류의 운전임무를 일 년에 네 번 수행했으며 3,000리터가량의 벤젠을 고속도로를 오가며 탕진했다. 이번 방화사건 때에도 게오르그 그룰은 "킬로미터 잡아먹기"라는 업무수행을 위해 부대를 떠났다. 하지만 킬로미터 잡아먹기에 염증을 느끼고 있는 그는 이번에는 곧장 집으로 가서 지프를 헛간에 나흘 동안 처박아 두었다. 그리곤 마지막 날 고속도로에 나갈 필요도 없이 헛간에서 5,000킬로미터를 해치웠다. 그동안 나름대로 요령을 터득한 그는 "염소처럼 자동차의 뒷바퀴를 쳐든 채 모터에 시동을 걸어 바퀴를 헛돌게 한 뒤 이 수치를 얻어 냈으며 배기가스를 호스를 통해 밖으로 내보냈다."

하지만 이러한 발상은 아들이 스스로 발굴해 낸 것이 아니라 아버지의 제안이었다. 뿐만 아니라 아버지는 아들과 함께 지프를 들길로 몰고 가 불을 질렀다. 이로써 아버지 요한 그룰은 아들과 공범이 된다. 또 군대의 문제가 시민사회의 문제로 확장된다. 왜냐하면 이 일에 민간인 요한 그룰이 동참함으로써 단순히 군대의 문제에 그치지 않고 민간사회의 문제, 즉 독일 사회의 경제문제가 드러나기 때문이다. 다시 말하면 요한 그룰은 아들과 함께 의도적으로 군용차에 방화를 저지름으로써 모순된 독일의 경제정책에 정면으로 저항한 것이다.

요컨대 소설은 국가보호라는 명분을 가진 군대가 국민의 세금으로 개인의 삶을 무의미하고 권태롭게 낭비하게 함으로써 국가재정과 에너지뿐만 아니라 국민 개개인의 인생의 낭비를 초래하고 있음을 드러내고 있다. 이는 위계적이고 모순적인 지배조직의 한 형태이자 반 생태국가의 한 단면을 보여주는 것이기도 하다.

경제재건국가의 소시민의 궁핍

요한 그룰은 아들이 헛간에서 연방군 지프의 속도계를 5,000킬로미터로 조작하고 있는 모습을 보고 제2차 세계대전 중에 자신이 했던 무의미한 일과 권태로웠던 시간들을 떠올린다. 전쟁으로 인해 자신의 젊은 시절을 무의미하게 만들어 버린 이 국가가 평화시대인 지금은 또다시 자신을 경제적으로 파산 상태로 만들어 버렸다. 따라서 그는 분노가 폭발하여 아들과 함께 군용 지프에 방화를 저지른 것이다. 그가 현재 파산 상태에 있는 이유는 "살인적인 중산정책" 때문이다. 자신이 땀 흘려 번 돈의 60~70%를 세금으로 국가에 헌납해야 하는 조세제도를 이해하지 못한 그는 장부를 조작하고 세금을 포탈하고 암거래를 하였다. 그로 인해 그는 세금 체납과 이에 대한 벌금, 압류비, 독촉비 등으로 부채에 허덕이게 되었고 급기야는 현금지갑까지 압류처분 당하고 말았다. 사실 그는 "가능한 한 모든 속임수"를 터득하여 세금을 면하는 방법을 찾았어야 했다. 왜냐하면 "현대 경제에는 도덕적 관점이 존재하지 않기" 때문이다. 그러나 그룰은 이에 대해 무지했고 결과적으로 "압류와 이자로 인한 비용과 수수료와 부대비용"의 압박을 받게 된 것이다. 게다가 함께 작업하며 서로 의지했던 아들마저 입대해 버림으로써 그룰은 정서적으로 불안함과 허망함의 체념 상태에 빠져 버렸다.

현재의 조세제도와 그룰의 재정관계를 제대로 파악하기 위해서 증인으로 초대된 그랜 박사는 그룰을 경제재건에 성공한 독일 사회의 "무자비하고 냉혹한 (……) 필연적인 어떤 과정의 희생물"이라고 평가한다. 동시에 그는 이런 경우는 길드 사회에서 근대의 산업사회로 넘어오는 과정에서 나타났으며 경제사에 가끔 있는 일이라고 덧붙인다. 사회생태주의자 머레이 북친이 현대의 시장경제는 성장과 이기주의의 한계를 설정하지 않아서 끊임없이 인간의 욕망을 부추기고 그로 인해 난폭한 개인주의가 사회 진보의 일차적 동기를 제공하고 경쟁이 사회를 발전시키는 동력으로 작용한다고 주장하듯이,[4] 그룰의 경우는 "세무서와 납세자 간의 경쟁 상황의 속성을 반영"한 것이다. 따라서 "그룰의 몰락과정은 필연적"이 된다.

요컨대 소설은 경제부흥을 일으켜 소비가 미덕이 된 사회에서 아이러니하게도 훌륭한 기술을 가진 장인은 멸망하고 마는 모순적인 독일 사회의 현실을 폭로한다. 좀 더 구체적으로 표현하면 연방군의 모순을 보임으로서 평화시대 민주국가의 한 단면을 보여주고 이를 계기로 사회의 또 다른 면인 경제재건에 성공한 독일 사회의 경제정책의 모순을 드러내고 있다. 이는 산업화를 통해 성장 위주의 경제 강국이 되고자 거대권력으로 군림한 반 생태 국가에 대한 강한 저항이며 그 국가가 파생시킨 문제의 폭로이다.

하인리히 뵐이 지향하는 생명 공동체

소설 ≪운전임무의 끝≫의 배경은 한가한 시골법정이다. 하인리히 뵐은 이 법정을 통해 마을 주민들의 연대감을 보여준다.

무엇보다 하인리히 뵐은 ≪그리고 아무 말도 하지 않았다≫, ≪지난 시절의 빵≫, ≪9시 반의 당구≫, ≪여인과 군상≫, ≪강 풍경을 마주한 여성들≫에서와 마찬가지로 이 소설에서도 자신의 희망의 원칙 중의 하나인 여성인물을 문제해결의 중심에 세운다. 하인리히 뵐은 남성성이라는 것을 지배하고 있는 사회질서로 여기기 때문에 이에 대한 저항체로서 반대성인 여성을 택하고 여성들에게 희망을 건다. 이러한 생각은 특히 그의 전쟁체험에서 기인한다. 앞에서 언급했듯이 하인리히 뵐은 제2차 세계대전에 참여하여 남성들이 가지고 있는 우월성과 파괴성을 확인하고 남성들을 우습게 여기게 되었다. 왜냐하면 그는 전쟁의 인과성이나 역사적인 조망에 관심이 없으며 오로지 테러적인 행위와 무력한 인간의 공포와 처참한 죽음에만 주목하였기 때문이다. 따라서 그에게는 전장에서 남성들이 하는 일들이 무의미하고 권태로울 뿐이었다. 하지만 "만약 전쟁이 일어나지 않았다면 어떤 직업에서 남성들의 우스꽝스러움을 발견했을 것"[5]이라고 말하며 남성들의 업적제일주의가 "치명적인 결과를 초래할"[6] 것이라고 하인리히 뵐은 경고했다. 그는 남성들의 태도에서 성과 지향적이고 동조적인 경향을 본 것이다. 반면에 여성들은 전쟁으로부터 돌아와 상실감에 빠져있는 남성들에게 용기를 주고 아이들을 전쟁의 상흔으로부터 벗어나도록 보살피며 강인한 의지로 가정을 지키려고 노력했다. 뿐만 아니라 여성들은 하찮게 보이는 "일상생활을 계획적으로 정리정돈하고 현명하게 직접 삶과 대립"[7]하였다. 그러니까 하인리히 뵐은 남성들이 하는 거창한 일이 파괴적이고 폭력적인 반면에 여성들이 하는 일은 하찮게 보일지라도 생산적이라고 생각했던 것이다. 다시 말하면 그가 보기에 여성들이 하는 일은 살림과 생명과 관련됐던 것이다. 때문에 그는 살 만한 사회를 구축하는 중심에 여성들을 세운다. 그는 "여성들은 자기 자신과 육체와 자연에 대해 덜 복합적이고 덜 복잡하며 덜 지적인 관계를 가지고 있으며 그것이 그들을 더 자유롭게 만든다."[8]고 강조한다. 따라서 그는 여성들이 체제와 돈과 권력이라는 힘의 논리가 지배하는 사회에 동조하지 않고 과감히 저항하며 상대를 위로하고 삶으로 이끄는 힘을 발휘하게 한다. 요컨대 하인리히 뵐의 작품에서 여성들은 진정한 인간성을 실천하는 "인간성의 마지막 보루"[9]이다.

≪운전임무의 끝≫에서 사람이 살 만한 세상을 보여주는 모습의 중심에 있는 인물은 아그네스 할이다. 마을의 가난한 사람들을 재정적으로 도왔던

부유한 미혼녀 아그네스 할은 그룰 부자가 방화한 지프차의 손해배상액과 세금체납액의 전부를 갚아 준다. 동시에 그녀는 매년 1월 20일 성 아그네스 축제일에 군부대의 지프 한 대를 태움으로써 제2차 세계대전 중에 죽은 어느 이름 모를 병사들을 기념하라는 조건을 덧붙인다. 이로써 그녀는 "성문법이든 불문법이든 또는 세속법이든 교회법이든 간에 법에 묶여 있는 이 세상의 모든 바보들"을 비웃는다. 즉 그녀는 법과 규정 등의 질서체계와 형식만을 우선시하고 주장하는 남성사회를 조롱한다. 서류뭉치와 제도 안에는 인간의 선택이나 자유는 찾아볼 수 없으며 경직된 관료주의만이 존재하기 때문이다. 현실적으로 그녀가 제시한 조건이 성립될 수 있을 지 의문이나 이는 실현 가능성 여부를 떠나서 평화라는 명분을 내세워 무장 강화를 외치는 군대라는 제도에 대한 거부일 뿐만 아니라 인간을 보호하기 위해서 만든 제도가 오히려 인간을 얽매는 수단이 되고 있는 남성사회에 대한 강한 저항을 의미한다.

하지만 하인리히 뵐은 여성을 남성보다 우월한 존재로 설정함으로써 남성과 여성의 대결구도를 만들지 않는다. 그는 단지 차별이 없고 모든 생명체가 존중받으며 화합하는 사회의 건설을 목표로 한다. 따라서 그룰 부자의 석방에 주민 모두가 동참하여 연대감을 보여준다. 무엇보다 그룰 부자의 재판을 이 마을의 토박이 슈툴푸스 재판장이 맡는다. 슈툴푸스 법관은 비르글라르 군 내에서 가장 존경받고 명성을 얻고 있는 공인으로 "인간성 옹호의 화신"이라 불린다. 따라서 그룰 부자의 재판을 슈툴푸스 법관이 맡았다는 사실은 재판에 대한 관대한 결과를 예상케 한다. 더구나 그가 그룰 부자의 재판을 끝으로 퇴직할 예정이기에 더욱 온화한 심리를 기대할 수 있다. 사실 군용 지프를 방화한 사건은 형사소송감이다. 하지만 현역군인과 민간인의 분노가 폭발하여 발생한 사건이 외부로 확대되지 않도록 국가기관은 사건을 최소로 축소하여 단독 재판관이 다루게 했고, 이는 선량한 시골주민들의 바람과 맞아 떨어졌다. 그 결과 그룰 부자는 "관대한 재판장을 만나 하루 종일 진행된 심리 끝에 손해배상 전액지급과 6주간의 구류를 선고받았고 (……) 미결 구류 기간이 계산되어 즉시 석방됐다."

교구민을 돌보며 이웃사랑을 실천하는 신부는 마을사람들과 사투리로 대화를 나누며 그들과 일체감을 보인다. 따라서 신부는 재판정에서도 다른 주민들처럼 지방어로 증언을 한다. "민속어가 성스러운 언어를 통속화시키는 결과를 초래하진 않느냐"는 논의에 대해 신부는 "민속어는 결코 통속적으로 되기에는 적당치 않으며" 자신은 "이미 키레스키르헨의 언어와 판이하게 구분되는 후스키르헨의 언어로 유명한 일요복음서를 번역하고 있다."고 말할 정도로 지방의 문화에 동화되어 있다. 신부는 요한 그룰의 성격에 대한 질문에서도 그룰이 비록 신앙심이 있다고 할 수는 없지만 언제나 매우 부지런하고 남을 도와주기를 좋아하기 때문에 자신은 그를 교구의 신자로 여긴다고 대답한다. 뿐만 아니라 그가 교회에서 담배 피운 사실을 목격했으나 이를 신성모독으로 생각지 않으며 오히려 그 모습에서 격식에 얽매이지 않은 순진하고 순수한 경건함을 보았다고 증언한다. 그러니까 이 신부는 ≪그리고 아무 말도 하지 않았다≫, ≪어느 어릿광대의 고백≫, ≪보호자 없는 집≫ 등의 작품에 등장하는 미학적·예술적인 취향을 추구하는 신부들과는 완전히 다른 인물로 신앙심과 관계없이 이웃을 사랑하고 교구민을 보살피는 산상수훈을 펼치는 신부이다. 사실 신부는 대도시의 큰 교구를 맡을 만한 연륜에도 불구하고 이러한 이웃사랑으로 인해 시골교구에 머물러 있다. 대도시의 고위성직자들은 "이웃사랑을 지나치게 펼치지 마라."고 경고하기 때문이다.

이 시골마을에서는 교도소의 간수까지도 공무집행자나 감시자로서가 아니라 이웃주민으로 죄수 그룰 부자를 대한다. 즉 "그들그룰 부자은 십 주 간 계속되는 미결 구류 기간 동안에 (……) 22년 전 아내와 어머니가 죽고 나서 한 번도 받아보지 못한 음식대접"을 받았다. 심지어 이들은 "다른 죄수가 없을 때면 종종 인기 있는 텔레비전 방송을 시청하러 슈로어 법원 감시장 거실까지 드나들었다는 소문이 돌" 정도로 편안한 감방생활을 했다. 사실 이는 공무집행의 직권 남용으로 처벌감이며 비현실적이다. 하지만 작가는 이러한 행동들을 통해 법과 규칙을 넘어서 먼저 인간다움이 무엇인지, 인간성이 살아 있다는 것이 무엇을 의미하는지를 보여준다. 이처럼 따사로운 인심과 배려하는 마음과 정서를 키울 수 있는 곳은 투박하고 소박하며 느린 삶을 유지할 수 있는 시골만이 가능한 것이다. 요컨대 하인리히 뵐은 인간성이 살아 있는 공동체는 정치도시나 산업단지로 둘러싸인 대도시가 아니라 독일 사람들이 과소평가하는 시골이라는 것이다. 하인리히 뵐은 말한다.

> 독일 사람들이 지방주의를 싫어하고 일상, 사실은 사회적이면서도 인간적인 것이 일상인데, 이 일상을 혐오하는 것이야말로 촌스런 일이다. 지방은 언어가 그곳에 토착화되고 전수되면 세계문학의 현장이 된다.[10]

이처럼 하인리히 뵐은 독일 사람들이 경멸하는 토속적인 것과 무미건조한 일상에서 오히려 생명력과 그 생명력의 세계화를 본다. 때문에 그는 지방어를 법정에서까지 망설임 없이 구사하는 꾸밈없는 사람들을 있는 그대로 그리며 시골 주민들의 강한 연대의식을 보여준다. 하인리히 뵐은 1954년 작품 ≪보호자 없는 집≫에서는 알베르트가 과거에 묶여 살아가고 있는 '보호자 없는' 가족을 도시에서

'비텐한'이라는 전원적이고 평화로운 시골마을로 안내함으로써 그들을 억압하고 있는 세계로부터 탈출시키고 1959년 소설 ≪9시 반의 당구≫에서는 변화가 없는 세계에서 패멜 가족이 마음의 문을 열고 의식의 전환을 가져옴으로써 고독과 고립에서 벗어나 가족구성원 간에 연대감을 갖고 보다 생산적인 삶을 꾸려나갈 수 있도록 해준다. 1960년대의 이 소설에서는 형제애의 실천을 가족과 친척과 지인을 넘어서 마을 공동체 전체로 확대하였다. 이로써 하인리히 뵐은 50년대 소설에 이어 60년대 소설에서도 자신이 궁극적으로 지향하는 사회는 "걸쭉한 두르 강이 시가지를 느리게 가로질러 흐르고 두르 강변을 따라 뻗어 있는 보도, 전망 좋은 작은 언덕이 있는 (……) 아주 아름다운" 비르글라르와 같은 인간다움이 살아 있고 생명력이 있는 시골공동체임을 보여준다.

나가는 글

하인리히 뵐은 자본과 과학과 기술이 결합된 자본주의 사회가 사람들을 한계를 모르는 성장이데올로기에 사로잡히게 하고 거의 전망할 수도 없는 경제과정의 부품이 되어 의식하지 못한 채 기계적인 소비를 하도록 유도하고 쉼 없이 돌아가는 물레로 몰아붙인다고 주장한다.[11] 이러한 그의 사유에 따라 그의 작중인물들은 자본주의 사회의 소비자가 되지 않으며 정의와 사랑이 결여된 억압의 사회에 저항하고 도전함으로써 다른 사회를 갈망하거나 아예 다른 대안사회를 형성한다. 언급했듯이 그 대안사회는 삶과 일상의 기쁨을 느낄 수 있는 느린 생활이 펼쳐지는 지방의 작은 공동체이다. 즉 빵을 직접 굽고 채소를 가꾸며 이를 이웃과 나눔으로써 유대감을 느끼는 곳이다. 또 사회적 신분과 돈이 영향을 미치지 않은 계급과 차별이 없는 곳이다. 이런 공동체에서는 구성원들이 자신의 일과 역할에 만족하고 당당하며 아이는 아이다울 수 있다. 말하자면 "인간적인 용모를 가진 사회주의"[12] 또는 "기독교 정신을 바탕으로 한 사회주의"[13]가 실현되는 곳이다.

그러나 하인리히 뵐이 ≪운전임무의 끝≫을 비롯한 여러 작품에서 구상한 공동체들은 사실 "어디에도 존재 하지 않은 아나키즘적인 유토피아"이다.[14] 물론 하인리히 뵐 자신도 미학적으로 형상화 한 공동체들이 "여전히 아직 현실화 되지 않은 꿈"[15]이라는 것을 명백히 알고 있다. 그럼에도 불구하고 그가 그런 유토피아를 펼치는 이유는 유토피아를 실현 불가능한 것으로 보지 않으며 "인류는 유토피아에 의해 유지되어야 하고 (……) 유토피아를 발전시켜야 한다."[16]고 생각하기 때문이다.

또한 그는 아나키즘을 무질서, 혼돈, 폭력, 테러와 일치시키거나 동일시하는 것을 철저히 거부한다.

> 나는 정신사적으로 그리고 정치사적으로 무정부주의와 테러를 동일시하는 것을 치명적인 발전 중의 하나로 생각한다. 물론 테러리스트가 된 아나키스트가 있다. 정치적 아나키즘의 역사에서 몇 명이 있다. 그러나 모든 다른 정치사적·정신사적 전통에도 테러리스트들이 있다. (……) 그럼에도 이러한 일치는 치명적이다. 왜냐하면 그렇게 일치시키는 것이 많은 사람들에게 테러와 체념 사이에 다른 출구가 없다는 생각을 갖도록 하기 때문이다.[17]

동시에 그는 "헌법을 준수하고 세금을 내나 어떤 형태의 공적인 권력도 거부한다."며 이런 의미에서는 "자신은 아나키스트이다."[18]라고 말한다. 즉 그는 정부를 부정하고 법과 질서를 무시하는 것이 아니라 개인을 억압하는 권위나 통치를 철저히 거부한다는 것이다. 따라서 그는 유토피아적으로 또 아나키스트로 보일지라도 그의 작중인물들이 통치에서 벗어나 질서 있고 인간적인 공동체를 형성하고 노동하기 위해 사는 것이 아니라 살기 위해서 노동하며. 생태파괴와 에너지 문제와 성장이데올로기에 대해서 성찰하고 행동함으로써 "업적 거부의 유토피아"[19]를 실현하게 한다. 앞에서 살펴본 그룰 부자를 비롯한 하인리히 뵐의 작중인물들은 현존하는 사회에 저항하는 대항문화를 만들고 대안사회를 대표하는 인물들이라고 할 수 있다. 그러니까 하인리히 뵐은 "아직 희망에 대한 토대가 있다고 생각한다. 여전히 개인에 관한 한 그리고 전체에 대해서도 희망이 있다고 생각한다."[20]고 말하며 이런 작은 공동체에 의한 대안문화 내지는 대안사회의 형성을 강력히 촉구한 것이다.

행복의 조건
—정치와 윤리

이 글은 행복의 정치적 조건과 실존적 조건을 다룬다. 정치·사회적 환경은 행복의 필요조건이지만 충분조건은 아니다. 정치적 제도가 미치지 않는 실존적 공간은 분명 존재하기 때문이다. 그러나 정치·사회적 환경이 조성되지 않으면 실존적 공간에 대한 관심은 약화된다. 이 글은 정치적 차원이나 개인적 차원에서 일방적으로 행복의 조건을 규정하는 관점을 지양하고 정치철학과 윤리학의 역동적 관계를 논한다.

이근세

"인간에게 인간은 하느님이다."

Hominem homini Deum esse

_《에티카》 4부, 정리35, 주석

혁명은 가능한가? 혁명은 낭만을 불러일으킨다. 그러나 왜 우리는 혁명보다 예속을 택하는가? 스피노자에 대한 강의(1980년 12월 12일)에서 들뢰즈는 스피노자의 정치학에서 왜 반역이나 혁명이 발견되지 않는지 묻는다. "왜 그는 반란이나 혁명을 전혀 말하지 않는가?" 스피노자가 온건한 사람이기 때문인가? 온건함만으로는 설명이 부족하다. 당대의 극단주의자들도 혁명을 언급하는 데 주저했기 때문이다. 왜 그들은 혁명을 말하지 않았는가? 혁명은 분명 존재했다. 우리는 크롬웰이 성공시킨 혁명을 잘 알고 있다. 그러나 크롬웰은 현대의 스탈린과 같다. 그의 혁명은 성공 후 곧바로 배반당한 혁명의 완벽한 사례다. 크롬웰 사건은 혁명을 말하지 못하도록 만들었다. "아무도 혁명을 말하지 않는데, 결코 이는 혁명에 필적한 것이 머릿속에 없기 때문이 아니다. 완전히 다른 이유 때문이다. 혁명은 크롬웰이기 때문이다. 그래서 사람들은 혁명을 혁명이라고 명명하지 않을 것이다."

≪신학정치론≫[1]에서 스피노자는 찰스 1세의 시해 사건, 즉 크롬웰 혁명을 염두에 두고 혁명을 통한 폭군의 교체나 정부 형태의 변형이 불가능함을 강조한다. 영국 국민이 군주를 시해한 것은 '치명적 사례'다. 영국 국민은 군주를 제거한 후 정부 형태 역시 바꿔야 했다. 그러나 많은 피를 흘린 후, 마치 권력자의 칭호가 문제였던 것처럼, 다른 칭호를 가진 군주를 세웠을 뿐이었다. 절대 권력을 행사했던 크롬웰 호국경護國卿, Lord Protector이 그것이다. 권력을 공고히 하기 위해 크롬웰은 왕족 및 왕의 추종자들을 대거 학살했으며 전쟁으로 국민의 주의를 돌렸다. 영국 국민은 국가의 안녕을 위하여 한 일은 결국 아무것도 없으며, 합법적이었던 국왕의 권리를 침해하고 상황을 악화시켰을 뿐이라는 사실을 뒤늦게 깨달았다. 크롬웰 사후 영국 국민은 찰스 2세를 옹립하고 군주제로 회귀하고서야 비로소 만족했다. 왕정복고 후 크롬웰이 부관참시 당하고 시신이 내걸려진 것은 유명한 이야기다.

혁명에 대한 스피노자의 견해는 정치와 행복의 관계에 관하여 무거운 화두를 던져준다. 개인의 행복은 국가적 방향과 일치할 때만 가능한가? 행복은 복합적 조건을 요청한다. 우선 요구되는 것은 정치·사회적 조건이다. 기본적인 정치체제의 구성과 운영이 선행되지 않는다면 개인들은 전면적 갈등에 휩싸일 위험이 있다. 이 경우 행복은 외적 투쟁과 갈등에서 벗어나려는 소극적 형태를 가질 것이다. 그러나 행복을 위한 정치·사회적 조건은 이미 개인의 안전과 필요를 보장하려는 지향을 함축하기 때문에 동시에 행복을 위한 개인적 조건의 의미도 규명되어야 한다. 이 글은 스피노자의 정치학과 윤리학에 의거하여 행복의 정치·사회적 조건과 개인적·실존적 조건의 관계를 탐색함으로써 행복의 의미를 성찰한다.

우리나라의 행복지수가 OECD 34개국 가운에 32위라고 한다. 왜 우리는 행복하지 못할까? 이 글은 우리 국민의 행복지수가 낮은 것이 행복의 정치적 조건과 실존적 조건을 제대로 조화시키지 못하기 때문이 아닌가 하는 문제의식을 갖고 있다. 정치·사회적 환경은 행복의 필요조건이지만 충분조건은 아니다. 정치적 제도가 미치지 않는 실존적 공간은 분명 존재하기 때문이다. 그러나 동시에 정치·사회적 환경이 조성되지 않으면 실존적 공간에 대한 관심은 사치로 간주될 정도로 약화된다. 이 글은 정치적 차원이나 개인적 차원에서 일방적으로 행복의 조건을 규정하는 관점을 지양하고 정치철학과 윤리학의 역동적 관계를 논한다.

욕망과 행복

인간의 본질은 자기 존재를 보존하려는 욕망이다. 존재를 보존하고 완전한 자기 자신이 되는 것이 유일한 규범이고 목표다. 원초적 힘과 욕망이 개체의 본질과 행위의 근본을 이룬다. 이러한 근원적 존재 보존 노력이 스피노자가 코나투스conatus라 명명하는 인간의 본질이다. 욕망은 힘의 증진, 더 큰 완전성의 획득, 즉 기쁨으로 향한다. 긍정적 감정만이 욕망의 진전을 표현해 준다. 긍정적 감정에 기여하는 것은 기쁨의 원인, 선, 사랑과 환대의 대상이며, 긍정적 감정에 장애가 되는 것은 슬픔의 원인, 악, 증오와 배척의 대상이다. 엄격한 힘의 논리가 욕망의 삶을 지배한다.

인간은 즉각적 경험을 통해 존재보존노력을 의식하고 있다. 즉 의식은 존재보존에 유용한 것을 추구하려는 욕망을 그 대상으로 갖는다.[2] 이러한 노력 혹은 욕망은 육체와 정신에 함께 적용된다. 인간은 육체의 보존을 위해 양분 섭취로써 끊임없는 재생을 욕망하며 이러한 욕망에 대해 의식하고 있다. 인간은 생각하고 느끼는 한에서 자신의 현실적 본질essentia actuale인 의식적 코나투스로 구성되어 있다. 정신과 육체로, 즉 의식이 있는 감각으로 구성된 인간의 코나투스는 '욕구'와 동일시된다. 욕구는 "인간의 본질 자체에 다름 아니며 이 본질로부터 인간 자신의 보존을 위한 모든 행위가 필연적으로 나온다."[3] 이러한 의미에서 스피노자는 욕구를 욕망으로 명명한다.[4] 인간은 본성상 욕망하는 존재다. 따라서 자기 존재의 유지와 강화를 추구하는 모든 활동은 욕망에 기초한다. 욕망은 생각하고 느끼는 존재인 인간의 본질을 구성하는 바, 인간의 모든 활동 양태를 포괄한다. 욕망은 "인간의 모든 노력, 본능, 충동 그리고 의욕"[5]을 포함한다.

인간은 순진하지만 근원적인 이기주의에 따라 존재하고 행동한다. 인간의 활동이 의미가 있는 것은 그것이 존재보존에 기여할 때뿐이다. 인간은 욕망 외에 아무것도 아니다. 인간이 외부 대상을 고려하는 것도 오로지 그것을 욕망할 때뿐이다. 즉 외부 대상의 가치를 결정해 주는 것은 욕망이다. "우리는 그것을 선善이라고 판단하기 때문에 그것을 향하여 노력하고 의지하며 충동을 느끼고 욕구하는 것이 아니라, 반대로 노력하고 의지하며 충동을 느끼고 욕구하기 때문에 어떤 것을 선이라고 판단한다."[6]

따라서 욕망은 근원적으로 이기적인 성향을 표현한다. 이러한 이기주의가 의미하는 것은 정확히 무엇인가? 이기주의는 단순하고 직선적인 운동이다. 엄격한 힘의 논리가 욕망의 원리다. 인간은 자신의 존재에 본래적으로 내재되어 있는 힘을 통해 자신의 존재를 고수하려 하며 자신에 대한 전적인 긍정을 추구한다. 존재하기를, 능동적으로 행동하기를 그리고 살기를 욕망한다면, 또한 행복하게 존재하기를, 제대로 능동적으로 행동하기를 그리고 제대로 살기를 욕망할 것이다.[7] 따라서 인간은 자기 존재의 보존에 유용한 모든 것을 긍정하고 자기 존재의 보존에 해가 되는 모든 것을 부정할 것이다.

그런데 인간의 힘은 감정 상태를 근거로 측정된다. 기쁨은 욕망을 보다 큰 힘 또는 완전성으로 이끈다. 따라서 우리는 모든 힘을 기쁨을 위해 사용할 것이다. 반대로 슬픔에서 벗어나기 위해 모든 힘을 사용할 것이다. 슬픔은 우리를 보다 적은 완전성으로 이끌기 때문이다.[8] 사랑은 기쁨을 주는 대상으로, 그리고 미움은 슬픔을 주는 대상으로 향한다. "이로부터 우리들은 사랑이 무엇이며 증오가 무엇인지를, 말하자면 사랑은 외부 원인의 관념을 동반하는 기쁨일 뿐이며 또한 증오는 외부 원인의 관념을 동반하는 슬픔에 지나지 않음을 명백하게 이해한다. 다음으로 우리는 사랑하는 자는 필연적으로 사랑하는 대상을 계속 소유하고 유지하고자 하며, 반대로 증오하는 자는 증오하는 대상을 멀리하고 소멸시키고자 한다는 것을 안다."[9]

따라서 삶의 규칙은 단순하다. 자기 존재의 보존을 욕망하는 것, 즉 힘을 유지하고 강화하는 것, 간단히 말하면, 기쁨을 획득하는 것, 존재하고 능동적으로 행동하고 사는 것, 더 나아가 행복하게 존재하는 것, 제대로 능동적으로 행동하는 것, 그리고 제대로 사는 것, 이것이 인간의 욕망이 추구해야 할 방향이며, 이는 그의 본질 자체가 명령하는 것이다.[10] 이러한 노력 없이는 어떠한 덕도 생각할 수 없으며, 어떠한 외부적 원리도 강요될 수 없다. "자기를 보존하려는 노력은 덕의 첫째가는 유일한 기초이다."[11]

선악의 구분과 의미도 기쁨의 획득을 위한 노력이 기준이다.[12] 사물의 가치가 선과 악의 용어로 판단되는 것은 자신의 보존 법칙, 즉 기쁜 감정의 추구 법칙에 따라서 이루어진다. 선은 자기 보존에 유용한 것이고, 악은 자기 보존에 해가 되는 것이다. 따라서 유해한 것은 배제하고 유용한 것은 추구해야 한다. 이러한 규칙은 인간 본질의 표현 자체로서 인간에게 고유하게 속하는 근본적 법칙이다. "각자는 자기가 선이나 악이라고 판단하는 것을 자신의 본성의 법칙에서 필연적으로 욕구하거나 또는 피한다."[13] 악이 나타날 경우, 각자는 엄격한 힘의 논리에 따라 더 적은 악, 즉 더 큰 선을 위해 그것을 피할 것이다. 그리고 두개의 선이 제시될 경우 주저 없이 더 큰 것을 택할 것이다. 따라서 욕망의 삶에서는 존중하고 지켜야 할 규범이나 의무는 없다. 자기 보존 욕망이 법이고 규범이기 때문이다.

자기 존재를 보존하고 맘껏 발전시키기 위한 노력 중에 느끼는 감정이 유일한 규범이다. 그리고 오로지 기쁨에 대한 의식을 통해서만 자신의 노력에 만족할 수 있으므로, 추구해야 할 것은 결국 기쁨이다. 그런데 기쁨을 향한 노력은 제한된 지속을 모르며 본성적으로 연속적인 운동 속에 있다. 따라서 인간은 기쁨을 느끼면 느낄수록 더더욱 기쁨을 욕망한다. 기쁨을 추구하지 않는다는 것은 자기 자신이 아닌 것이 되는 것이고 자신을 축소하는 것이며 자신을 파괴하는 것이다. 이는 자신의 본질 자체의 근본적 법칙에 대한 명백한 위반이다. 이러한 욕망을 만족시키기 위해서는 최상의 기쁨이 요청된다. 최상의 기쁨이란 끊임없는 기쁨,

심지어 영원한 기쁨을 말한다. 즉 진정한 선의 발견과 획득에 의한 기쁨을 느낄 때 비로소 욕망은 충족된다. 변질되지 않는 기쁨의 획득, 이것이 바로 윤리적 계획이다. 우리가 만일 이러한 기쁨을 소유하는 상태에 이른다면, 이러한 최상의 행복 상태는 지복felicitas, beatitudo이라 불릴 수 있다.

실존의 조건

인간의 본질이 욕망이라는 점에 근거하여 인간은 엄격한 힘의 논리를 통해 끊임없이 존재의 긍정을 추구하며 존재를 부정하는 모든 것을 배척한다는 것을 살펴보았다. 그러나 실존의 이면을 고려해야 한다. "모든 인간은 날 때부터 사물의 원인을 모른다."[14] 달리 말하면 인간은 세계를 즉각적으로 지각하고 느끼지만, 그러한 지각과 감각을 설명하지는 못한다.

그렇다면 실존의 상황은 어떠한가? 비록 각 개체는 자신의 근원적 힘이 그대로 작동한다고 원칙적으로 긍정할 수 있지만, 적어도 그의 의식에 즉각적으로 나타나는 외부세계의 현존을 인정해야 한다. 그는 외부사물을 사용하고자 하지만, 자신이 외부사물의 산출 원인이라고 주장할 수는 없다. 그 산출 원인은 포착되지 않는 바, 그는 바로 그 원인이 되고자 한다. 자기 존재의 총체적 자기화를 추구하는 윤리적 계획에 외부사물을 통합시켜야 하기 때문이다. 따라서 인간은 외부사물이 그를 위해서 존재하기를 원하지만, 실제로 그러한 지에 대해서는 확실하지 않다. 외부사물이 그를 위해서 존재하는 것은 오로지 그것이 그의 욕망의 유지와 강화를 위한 행위와 관련하여 나타날 때뿐이다.

따라서 세계는 기회로서(윤리적 계획에 통합될 수 있으므로) 그리고 위협으로서(세계의 방향에 대한 명확한 의식이 결여되어 있으므로) 나타난다. 이때 욕망은 세계를 유용한 것으로 간주하는 편을 선호하고 그 방향으로 움직일 것이다. 복잡한 의심보다는 즉각적 희망이 더 유리해 보이기 때문이다. 이에 따라 그는 세계에 대한 의식을 본래적 욕망의 즉각적 작용에 의해 지원받은 표상으로 대체할 것이다. 즉 욕망 주체의 노력은 외관의 영역에서 이루어지며, 그는 외관의 영역을 자신의 욕망처럼 실재적인 것으로 만들고 자신의 욕망의 결과로 보려 하게 된다. 달리 말하면, 자기 자신이 유일한 목적이며, 이 목적의 완수에 나머지 모든 것이 기여하기를 바라는 유아기적 상황이 연출된다. 세계는 개인 안에, 개인에 의해서, 개인을 위해서 존재해야 한다. 이렇게 욕망 주체는 자신을 제국 속의 제국으로 간주한다. 이제 실재는 암묵적인 타협 아래 나타난 모든 것일 뿐이다. 이러한 실존의 조건에서 욕망 주체는 자신에게만 속하는 세계의 관점에서 유용성을 추구하고 사물을 유용성의 정도에 따라 판단하게 된다.

그런데 인간은 육체적이면서 의식적인 존재, 즉 감각하고 사유하는 존재이다. 따라서 그가 자신의 활동에 대해 형성하는 표상에는 그의 의식 속에 육체와 외부 사물들의 여러 관계로부터 발생하는 다양한 표상이 도입된다. 실제로 자신에게 주어진 힘을 유지하고 최대한으로 발전시키기 위해서 육체는 여러 외부 사물을 끊임없이 필요로 한다. 외부 사물들이 인간의 육체에 유용한지 유해한지 여부는 중요한 것이 아니다. 우선 육체가 외부와 관계를 맺는다는 사실은 명백하다. 이로부터 육체와 외부세계의 관계에는 육체의 표상과 외부 사물들의 표상이 동시에 포함된다. 그러나 사물들의 원인에 대한 무지는 인간에게 본래적인 것이다. 따라서 그가 윤리적 계획에 통합시키려 하는 대상들의 평가는 그것들의 실상을 인식하지 못한 채 이루어지는 것이다. 즉 외부 대상에 대한 평가는 객관적 실재가 아니라 주관적 성향과 혼란한 지각에 근거할 뿐이다.

이렇게 욕망 주체가 욕망 대상에 내리는 판단들은 극도로 다양하며 서로 대립될 수도 있다. 특히 욕망 대상 가운데 가장 핵심적인 대상은 타인들이다. 욕망 주체가 자신을 둘러싼 외부세계를 커다란 다양성을 가지고 고찰한다면, 그에 못지않은 욕망으로써 외부세계를 대하는 다른 욕망 주체들이 상정된다. 결국 모두가 차별성을 가지고 나타날 수 있다. "머릿수만큼이나 많은 의견이 존재하며 각자가 자기의 의견으로 가득 차 있다."[15]

개인의 욕망은 사회적 삶을 피해갈 수 없다. 한 인간에게 다른 인간은 자신의 본성과 공통되는 점을 가지고 있는 존재, 즉 자신과 가장 유사한 존재이다.[16] 그러나 한 존재가 다른 존재와 공통점을 가진다는 사실이 이 두 존재가 반드시 일치한다는 것을 의미하지는 않는다. 공통성은 존재들의 조화와 부조화, 즉 유용성과 유해성의 필요조건일 뿐이다. 공통성을 지닌 존재들은 언제나 서로 대립될 수 있기 때문에 인간들은 서로 가장 큰 짐이 될 수 있다. 가장 큰 유용성과 가장 큰 유해성의 가능성을 가진 것이 인간들의 사회이다. 결국 욕망의 충족 또는 행복은 사회적 차원을 필요로 한다. 스피노자의 저명한 주석가인 빅토르 델보스Victor Delbos는 정치학의 불가피성을 다음과 같이 적절하게 설명한다.

> 인간의 도덕적 발전의 본질적 원인 중 하나는 외부의 존재들, 특히 그의 동료들과 관계를 맺어야 하는 필연성이다. (……) 그러므로 모든 인간에게는 개인적 삶이 존재하는 동시에 사회적 삶이 존재한다. 그리고 개인적 삶은 많은 부분에서 자신 안에 갇혀있을 수 있는 반면, 사회적 삶은 외적

행위에 의해 불가피하게 나타난다. 어떠한 조건하에서 이러한 외적 행위가 수행되어야 하고, 어떤 원인으로 인해 외적 행위가 때로는 방해 받고 때로는 촉진되며 때로는 한정되는지를 규정하는 것이 바로 정치학의 내용이다.[17]

국가의 구성과 관용의 원리

개인의 욕망이 아무 장애물도 만나지 않고 행복에 도달할 수 없다는 것은 실존의 조건이다. 세계는 막대한 재료를 전시하며, 무지를 타고난 욕망 주체에게 있어 사물과 사건에 대한 판단은 충동과 정념情念, passion에 의해 이루어진다. 따라서 욕망 주체들은 경쟁, 갈등, 폭력에 노출되어 있다. 그리고 각 존재는 자연권을 보유하고 있기 때문에 원칙적으로는 아무 제한 없이 자신의 이익을 추구할 수 있다. 이것이 자연 상태다. "모든 자연적 존재는, 자신 외에 다른 어떤 것도 고려하지 않는 가운데, 자기에게 고유하게 속한 힘(conatus)의 범위 내에서 자신의 상태를 고수하고자 한다."[18] 큰 물고기는 작은 물고기를 잡아먹을 권리가 있다. 이는 그들의 본성의 법칙이다. 마찬가지로 자연 상태에서 각 개체는 자기의 재량대로 자신의 힘을 긍정할 권리가 있다. 자연 상태는 도덕도 종교도 이성도 개입하지 않는다. 자연 상태는 생존 의지만이 작동하는 선과 악의 피안이다.

그러나 역설적으로 자연 상태는 자연권이 최고로 위협받는 상태다. 홉스가 말한 것처럼 자연 상태는 만인에 대한 만인의 투쟁이 이루어지는 장場이기 때문이다. 따라서 자연권을 확보하기 위해서 자연 상태는 필연적으로 사회 상태로 대체될 수밖에 없다. 자연 상태에서 사회 상태로의 전환은 각 개인이 자신의 자연권을 집단에 양도하는 계약(협정)을 요청한다. 자연권의 양도는 권리의 포기지만 합리적인 유용성을 통해 정당화된다. 어떤 선의 포기는 더 큰 선을 얻기 위해서이며, 어떤 악의 수용은 더 큰 악을 피하기 위해서이다. 공동체는 자연 상태의 삶보다 더 큰 안전을 보장하기 때문에 정당화될 수밖에 없다. 그러므로 사회계약은 근원적인 변화를 가져온다. 사회계약은 개인들이 즉각적인 탐욕만을 추구하는 것을 금지하고 이성을 따르도록 강제한다. 개인들이 자연권을 공동체에 양도하는 사회계약을 통해 사회는 모든 자연권의 총합으로서 모든 영역에서 자연권을 누리는 일종의 집단적 개체를 구성한다.

국가구성 원리인 계약은 집단의 생존을 위해서 "필연성의 압력"[19] 하에서 '영원한 진리'에 의해 이루어진다. 따라서 주권자의 권력을 통제할 수 있는 기제인 이중계약은 존재하지 않는다. 이중계약은 다음과 같이 설명될 수 있다. "스콜라 철학자들에 따르면, (……) '공동체'를 산출하는 사회계약과, 정치권력을 구성하고 그 주체를 지정하는 보조적 계약을 구분해야 한다. 이는 중요한 차이로서 신학자는 이러한 점에 의거하여 첫 번째 계약에 근거한 공동체에 대한 본질적인 지시를 통해 두 번째 계약으로부터 생긴 권력을 제약할 수 있다."[20] 그러나 스피노자에게 사회계약과 정치권력 형성은 동일한 심급이기 때문에 이중계약은 존재하지 않는다.

따라서 종교도 세속권력의 통제를 벗어날 수 없다. 주권자의 의지와 종교가 충돌할 경우 적어도 외적으로는, 즉 행동의 차원에서는 주권자의 의지인 국법을 따라야 한다. 반대의 경우는 반역으로 간주된다. 자연 상태에서 사회 상태로의 전환은 집단의 생존을 위한 필연성이기 때문에 주권을 넘어선 심급은 인정되지 않는 것이다. 실제로 공포와 불안의 연속인 자연 상태에서 모두는 적의, 증오,

술책, 분노의 한 가운데 살고 있고 각각은 모두를 상대로 자신을 보호할 능력이 없기 때문에 실질적으로 그의 자연권을 보장해 주는 것은 없었다. 그리고 이러한 필연성의 압력이 생존을 위한 계약의 동기가 된 것이다. 즉 각 개인이 자신의 자연권을 집단에 양도하는 계약이 요청되며 개인들은 그들의 모든 권리를 통치권자에게 단번에 양도했다. 따라서 모든 불복종과 저항의 시도는 반역으로 간주된다.[21]

결국 스피노자가 옹호하는 것은 국가 통치권자의 전체적 권력 개념이다. "…… 확실한 것은 한 사람이건, 몇몇 사람들이건, 마지막으로 모두이건 간에 주권을 보유한 이가 자신이 원하는 모든 것을 명령할 최상의 권리를 누린다는 것이다. 게다가 자발적으로든 힘을 통한 강제에 의해서든 자신을 방어할 힘을 타인에게 양도한 자는 자신의 자연권을 전적으로plane 포기한 것이며, 결과적으로 모든 점에서 그 인물에게 복종하기로 결정을 한 것이다. 그는 왕이나 귀족들 혹은 국민이 그들이 부여받은, 그리고 권리 양도의 기초였던 주권을 보존하는 동안 그러한 태도를 절대로 바꾸면 안 될 의무가 있다."[22]

그러나 실질적으로 국가는 항상 내적 · 외적으로 위협을 받는다. 특히 위험한 것은 내적 위협이다. 피통치자들은 결코 그들의 자연권 전체를 포기하지 않기 때문에 완전한 만장일치에는 어려움이 따른다. 그렇기 때문에 국가의 조직과 운영은 가장 공들여야 하는 작업이다. 국가의 권리를 우선시하는 스피노자의 관점은 다음의 구절에서 극명하게 나타난다. "자신의 운명에 대한 불만과 그에 따른 변화에 대한 갈망, 조급한 분노, 가난에 대한 경멸로 인해 어떤 범죄가 빈번히 발생하는지, 그리고 그들의 정신이 이러한 욕망의 감정에 휩쓸려 어떤 식으로 동요하는지에 대해서는 누구나 잘 알 것이기 때문에 모든 것을 열거할 필요는 없다. 그러한 것들을 막아내고, 부정행위가 들어설 여지가 조금도 없도록 국가를 조직하고,

나아가 인간들의 개인적 성향이 어떻든지 간에, 그들로 하여금 공동체의 권리를 항상 그들의 개별적 이익보다 우선시 하도록 이끌 제도를 만들어 내는 것이야말로 실현해야 할 임무이자 과제다."[23]

그렇다면 국가 권력은 절대적인 것이며 개인의 행복은 국가의 방향과 일치할 때만 가능할 것인가?

스피노자의 정치철학은 일견 국가주의를 강조한 것처럼 보일 수 있는데, 그가 제시하는 관용의 원리를 통하여 논의의 균형을 잡을 필요가 있다. 종교를 비롯한 모든 영역에서 스피노자가 국가의 우위를 강조하는 것은 사실이다. 그는 다음과 같은 질문을 던진다. 만일 정치권력이 불의를 저지르면 누가 반대할 수 있는가? 독재, 폭정, 참주 등에 관해 어떻게 생각해야 하는가? 이 문제에 대해 스피노자는 직접적인 답을 피하고 반문한다. 만일 개인들이 권력에 대한 판관이 된다면 그들이 맞는지 어떻게 식별할 것인가? 결국 스피노자는 종교가 정치적 통제 밖에 있을 수 없다는 점을 다음과 같이 강조한다. "종교의 문제에서 사람들은 습관적으로 크게 오류를 범하며, 경험이 너무도 잘 알려주듯이, 그들의 기질의 다양성에 따라 허구를 가지고 대대적으로 서로 경쟁하기 때문에, 종교와 관련된다고 그들이 생각하는 모든 영역에서 신민들이 주권자의 법에 복종하는 것이 면제된다면, 국가의 권리는 각자의 판단과 감정의 다양성에 의존될 것이다. 국가의 법률 체제가 자기의 신앙 및 미신과 양립하지 않는다고 판단할 경우 어느 누구도 법을 따르지 않을 것이다."[24]

따라서 국가권력은 배타적이다. 그러나 스피노자는 통치자들이 관용의 태도를 갖는 것이 국가의 유지와 안정에 유리하다고 주장한다. 즉 통치권자들이 내적인 사유와 신앙의 표현을 통제할 권리가 있다고 해도 자유를 허용하는 것이 더 실용적이다. 통치권자들은 소소한 동기로도 시민을 탄압하거나 제거할 권리가 있으나 그러한 행위는 필연적으로 국가를 위태롭게 할 것이기 때문이다. 이러한 의미에서 국가는 절대적 능력이나 권리는 없다. 즉 통치권자들의 태도는 실용적 차원의 것이지 권리의 차원이 아니다. 통치권자들의 권리가 절대적이지 않은 것은 시민들에 의해 그것이 한정되기 때문이 아닌 것이다. 단지 그 권력을 절대적인 방식으로 발휘하면 위험을 초래할 수 있기 때문에 그것은 유용하지 않다.

관용의 원리는 국가의 안정과 평화를 위한 실용적 규칙이다. 사실 만장일치를 이끌어 내는 것은 불가능하다. 개인의 사유는 본성상 침해할 수 없는 권리에 속하기 때문에 국가의 통제가 개입될 수 없다. 따라서 모두가 동일한 방식으로 생각하도록 강제하는 것은 국민의 반감을 불러일으키며 국가에 위협이 될 뿐이다.[25] 통제는 외적인 차원, 즉 행동에만 적용될 수 있다. 국가의 안전을 위해서는 단 하나의 조건이 필요하다. 즉 모두가 자신의 사유에 따라 행동할 권리만 포기하면 된다. 강압적인 법 체제는 역효과를 낳는 경우가 대부분이다. 비판을 금지하면 아첨꾼과 협잡꾼이 활개를 치고 진정성은 사라지게 된다. 독재 국가에서 부정과 부패가 판을 치는 것은 당연한 귀결이다. 나아가 진정성이 없는 상태에서 국가가 일말의 나약한 모습을 드러내면 탄압 받던 국민들은 국가의 안전에 위협적인 존재로 변할 수 있다.

결국 사상과 표현의 자유가 보장될 때 국가는 더 견고히 유지되고 강화된다. 국가의 구성 요소인 국민을 적으로 돌리는 것만큼 어리석은 일은 없다. 이러한 점이 바로 스피노자가 권고하는 정치적 자유의 허용이며 관용의 원리다. 그러나 어떤 경우에도 그는 공동체의 조직과 관련해서 국가의 배타적인 권한을 문제시하지 않는다. 국가권력이 여론 및 종교와 관련된 영역에서 강제력을 행사하지 않는 것이 유리하다. 그러한 강제력은 결국 통치권자들에게 불리하게 작용할 것이기 때문이다. "결코 폭정은 오래가지 못한다."는 것이 스피노자의 신념이다. 스피노자의 정치론은 실용주의다. 일정한 자유를 허용하는 것이 국가에게 유용하기 때문에 자유가 보장되어야 하는 것이다.

내면적 행복

여러 해석의 갈래에도 불구하고 스피노자의 정치철학에서 관용의 주체는 국가다. 어떤 경우에도 스피노자는 표현과 신앙의 자유를 국가권력에 제한을 가할 수 있는 주체의 권리를 토대로 확립하지 않는다.[26] 이와 반대로 국가의 권리보다 상위의 권리를 요청하는 것은 국가에 치명적 혼란을 일으킬 수밖에 없다. 따라서 우리는 서론에서 제기한 문제를 다시 던지게 된다. "개인의 행복은 국가적 방향과 일치할 때만 가능한가?"

스피노자에 따르면 국가는 개인의 내면을 통제할 수 없다. 그것은 인간의 본성상 불가능하기 때문이다. 나아가 국가가 내면의 통제를 시도할 경우 그것은 국가에게 불리하게 작용한다는 것이 스피노자의 신념이다. 그래서 결코 폭정은 오래가지 못한다고 그는 반복하여 말한다. 이러한 점이 바로 스피노자의 지극히 현실주의적인 정치적 진단에도 불구하고 낙관적이라고 규정할 수밖에 없는 그의 근본적 관점이다. 사회규범은 폭력과 야만의 자연 상태로부터 인류를 빠져나오게 해준 합리적 산물이다. 그리고 사회적 제재와 승인에 의거하는 것은 유용하며, 진정한 욕망의 실현을 위한 필수적 단계다. 특히 사회구성원들의 전체적 힘을 주권으로 인정하는 민주주의는 이성적으로 확립된 사회를 보장하며, 노예 상태의 개체들을 시민들로 변형시켜 주는 기제다.

그럼에도 불구하고 우리는 스피노자에서 사유와 행동의 영역이 엄격히 분리되며 행복의 공간은 축소될 수밖에 없는 것이 아닌지 물을 수 있다. 원리적으로 볼 때 행동은 국가의 통제권에 있으므로, 행복의 선험적 가능성은 오직 내적인 차원에 있기 때문이다. 국가라는 행복의 필요조건이 충족되었음을 전제하고 행복의 충분조건인 내적 조건을 규정한다는 것은 유혹적인 일임이 분명하다. 실제로 스피노자의 윤리학은 '인식의 윤리학'이다. 달리 말하면 사회규범은 행복의 직접적 조건이 아니다. 사회규범은 벌, 죄, 공포, 불안 등의 정념과 제재에 의거하기 때문에 진정한 행복의 윤리가 될 수 없다. 사회규범의 진정한 유용성을 볼 수 있는 능력을 발현하여 사회규범을 적극적으로 수용하고 활용하되, 반성을 통해 욕망의 힘을 보다 내적인 차원에서 극대화함으로써 욕망의 여정을 완수해야 한다. 실제로 다음과 같은 선언을 고려할 때 ≪에티카≫ 후반부는 국가의 유용성이 전제된 가운데 윤리학적 논의를 이어가는 것으로 보인다. "인간들의 공동 사회로부터 불편보다는 편익이 생겨나는 것이 사물의 실제 사태다."[27] 대중은 국가적 강제를 통하여 통제되어야 한다는 것은 스피노자의 현실주의적 신념이다.[28] 도덕도 종교도 국가를 넘어설 수 없다. 필자의 주저함을 밝히기 전에 간략하게나마 스피노자가 제시하는 지성적 윤리학을 정리하면 다음과 같다.

윤리적 고찰을 위해서는 욕망의 실존적 조건을 규정할 때 논의된 욕망 주체와 욕망 대상의 관계를 추적해야 한다. 이 관계는 욕망 주체에게 이미지로서 작용하고 이미지들에 대한 부적합한 판단이 모든 정념의 씨앗이기 때문이다. 욕망 주체가 현재 마주치는 이미지들이 무작위로 연상되고 결합되어 욕망을 부정적 감정들의 연쇄로 이끄는지의 여부를 성찰하고, 욕망을 응고시키는 이미지들의 고착성을 경계해야 한다. 이미지들이 기계적으로 결합되어 회고적 감정으로 욕망을 이끌 때, 과거 사건을 감정 상태의 원인으로 보는 환상을 겪지 말고, 이미지들의 실질적 결합 상태를 분석해야 한다. 그리고 이미지들의 결합 질서를 온전하게 정립하고 그것을 새로운 감정 상태의 원인으로 규정해야 한다. 냉철한 반성을 통한 이러한 대체 작업은 외부 사물에 대한 면역력을 증대시켜 주며 견고한 가지성의 영역을 부분적으로라도 확보해 준다.

감정 상태의 인과성이 재정립되기 시작하면, 자유의지, 초월적 규범 등의 추상적 개념은 욕망의 이정표가 되지 못한다. 자신의 내부와 외부가 공통적 특성을 통해 연결되고 그 특성의 적합한 인식이 감정의 원인으로 작용할 때, 욕망 주체는 세계를 가지적인 체계로 볼 수 있다. 세계의 존재론적 질서를 인식하기 시작한 반성적 욕망 주체는 자신의 확장을 통해 자연 질서 전체를 자신의 내부에 농축시켜 들여놓으며, 자연은 반성적 욕망 주체의 농축을 통해 그 내부에서 확장된다. 상상과 정념의 대상이었던 외부 사물들이 지성의 이해 대상이 된다. 주체도 객체도 견고한 존재론적 기반을 공유하므로 욕망의 힘은 강화된다. 욕망의 윤리학은 유용성의 궁극적 근거를 제시하지 못하는 공리주의가 아니다.

욕망 주체는 행복을 향해 한걸음 더 나아갈 수 있다. 정념으로부터의 해방을 통해 존재의 원리를 추적하고 명석 판명한 관념들을 조직했다면, 이제는 존재론적 원리 자체로부터 모든 것을 규정할 수 있다. 반성은 분석적 절차에서 종합적 절차로의 전환을 이루어 낼 수 있다. 육체는 이미지들의 수동적 조합과 정념, 그리고 욕망의 변질의 진원지였지만, 이미지들의 공통적 특성을 통한 명석 판명한 이해와 능동적 감정의 요소가 된다. 그러나 육체와 외부의 공통성을 조직하는 차원을 넘어서 그 공통성의 원리 자체를 통해 육체를 규정해야 한다. 나의 육체는 더 이상 개별적 사건의 차원에서 외부와 관계하는 것이 아니다. 육체의 진정한 본질은 자연의 물질적 원리를 따르는 육체성 자체다. 육체는 자연의 견고한 한 부분이다. 그리고 존재론적 원리를 통해 육체를 인식하는 지성은 모든 명석 판명한 관념의 주체로 부활한다. 육체가 외부와 갖는 관계 속에서 드러나는 공통적 특성에 대한 적합한 관념들은 지성이라는 진리 자체를 구성하는 부분들이 된다. 욕망 주체는 자신의 모든 행위를 자기 자신을 원인으로 하여 생겨나는 결과로서 간주할 수 있다. 자기 자신이 본질이고 행위는 자신의 본질의 필연적 양태나 특성이 되는 것이다. 욕망 주체는 자신의 행위를 오로지 자신에 의해 이해하기 때문에 자기 자신의 타당한 원인이며, 따라서 능동적이고 자율적인 존재다. 어떠한 외적 규범도 욕망의 척도가 될 수 없다. 나 자신이 욕망의 원인이고 내 힘의 증가 원인이므로, 나 자신이 기쁨의 원인이며 사랑의 대상이다. 나는 나 자신의 규범이고 기준이다.

죽음도 불안의 대상이 되지 않는다. 혈액순환의 중지와 육체의 분해는 불가피하므로, 내세에서 개별적 육체에 대한 의식은 있을 수 없다. 그러나 그것이 현재 내가 향유하는 완전성을 침해하지는 못한다. 죽음은 적합하지 않은 인식이고 현재 내가 누리는 인식은 적합한 것이므로, 욕망은 죽음에 영향 받을 이유가 없다. 영원은 현재 속의 존재론적 체험이다. 욕망의 여정은 현세에서의 인식과 기쁨에서 완성된다.

스피노자의 욕망론은 실존적이고 행복주의이다. 욕망론은 인식이고 여정이며, 구조고 지혜며, 엄격함이고 기쁨이다. 욕망의 완성은 완전한 기쁨이며 극도의 존재 의식이다.

행복은 가능한가?

우리는 스피노자의 행복론과 관련하여 또다시 일련의 문제들을 던질 수밖에 없다. 국가라는 행복의 필요조건이 충족되었는지 여부를 어떻게 판단할 것인가? 국가의 존재 자체가 행복의 필요조건일 수는 없기 때문이다. 물론 국가의 존재는 그 부재보다 유용하다는 스피노자의 관점은 타당하지만, 한번 성립된 국가는 전체적 권력을 행사하기 때문에 개인의 행복은 국가의 방향과 일치하거나 내적 차원에 머무를 수밖에 없다. 스피노자의 정치철학에서 국가는 권리의 측면에서는 결코 개인이 넘어설 수 없는 존재기 때문에 피통치자에게는 복종만이 요구된다. 국가가 폭압의 주체일 경우에도 원초적 문명을 제공한 존재로서 그 유용성을 인정해야 하는가? 그리고 국가 스스로 정상적 면역기능을 회복할 때까지 기다려야만 하는가? 완전한 행복은 내면에서만 추구되어야 하는가? 프로이트나 르네 지라르가 강조한 것처럼 국가는 문명의 '억압'이거나 불가피한 폭력일 수밖에 없는가?

본문에서 분석은 하지 않았지만, 폭군에게 저항할 수 있는 유일한 존재로서 스피노자가 여러 차례 강조한 것은 예언자다. 예언의 힘을 가진 자가 아니라면 아무도 폭군에게 저항할 수 없다. 기적을 행하는 예언자는 사회의 균형을 되찾기 위해 사회 자체가 발생시키는 일종의 해독제일 수 있다. 물론 스피노자의 철학에서 초자연적 기적은 존재하지 않는다. 기적은 우리가 그 원인을 모르는 현상일 뿐이다. 참주의 폭정과 그에 대한 예언자의 출현은 질 들뢰즈가 고찰한 면역 개념을 통해 유용하게 설명될 수 있을 것이다. 참주가 통치하는 체제는 '자기면역증 질병'에 걸린 몸과 비유될 수 있다. 예언자는 몸의 균형을 찾아주는 정상적 면역 기능 혹은 해독제로 간주될 수 있을 것이다. 실제로 자유의지를 부정하는 스피노자의 체계 내에서 자살이나 자기 파괴는 '자기 면역증 질병'에 의해서 설명될 수 있다. 자기 파괴 현상과 관련하여 "실제로 언제나 문제가 되는 것은 다른 관계들 속으로 들어가도록 결정되어 이제 우리 속에서는 낯선 신체들처럼 작용하는 일군의 부분들이다. '자기 면역증 질병'이라고 불리는 것의 경우가 그러하다. 바이러스 형태의 외부 작용인에 의해 그 관계가 교란되는 일군의 세포들은 그로부터 우리의 고유한 (면역) 체계에 의해 파괴될 것이다. 반대로 자살의 경우에는, 우위를 점하게 되는 것은 교란된 집단이며, 이것은 자신의 새로운 관계 속에서 우리의 다른 부분들이 우리의 고유한 체계를 저버리도록 유도한다.(<우리가 모르는 외적인 원인들이 상상을 배치하고 신체를 변용하여, 이 신체는 최초의 것과는 다른 본성을 띠게 된다...>)"[29] 스피노자 철학의 틀 안에서 행복의 필요조건을 충족시키려는 개인들의 노력은 예언자적 차원일 뿐일 수 있다. 물론 이는 무시할 수 없는 면역기능이다. 현대적 의미로 말하자면, 자본과 세속에 감염되지 않은 층이 두터울수록 그 사회는 정상적 면역능력을 보유하게 된다.

마지막으로 국가 개념 자체에 문제를 제기할 수도 있을 것이다. 개인 차원의 권리가 국가의 권리보다 강화될 수 없는 것은 근대적 계약론에 근거한 주권국가가 지닌 개념적 한계일 수 있다. 특히 스피노자의 국가 개념은 도덕과 종교가 모두 종속되는 고대의 그것과 유사하다. 이와 달리 사회적 삶의 진보와 진정한 혁명은 국가 구성원의 자격이 아닌 인류 자체에 대한 연대감과 개방적 행동에 있을지 모른다. 즉 국가의 목적은 단지 '시민'이 아닌 '인간'을 향한 보편적 인류애일 수 있다. 그러나 이는 다른 차원의 정치철학과 행복 담론을 요청하며 이 글의 범위를 크게 넘어선다. 관련 작업은 다음 기회를 기약하기로 한다.

04

무엇이 행복한 춤인가?

본능과 행복

인간 몸은 행복을 느끼는 문제에서 가장 중심적인 역할을 담당한다. 그러나 인간 몸의 본질이라 할 수 있는 충동은 반사회적이고 위험하기 때문에 여러 관습이나 제도들에 의해 억압당해 왔다. 사회적 담론 속에는 타자의 욕망이라는 형태로 유포된 행복의 공식들이 있다. 담론 속 이상화된 쾌락의 형태를 통해 행복을 추구하도록 유도하는 것이다. 그러나 이런 행복의 방식들은 충동의 만족을 지연시키고 억제함으로써 신경증적인 증상을 야기하고 인간을 고통 받게 만든다. 정신분석학에서는 본능의 행복한 만족을 승화라고 말한다. 인간은 승화를 통해 몸의 만족과 더불어 자신을 가장 아름답게 형상화시킬 수 있는 가능성을 갖게 된다.

송인희

몸의 본성을 반영하는 행복론에 대한 탐색

≪조선일보≫ 7월 17일 자 <요즘 서점가…… 힐링이 있던 자리에 '행복'이 있네>라는 기사를 보면 서점가에 행복을 다루는 책들이 쏟아지고 있다고 한다. 올해 들어 출간된 책들만 하더라도 무려 251종의 책들에 '행복'이라는 제목이 들어 있다는 것이다. 한 예능 프로그램에서 소개 된 후 베스트셀러 목록에 꾸준히 이름을 올리고

있는 ≪꾸뻬 씨의 행복 여행≫을 필두로 ≪성공이 목적일지라도 행복이 우선이다≫, ≪행복이란 무엇인가≫, ≪행복의 신화≫, ≪행복 스트레스≫, ≪행복은 어디에서 오는가≫, ≪행복≫, ≪합리적 행복≫, ≪행복 산책≫ 등등 이루 다 열거하기가 힘들 정도로 행복 관련 서적은 범람하고 있다. 그뿐만이 아니다. 국립중앙도서관에서 행복 관련 도서를 검색해 보면 14,767건의 결과물이 나온다, 필자가 소속되어 있는 학교 도서관 소장 도서 연구 자료만 해도 만 건에 가깝게 검색 결과가 나오며 심지어 동네 도서관 소장 도서만 해도 2,000권에 육박할 정도이다. 이를 전 세계적으로 확대시켜 검색해 보면 행복에 대한 저서들은 그 수를 다 헤아리기 힘들 정도로 엄청난 분량이 될 것이 틀림없다.

그리고 이렇게 행복에 대한 연구나 저서들이 꾸준히 발간되고 관심을 받는 이유는 아마도 보편적으로 인간이 원하는 삶의 형태, 도달하기 바라는 심리 상태가 바로 행복이기 때문일 것이다. 인간은 누구나 살면서 자신의 행복을 꿈꾼다. 그리고 가장 원하고 바라는 상태가 행복이라는 가정하에 "행복하세요!"라는 인사들을 건넨다. 이렇게 누구나에게 행복을 기원할 수 있는 이유는 "네잎 클로버는 행운, 세잎 클로버는 행복을 상징한다."는 구절처럼 행복의 가능성이 누구에게나 열려 있다는 믿음 때문이다. 엄청난 부나 권력 그리고 뛰어난 사회적 성취 같은 목표들은 몇몇 탁월한 능력과 행운을 소유한 소수에게만 한정되어 있다. 그러나 행복은 외적 조건보다는 내적인 심리 상태와 관련된다고 믿기 때문에 대다수의 보통 사람이라도 생각을 바꾸고 이를 얻으려는 노력과 방법만 뒷받침된다면 가능할 수 있지 않나하는 기대와 희망을 준다.

'행복'에 관한 저서들의 내용을 살펴보아도 행복이란 무엇이며 우리는 어떻게 해야 행복을 얻을 수 있을 것인가에 대한 내용이 대부분이다. 우선 행복에 대한 개념 정의를 살펴보면 대부분이 '만족', '기쁨', '욕망의 충족' 등의 상태를 언급하고 있다. 그리고 표현상의 사소한 차이들만 있을 뿐 내용에는 큰 차이가 없다. 예를 들어 행복에 대한 대표적인 정의들을 살펴보면 "행복이란 인간이 만족하고 기뻐하는 상태이다."[1] "행복이란 모든 욕망의 충족을 뜻한다."[2] "행복은 바로 마음이 즐거움과 의미, 몰입으로 가득한 상태이다."[3] "생활에서 충분한 만족과 기쁨을 느끼어 흐뭇함. 또는 그러한 상태", "자신의 존재 조건에 대한 최대의 내면적 만족으로 충만하고 의미 있는 삶과 자기 삶의 목적 실현에 부응하는 존재 상태에 대한 인간 정신의 의식"[4] 등이다. 이러한 정의는 행복이 내면과 관련된 정신 상태라는 점에서 공통점을 가지고 있다.

그런데 행복에 도달하기 위한 방법론적인 측면을 살펴보면 다양한 차이들을 드러내며 심지어는 극과 극의 대조까지 보인다. 예를 들어 모든 종교가 설파하는 행복의 달성 수단은 신에 대한 믿음을 통해서이다. 또 철학은 이성과 사유를 강조하며 자기 수양과 훈련을 통해 행복의 획득이 가능하다고 주장하는 다양한 방식의 수련 방법들이 있다. 한편 종교나 철학에서 지나친 욕망은 행복 실현의 방해물이며 반드시 통제하고 제거해야 하는 부정성으로 인식되었었다. 그러나 현대로 접어들면서 욕망의 위상은 달라진다. 소비사회의 이데올로기 속 유포된 믿음은 우리의 욕망은 크면 클수록 좋은 것이며 그 욕망을 실현시킬 가능성이 높을수록 더 행복해질 수 있다는 것이다. 그리고 자본주의 이데올로기 속 모든 구성원들은 이렇게 전파된 믿음에 자신도 모르는 사이에 사로잡힌 채 현대의 삶을 살고 있다.

그렇다면 과연 행복은 자신에게 잘 맞는 효율적인 방법을 선택해서 꾸준한 노력과 수행을 한다면 획득 가능해지는 것일까? 또 행복이 내면적이고 정신적인 가치라는 점 때문에 밝고 긍정적인 관점으로 자신의 경험들을 새롭게 바라본다면 행복이 가능해지는 걸까? 탁석산은 ≪행복스트레스≫에서 "평등이 특징인 민주주의의 시대에 행복만큼 모두를 만족시킬 수 있는 일반적 개념은 없다."[5] 고 한다. 그리고 그 때문에 누구나 행복해지지 않으면 안 될 것 같은, 행복이 신화가 된 시대에 우리는 살고 있다는 것이다. 그러나 그는 행복이 내면적이고 주관적인 가치이기 때문에 긍정적이고 낙관적인 관점의 변화를 통해 누구나 행복해질 수 있다는 주장은 문제가 있다고 말한다. "불행은 그대로 놔두고 긍정적으로 보라고 하는 것은 더위가 40도까지 치솟았는데 모든 것은 마음에 달렸으니 덥지 않다고 생각하라고 말하는 것과 같다."는 것이다.[6] 사실 모든 불행들을 관점의 변화와 내면의 통제만으로 극복할 수 있다는 주장은 어찌 보면 인간이 느낄 수 있는 자연스런 본성들, 또 인간의 객관적 판단능력과 사유능력을 통째로 부정하는 억지 해결책이 될 수도 있다. 인간의 외부 상황이 내면세계와 얽혀지며 상호 작용할 때 발생하는 심층심리 속 작동 방식들은 반드시 고려되어야 하는 것이다.

아마도 수많은 행복 관련 서적이 범람함에도 불구하고 행복서 들을 읽는 잠깐 동안의 시간이 지나가면 예전의 삶이 다시 반복되면서 행복과 무관해지는 이유가 이런 한계 때문일 것이다. 이는 '치유, 공감, 화해'와 같이 달콤한 단어들로 대중들에게 호소를 하는 힐링서들이 일시적 공감 속에 위로와 위안은 줄 수 있어도 근본적 해결책이 되지 못하는 이유와 비슷하다. 인간이 가지는 고유하고 선천적인 특질들, 자연스런 본성들은 분명히 존재할 것이고 이러한 인간의 본성을 거스르거나 부합되지 않는 행복론은 잠깐은 유효할 수 있지만 지속되기는 힘든 공허한 이론이 될 수밖에 없다.

그래서 이 글에서는 프로이트Sigmund Freud나 라캉Jacques Lacan의 정신분석학적인 입장에 의거해서 본능이라는 관점으로 논의해 보려 한다. 인간이라는 유기체 속 수많은 특질들은 외부환경에 적응하기 위해 끊임없이 진화라는 이름으로 변천을 겪어 왔다. 그럼에도 불구하고 이러한 변화에 끊임없이 저항하면서 이전의 원초적 특질들을 그대로 복원하려는 생명체 속의 힘이 본능이다. 사실 충동이라고 표현해야 더 정확한 개념인 본능은 몸에 근원을 두는 원초적 자연성만을 의미하지는 않는다. 프로이트는 본능을 "육체의 내부에서 생기고 정신 기관에 전달되는 모든 힘들의 표상체"[7]로 정의하였다. 본능은 단순한 육체적 욕구 차원을 넘어서서 정신에까지 전달되는 힘이라는 것이다 그래서 이 본능이라는 개념은 육체와 정신, 개인과 사회, 원시와 문화의 경계 자체를 끊임없이 넘나든다. 몸의 자연성에서 벗어나 외부세계인 언어와 사회로 나아가게 만드는 힘이 본능인 것이다. 이 글에서는 본능이라는 몸의 근원이 어떤 논리와 어떤 구조로 인간 몸의 생물학적인 특성에서 벗어나 사회문화적 영역의 의미들을 반영해 내는지 그리고 이 때문에 어떻게 인간의 행복과 상호 연관되는지를 살펴보고자 한다. 문명이 고도로 발달한 현대에 살고 있음에도 여전히 인간은 누구나 본능의 지배를 받지 않을 수 없으며 행복과의 문제에서 몸의 본성은 반드시 고려되어야 하기 때문이다.

충동과 행복

프로이트가 사용한 'trieb'를 제임스 스트레치James Strachey가 '본능'으로 번역하면서 이 개념에 혼란을 가져왔지만 정신분석학에서 인간의 본능을 말할 때는 충동을 지칭하게 된다. 그리고 이 글에서도 역시 충동의 관점에서 논지를 전개시킬 것이다.

왜냐하면 일반적으로 본능은 살아 있는 모든 동물의 생존에 관계되는 생물학적 개념이지만 충동은 인간만이 가지고 있는 특수한 본성이기 때문이다. 충동은 우리 몸속으로 흐르는 자극들을 심리적으로 표현한 개념이다. 우리 내부에서 끊임없이 밀고 올라오며 어떤 때는 들끓는 것처럼 고통스럽게, 어떤 때는 잠잠하고 마치 아무 동요도 없는 듯, 그러나 끊임없이 우리를 움직여대는 어떤 힘의 실체가 충동이다.

배고픔이나 갈증, 숨을 쉬는 문제 등 생존과 관련되어 작동하는 본능과는 달리 충동은 생존의 문제와는 직접적인 관련을 가지지 않는다. 그리고 이러한 충동으로 인해 인간의 삶은 동물과 다른 독특한 양태로 발전하게 된다. 야생의 동물들은 배불리 먹고 소화시키면 모든 요구는 사라진다. 더 이상의 어떤 잔여도 남기지 않고 해소되는 것이다. 그러나 인간은 배불리 먹고 쉴 수 있는 잠자리가 갖추어져 있다 해도 모든 요구의 수준이 해소되지 않는다. 물론 우리 인간도 동물이기 때문에 본능의 지배를 받으며 이러한 본능적 욕구가 만족되었을 경우 잠깐 동안의 만족감은 가능하다. 그러나 그 순간이 지나가면 또 다시 어떤 잔여, 어떤 결핍감 때문에 시달려야 하는데 그 이유는 충동이 가지는 독특한 특성 때문이라 할 수 있다.

본능은 몸의 내부인 내장기관과 관련되지만 충동은 눈이나 귀, 입처럼 내부와 외부가 연결되는 어떤 지점과 관련된다. 이렇게 충동이 내부와 외부가 맞닿아 있는 어떤 공백들에 위치하면서 본능과는 다른 성적erotic인 특성을 갖게 된다. 본능의 경우 배가 고프면 먹어야 되고 배설의 욕구를 느끼면 비워내야 한다. 그리고 그 과정이 끝나면 어떤 잔여도 남기지 않고 끝이 난다. 그러나 충동은 모든 욕구가 만족된다 할지라도 완전히 끝이 나질 않는다. 시각 충동, 청각충동,

구강충동이 자리하는 이러한 곳들은 쾌락을 지향하는 성적인 특성 때문에 보다 더 큰 만족, 훨씬 더 큰 만족을 요구한다. 이러한 충동의 성적인 특성 때문에 인간은 끝없이 지속적으로 쾌락을 향해 쉴 새 없이 나아가게 된다. 충동은 마치 '쉼 없는 불안' 그 자체[8]인 것이다.

인간이 행복하게 살기 어려운 이유도 바로 이 충동에서 비롯된다. 일상 속에서 잠깐 동안 얻을 수 있는 사소한 행복들도 물론 존재한다. 그러나 문제는 지속성이다. 춥고 배고프고 거처가 마련되지 않은 상태에서는 이런 불안과 빈곤에서 벗어나는 것이 최종 목표처럼 보인다. 그러나 생존의 위협에서 벗어나 어느 정도 안락한 삶의 조건이 마련되는 순간 또다시 우리는 어떤 결핍감에 사로잡히게 되고 더 큰 만족감을 찾아 나서게 되는 것이다. 그리고 이는 충동의 성적 추동력이 흥분과 자극의 상태 속에서 지속적으로 충격을 가하면서 나타나는 현상이다.

그리고 이렇게 끊임없이 충동이 나아갈 수밖에 없는 이유는 충동이 추구하는 궁극적 상태가 주이상스Jouissance의 회복이기 때문이다. 주이상스는 인간에게 이미 상실된 것으로 가정하는 가장 이상적이고 충만하며 완벽한 쾌락이다. 그리고 이러한 주이상스가 드러내는 이상적 쾌락에 대한 표상이 바로 잃어버린 어머니의 몸이라 할 수 있다. 자궁 속 태아처럼 어떤 분리 불안도 느끼지 못하는 완벽한 합일의 상태 아니면 어머니의 품속에서 젖을 빨며 어머니의 몸과 완전히 하나가 되면서 느꼈던 절대적 만족감의 상태가 바로 충동이 향하는 상태이다. 그러나 인간이 일단 말을 배우고 사회 속에 진입하게 되면 이러한 주이상스는 상징계 속에서 강력하게 금지된다. 어머니의 몸과 하나 되는 그 이상적 만족의 상태로 되돌아갈 수는 없는 것이다. 이렇게 주이상스는 인간이 원하는 가장 궁극적 상태이지만 억압되고 배제되어 언어의 세계 속에서는 존재할 수 없다. 그러나 이러한 상실은 인간의 가장 심층적 차원에 자리하는 근원적 결핍을 형성하며 완벽한 쾌락에의 가능성, 충만한 만족감의 표상으로 더욱더 강렬하게 추구된다.

이러한 충동이 추구하는 쾌락에의 요구는 항상 몸 내부에 그 근원을 두고 있지만 만족의 수단들을 몸 내부에서는 찾을 수는 없다. 그래서 충동은 외부세계와 관련을 맺게 된다. "본능적 자극은 신경체제로 하여금 복합적인 활동을 통해 외부세계를 변화시켜 자극의 근원인 그 내부에 만족을 줄 수 있도록 하라는 고차원적인 요구를 하게"[9] 되는 것이다. 그리고 이렇게 충동이 외부세계와의 연결고리를 가질 수 있는 이유가 눈과 귀, 입 등, 내부와 외부가 만나는 몸 표면에 위치하기 때문이다. 충동의 성적인 특성은 더 큰 쾌락, 더 많은 쾌락을 어떻게 얻어야 할지를 찾게 만들고 그러면서 인간은 외부세계의 타자들로 향하게 된다. 타자들이 인정하고 원하는 가치들, 의미들의 체계와 만나게 되는 것이다. 이 외부 세계 속에서는 가장 만족감을 줄 수 있는 대상 또 가장 이상화된 쾌락의 형태들이 담론이라는 형태로 순환하고 있다. 그렇기 때문에 충동은 더 충만한 쾌락의 기회를 타자들의 의미, 타자들이 인정하는 가치들 속에서 찾게 된다.

욕망과 행복

인간 내부를 지배하며 움직여대는 충동은 언어가 지배하는 상징계 속에서는 욕망이라는 형태로 나타난다. 상징계 속 욕망은 충동이 향하는 이상적 쾌락에의 상태를 외부의 언어 세계 속에서 찾고자 하는 강력한 성적 에너지라 할 수 있다. 충동은 인간이 상실한 쾌락, 그 결핍을 만족시키고자 끊임없이 움직이며 나아가는데 이러한 충동의 추동력은 강렬한 힘으로 끝없이 나아가려는 욕망의 근원이 된다.

인간은 욕망으로 인해 타자들이 유통시키는 의미들 쾌락들을 갈망하게 되고 그것에의 충족 상태를 행복이라고 인식하게 된다. 라캉이 "인간의 욕망은 타자의 욕망"이라 했듯이 모든 사람이 욕망하는 그 대상을 욕망하면서 그것의 성취를 행복이라고 인식하게 되는 것이다. 충동이 언어의 체계와 연관되면서 언어 속 이상화된 쾌락의 형태는 우리의 행복 추구에 절대적인 기준이 된다. 우리는 우리 스스로의 원칙들에 의해 행복을 추구한다고 생각하지만 행복의 기준을 결정해 주는 것은 사실 상 우리 외부의 언어세계이다. 우리는 행복해지기 위해서 우리를 둘러 싼 외부세계의 기준들을 항상 고려해야 한다. 무엇이 행복인지를 스스로 결정하질 못한 채 만족감을 준다고 가정되는 대상, 언어의 시스템 속에서 모든 사람이 원하는 그 대상을 추구하면서 행복에의 가능성을 만들어 가는 것이다.

그래서 한국 사회에서 태어난 아이들은 어떻게 해야 행복해질 수 있는지를 태어나자마자 부터 배운다. 물론 자라나면서도 행복의 조건에 대한 주입과정은 부모들의 열성적 교육에 의해 계속된다. 영어 유치원에서 조기교육으로 외국어를 습득하고 뛰어난 성적으로 명문 특수 고등학교와 명문대에 입학해야 한다. 그 이후 모두가 선망하는 직장에서 고속 승진해야 하며 이에 따른 최고의 연봉도 수반되어야 한다. 또 이상적인 배우자와 결혼해서 우수한 두뇌의 자녀들을 두어야 하며 멋진 차, 멋진 집도 소유해야 한다. 그리고 이런 조건에 가까워질수록 행복은 보장될 것이라고 믿는다. 통속적이라고 비난하면서도 이런 형태의 삶에 대한 동경은 사실 우리 사회 구성원 모두의 의식을 신앙처럼 지배하고 있다. 이런 삶의 목표들이 마치 '행복의 공식'처럼 통용되고 있기 때문이다. 그리고 이러한 행복의 기준들에 그토록 사로잡히는 이유도 바로 쾌락에 의해 추동되는 충동의 성적인 속성으로 인해 타자들의 의미를 자신의 욕망으로 받아들이기 때문이다.

또 이렇게 충동이 사회적 의미들과 맞물리며 강력한 욕망의 형태로 드러나는 이유는 자신을 이상화시켜 가장 완벽한 형태로 드러내려는 나르시시즘적 쾌락과 관련되기 때문이다. 클라우스 베를레의 ≪완벽주의의 함정≫에 보면 "완벽해지려는 노력은 지난 몇 년 사이에 완전히 새로운 차원에 도달했다. 이제 그것은 우리 삶의 모든 영역을 관통하는 주제가 되었다. 더 좋은 직장, 더 많은 수입, 더 매력적인 몸, 더 똑똑한 자녀, 더 멋진 집 등 모든 사람이 항상 똑같은 주문을 왼다. '너는 능력만큼 행복한 삶을 살지 못한다', '네가 행복하지 못한 것은 다른 누구의 탓도 아닌 바로 너의 탓이다', '완벽한 삶은 가능하다', '행복은 스스로 만들어 가는 것이다'"[10] 이렇게 누구나 꿈꾸는 완벽한 삶을 통해 행복을 얻으려는 과정에서 문제가 되는 것은 바로 '더'의 문제다. 그냥 집이 아닌 '더' 좋은 집이고 그냥 차가 아닌 '더' 좋은 차이다. 물론 이 '더'는 타인과의 관계성 속에서 비교와 대조로 만들어진 '더'이다. 이렇게 '더'가 중요해지는 이유는 인간의 행복감이 더 완벽한 나, 더 이상적인 나라는 인식과 밀접한 연관을 가지기 때문이다. 그리고 이렇게 '더 완벽한 나'라는 이상적인 상은 철저히 타자의 장을 지배하는 의미들을 반영하면서 타자와의 끊임없는 비교와 대조를 통해 마련된다.

그리고 이렇게 타자와의 비교와 대조가 끊임없이 이루어질 수밖에 없는 이유는 어떤 누구라도 자신을 판단할 수 있는 기준을 갖고 태어날 수는 없기 때문이다. 자신이 누구인지 어떤 존재인지에 대해 인간은 스스로의 기준을 통해 판단할 수가 없다. '나는 대단해' 아니면 '난 별 볼 일 없어'라는 판단은 내 판단이지만 사실은 외부 사회로부터 제공된 것이기 때문이다. 그래서 이런 외부의 기준들을 만족시키지 못하면 나만 후지고, 나만 뒤처진 듯한 열등의식에 사로잡히게 된다.

자신을 통합된 전체로서 경험하도록 해 주는 심리적 기제가 정체성인데 나의 가치, 나의 의미, 내가 어떤 존재인지를 판단해 주고 결정해 주는 그 잣대는 사실 나의 외부에 있다. 나라는 존재에 투여된 엄청난 리비도의 양 때문에 나는 내 자신의 존재를 가장 이상화시켜 드러내고 싶은 나르시시즘적 욕망에 시달리게 된다. 하지만 '이상적인 나', '완벽한 나'라는 정체성은 내가 결정하는 것이 아니다. 타자의 장 속에서 통용되는 그 기준들에 자신을 노출시키고 끊임없이 그에 맞추어 나가면서 타자와의 비교와 대조 그리고 인정의 과정을 통해서만 이러한 정체성을 획득할 수 있다. 내가 누구인지를 말해 주는 건 내 자신이 아니라 타자이다. 타자를 보면서 나는 내가 누구인지를 가늠하고 판단한다.

≪꾸뻬 씨의 행복 여행≫에서 "행복의 첫 번째 비밀은 자신을 다른 사람과 비교하지 않는 것이다."[11]라고 쓰고 있다. 그리고 이 타인과의 비교 문제는 대부분의 행복서에서 '행복의 비법'으로 강조하는 문제이기도 하다. 우리가 행복서들을 읽는 잠깐 동안은 그 구절에 너무나 공감한다. 불행한 느낌의 대부분이 타인과의 비교에서 오기 때문이다. 그러나 책을 덮는 순간 우리는 또 다시 비교와 경쟁의 체계 속에 어쩔 수 없이 끼워 넣어져 있음을 발견한다. 인간은 누구라도 홀로 거주할 수는 없고 이미 관계의 네트워크 속에서 살고 있기 때문이다. 그리고 그 관계성은 내가 누구인지를 말해 주는 절대적 기준이 된다. 도를 닦으러 산속으로 출가를 하든지 고립된 수도원에 유폐되지 않는 이상 인간은 수많은 관계의 틀 속에 짜 맞춰진 채 그 속에 투영된 자신의 상을 끊임없이 의식하며 살 수밖에 없다. 그리고 우리는 이미 비교와 경쟁을 배제하면 시스템 자체가 붕괴될 수도 있는 자본주의라는 체계 속에 살고 있다. 이 시스템이 잘 유지되도록 끊임없이 유포시키는 이데올로기가 남들보다 우월해야 행복할 수 있다는 믿음이다. 내 이웃이

부유해지면 그만큼 나는 더 불행해진다. 그래서 나의 연봉이 1억원이고 타인의 연봉이 2억원인 경우보다 나의 연봉이 5,000만원이고 타인의 연봉이 2,500만원인 경우가 더 행복감을 준다. 또 승자 독식이라는 '신자유주의' 이데올로기의 경우에서도 잘 드러나듯이 이 시스템 속 가장 이상적이고 완벽한 자아는 끊임없는 비교와 경쟁에서 살아남으면서 성취된다. 이상적 자아상의 성취를 통한 충만한 만족감으로서의 행복은 결국 남과의 비교를 통해서 얻어진다는 믿음의 구조 속에서 우리는 살고 있는 것이다. 이렇게 비교와 행복감과의 상관관계가 밀접해 질수록 인간은 비교의 과정에서 벗어날 수가 없다. 인간은 타자와의 비교로 인해 불행해지기도 하지만 타자와의 비교 때문에 행복을 얻기도 하기 때문이다.

또 이렇게 나르시시즘적 만족감을 통해 행복을 얻으려는 추구에서 문제가 되는 것은 행복해지려 애쓸수록 더욱 행복에서 멀어지는 역설적 상황이 발생한다는 점이다. 그리고 이는 자아이상이라는 특이한 심리적 기제 때문이다. 어떤 인간이라도 사회가 요구하는 모든 가치 기준들을 다 획득한 채 태어날 수는 없다. 이때 자아는 그 사회의 의미나 가치 등을 완벽히 구현하고 있다고 가정되는 대상인 자아이상을 형성하게 되는데 이 자아이상은 지금의 내가 아닌 미래에 실현되어져야 하는 이상적인 나의 모습이다. 이러한 자아이상으로 인해 나는 나르시시즘적 만족감이 가능해지지만 동시에 불완전하고 미성숙한 현재의 모습으로 인해 끝없는 결핍감에 시달릴 수밖에 없다.

> 어린아이였을 때 자아는 나르시시즘 속에서 자기 충만성을 경험하는데 자아이상은 이 근원적 나르시시즘의 계승자이다. 그것은 점차적으로 외부세계가 자아에게 요구하고 있지만 아직 도달하지 못하고 있는 여러 가지 요구들을

끌어모은다. 결국 인간은 자신의 자아에 만족하지 못하고 있을 때에도 자신과는 다른 이 자아이상 속에서 만족을 발견할 수 있게 되는 것이다.[12]

현실의 나는 미성숙하고 불만족스럽지만 자아이상은 완벽한 사회적 이상을 구현한다. 그래서 자아이상은 자아의 요구를 극대화시켜 아직은 실현되지 못한 미래, 모든 결핍을 제거한 완벽한 상태의 나라는 이상을 향해 질주하도록 만든다. 자아이상이 미래의 기준에 의해 실제의 자아를 끊임없이 측정 평가할 때의 문제점은 이러한 기준 때문에 현재의 미성숙한 나는 고통 받을 수밖에 없다는 점이다. 이는 내부 검열자로서의 자아이상이 미래에 실현되어야 할 나를 위해 끝없이 현재의 삶을 감시하고 통제하며 희생하도록 몰아가기 때문이다.

우리 사회의 행복이 이러한 자아이상의 실현과 관계되면서 행복의 의미도 현재를 끊임없이 희생시키면서 달성될 수 있는 고통의 결정체처럼 인식하게 되었다. 사회적 장 속에서 통용되는 완벽하고 우월한 미래를 위해 현재의 삶은 끝없이 통제 당하면서 혹사당하는 과정 속에 들어가게 되는 것이다. 어릴 땐 미래의 학교 성적을 위해 학원을 순례해야 하며 선행학습을 마치고 학교에 들어갔다 해도 명문대 입학을 위해 쉬지 않고 준비해야 한다. 명문대 입학 후에는 미래의 직장을 위해 스펙 쌓기에 돌입해야 하며 최고의 직장에 입사했다 해도 휴식은 없다. 남들보다 더 일찍 출근해서 더 늦게 퇴근하며 주말까지 반납하며 미친 듯 일해야 하기 때문이다. 그리고 이렇게 미래를 위해 자신을 몰아가게 될 때 현재의 삶은 끝없이 유보되며 상실된다.

한병철의 ≪피로사회≫에 보면 현대인은 스스로 착취한다고 한다. 무엇이든 될 수 있다는 '긍정성의 과잉'이 '자기착취'에 이르게 만들면서 '극단적

피로와 탈진 상태를 야기'시킨다는 것이다. 자본주의 사회는 노동의 착취로 이윤을 창출한다. 예전의 프롤레타리아들은 착취되면서 잉여가치를 생성시켰다. 그러나 타자착취의 구조는 자유사회이며 평등사회를 표방하는 현대에서는 한계를 가진다. "자기 착취는 자유롭다는 느낌을 동반하기 때문에 타자의 착취보다 더 효율적이다. 착취자는 동시에 피착취자이다. 가해자와 피해자는 더 이상 분리되지 않는다."[13] '꿈', '열정', '넌 할 수 있어'라는 등의 긍정적이고 낙관적인 사고를 강조하는 구호들은 어쩌면 지금의 시스템이 고안해 낸 가장 정교한 이데올로기적 장치들일 수도 있다. 그리고 모든 행복서에서 강조하는 긍정적이고 적극적이며 낙관적인 사유의 문제도 어찌 보면 행복으로 이끄는 비법이 아닐 수 있다.

이렇게 인간이 시스템 속 의미들, 가치들을 통해 행복을 추구하면 할수록 행복에서 멀어질 수밖에 없는 이유는 내가 추구하는 행복이 내 몸의 근원들과 무관하기 때문이다. 자본주의 시스템은 더 많은 욕망에의 달성을 통해 행복이 가능하다고 설파하지만 욕망을 모두 성취한다 해도 내가 궁극적으로 찾던 그런 이상적인 형태의 만족감은 얻을 수가 없다. 마르쿠제가 ≪에로스와 문명≫에서 명쾌하게 지적했듯이 충동은 "어떠한 순간에도 만족 자체를 목표로 하는 만족"[14]을 추구한다. 문명은 충동의 위협적이고 적대적인 에너지를 다스려 문명에 유용하게 전환시키려 시도하게 되는데 욕망은 시스템 속에서 통용되는 의미들, 가치들을 통해 충동의 만족을 추구하도록 고안된 장치라 할 수 있다.

그래서 상징계 속에서는 마치 내가 찾는 그 이상적 만족감이 가능할 것 같은 환영을 주는 담론들이 타자의 욕망이라는 형태로 순환하고 있다. 이러한 완벽한 쾌락에의 환영들에 사로잡혀 상징계 속 구성원들은 담론 속 행복을 획득하려는 욕망을 갖게 된다. 모든 사람이 욕망하는 그 대상을 욕망하면서 이의 달성을 통해 행복을 추구하게 되는 것이다. 그렇지만 이런 요구들을 통해 남과 다른, 더 우월하고 더 이상적인 삶을 살려고 할 때 문제점은 그러면 그럴수록 남과 똑같은 삶의 틀 속에 편입되어 있는 자신을 발견하게 된다는 점이다. 그리고 외부의 이질적 논리를 따르면 따를수록 내 몸의 고유한 메커니즘과는 무관해지면서 행복의 상태와는 점점 더 멀어지는 역설이 발생한다는 점이다.

충동의 만족으로서의 승화와 행복에의 가능성

라캉은 ≪정신분석의 윤리*The Ethics of Psychoanalysis*≫에서 분석의 과정에서 신경증자로부터 "요구되어지는 것을 간단히 표현하자면 그것은 행복이다."[15]라고 말하고 있다. 신경증 환자들이 궁극적으로 원하는 것은 행복이며, 사회가 제시하는 행복의 형태들을 추구하지만 그로 인해 결국 다양한 형태의 병리적 증상들에 시달리게 된다는 것이다. 인간은 담론 속 행복을 추구하며 이질적인 외부의 논리에 자신을 맞추어 나갈수록, 자신의 내부와 무관한 소외의 상태로 나아가게 된다. 그리고 사회적 요구들과 충돌하면서 몸 자체의 요구들을 억압해 나갈 때 다양한 신경증적 증상들에 시달리게 된다. 그렇다면 문명 속에 거주하는 인간이 외부 사회의 논리로 자신을 소외시키지 않으면서 몸의 근원들을 반영해 내는 그런 행복의 상태는 어떻게 가능할 수 있을 것인가?

라캉은 "본능의 행복한 만족에의 가능성을 암시하는 단 한 가지는 승화라는 개념이다."[16]라고 하며 "승화는 정확히 충동의 고유한 본성을 드러내는 것"[17]이라 말한다. 충동의 만족이 무분별하고 위험한 그래서 마치 머리 없이 나아가는 듯한 상태라면 '승화는 충동의 내비게이터' 같은 역할을 한다고 할 수 있다. 사회적 영역에서 충동의 반사회적이고 위협적인 힘을 완화시키면서도 충동이 만족되도록 자신의 궤도로 방해 없이 나아가도록 하는 과정이 승화이기 때문이다. 승화를 통해서 충동이 가지는 고유한 특질들은 드러나며 억압 없는 충동의 만족이 가능해 진다. 프로이트도 승화에 대해 어떤 대상에 리비도를 투사해서 이를 통해 만족을 지향한다는 점은 성적인 목표와 다를 바 없다고 한다. 다양한 분야에서의 승화의 과정은 성적 대상을 통한 만족의 실현이라는 자연적 목표에서는 벗어나지만 몸 내부의 욕구들을 충분히 만족시킬 수 있는 방식이 된다는 것이다. 그리고 이 점에서 승화는 자아이상의 형성과 비교될 수 있다. 자아이상의 형성이 "자아의 요구를 극대화하고 따라서 억압의 강력한 요인"[18]이 되면서 다양한 형태의 신경증을 발생시키지만 승화는 "억압과는 무관하게 자아의 요구를 만족시키는 하나의 방편이자 탈출구"[19]이기 때문이다.

그리고 이러한 만족이 가능해지는 것은 짝짓기를 통한 생식이라는 목표와 무관하게 어떤 만족의 상태에 도달할 수 있는 충동의 신비 때문이다. 충동은 모든 대상을 만족의 대상으로 바꾸어 놓을 수 있다. 자연의 대상들을 어떤 만족감을 주는 대상으로 그래서 만족 그 자체로 바꾸는 것이 충동의 작용이다. "충동이 …… 생식이라는 목적을 충족시키는 것이라 가정되는 무언가에 이르지 않고도 만족을 얻을 수 있다면 이는 …… 그 목표가 순환적인 회귀에 다름 아니기 때문"[20]이라고 라캉은 말한다. 그리고 충동이 끊임없이 향하고 있는 목표가 바로 내가 상실한 어머니의 몸, 그 완벽하고 충만한 사물das Ding이다. '금지된 대상'으로서의 어머니의 몸은 사회 상징적 장 속에는 존재할 수 없는 어떤 공백으로 표상된다. 언어의 세계 속에서 존재하지 않는 무엇으로, 공백으로만 표상될 수 있는 것이다. 그래서 이러한 공백으로서의 표상은 "어떤 대상에 의해서든 메워질 수 있는 텅 빔의 현존"[21]이 된다. 비어 있기 때문에 자연의 어떤 대상도 그 공백을 대체할 수 있고 그 공백을 통해 내가 잃어버린 그 상실을 되찾고자 추구될 수 있다.

승화의 과정은 이러한 공백 주변을 끝없이 순환하여 그 텅 빔을 조직화해 나가는 형태로 특징지어질 수 있다. 그리고 순환적인 회귀의 과정 중에 몸의 만족 다시 말해 충동의 만족이 성취된다. 다시 말해 승화의 과정에서 충동은 직접적인 어떤 대상을 가장 쾌락을 주는 대상으로 향해가는 궤도로 만들면서 만족을 위한 자신의 목적을 실현시킨다. 승화 속에서 드러난 대상은 생물학적인 대상도 아니고 생식기 차원의 결합과도 전혀 무관하지만 가장 근원적 차원의 몸의 만족을 반영하며 행복감을 느끼도록 만들어 주는 무엇이다. "자신의 목적에 관해 금지되어 있고 거기에 도달하지 못하는 데도 불구하고 승화는 억압 없는 충동의 만족"[22]이다. 그리고 이는 가장 이상적이고 완벽한 쾌락을 가정하는 어떤 대상 주변을 끝없이 회귀하는, 그 순환 과정 속에서 만족감에 도달하기 때문이다.

이렇게 잃어버린 대상으로서의 모성적 사물을 포획하려는 어떤 시도 속에서 충동의 만족을 보여주는 예로는 윌리엄 포크너의 ≪음향과 분노≫를 들 수 있을 것이다. ≪음향과 분노≫는 남부라는 배경을 중심으로 언어로서 포착할 수 없는 공백 주변을 끝없이 순환하며 잡히지 않는 그 무엇을 형상화해 보려는 시도이다. 말해질 수 없는 것들 주변을 둘러싸면서 언어라는 분절된 체계를 빠져나가는 포착할 수 없이 모호한 그 사물을 드러내려는 작업인 것이다. 그래서 그의 표현을 빌리면 실패한 시도이지만 그럼에도 불구하고 '가장 찬란한 실패The most splendid failure'라고 할 수 있다. 그는 인터뷰에서 진흙이 묻은 속바지를 입고서 배나무 위에서 창문을 통해 그녀 할머니의 장례식을 보고 있는 작은 소녀의 상을 마음속에 지니고 있었다고 말한다. 이 소녀의 상이 음향과 분노를 기획하게 된 계기였다는 것이다. 그런데 첫 번째 시도로서 백치 형제인 벤지의 눈을 통해 드러내려 했지만 실패했고 두 번째, 또 세 번째 형제의 시선을 통해 거듭 시도했지만 여전히 도달할 수 없었다고 한다. 그리고 다시 더 치열하게 시도를 한다 해도 아마 또 다시 실패하게 될 것이라고 말하고 있다.

그가 캐디를 통해 그토록 간절하게 언어로 재현하려는 대상이 주이상스로서의 모성적 사물이다. 이 사물은 언어의 체계가 표현할 수 없는 재현 불가능성이다. 그래서 언어로써 드러내려는 포크너의 시도는 실패할 수밖에 없다. 캐디는 백치인 벤지에게 그리고 퀜틴에게 근원적 상실에 대한 보상으로서의 대상이다. 잃어버린 어머니 몸으로서의 대상인 것이다. 그런데 라캉에 따르면 상실로서의 그 자리를 순환하면서 말하여질 수 없는 것을 말하려는 그 시도 속에서 그리고 실패임에도 반복할 수 없는 그 시도 속에서 무언가가 순환하면서 만들어 진다고 한다. 캐디는 남부 이데올로기의 절대가치인 순결을 잃고 의미를 체현하는 주체로서의 위치를 상실한다. 소설의 가시적 지평에서 사라진 것이다. 그러나 존재의 자리를 갖지 못하고 결핍만을 드러내는 캐디가 모든 등장인물의 삶을 이끄는 잃어버린 중심으로 자리 잡는다. 텅 빈 공허로서의 그녀의 위치가 재현 불가능성으로서의 사물의 자리를 차지하는 것이다. 포크너는 이 작품을 집필하는 동안 소설 창작이 아닌 성행위를 묘사하는 게 아닐까라고 생각한 만큼 엄청난 희열과 환희감에 도취해 있었음을 고백하고 있다.

"모든 창조는 베일의 구조를 가진다."[23] 승화를 통해 추구되는 대상은 어떤 베일의 구조를 가지는데 금지되고 은폐된 그러나 가장 완벽한 쾌락을 가정하는 그 무엇을 덮고 있는 베일로서 기능하게 된다. 그래서 아름다움은 드러난 그 대상이 아닌 또 다른 무엇을 감추고 있다고 가정되는 그 표면에서 발산되는 효과라고 할 수 있다. 마치 심연과도 같은 텅 빈 결여로서만 드러나는 어떤 대상과 관련되면서 그로부터 방출되어 나오는 광채가 미적인 충격을 만들어 내는 것이다. 하나의 자연의 대상이 승화라는 과정 속에서 아름다움의 빛으로 드러내는 이유는 사물 그 자체인 자연의 대상이 충동의 성적이고 쾌락적인 추구와 관련되면서 가장 완벽한 쾌락을 가리는 베일의 기능을 하기 때문이며 이러한 베일의 효과로 아름다움은 탄생된다.

또 예술뿐만 아니라 다양한 분야에서의 성취의 과정 중에 드러나는 모든 형태의 승화는 모두 내 내부의 어떤 알 수 없고 설명할 수 없는 강력한 힘이 자신의 만족을 실현시키는 과정으로 볼 수 있다. 어떤 일이든 과정의 처음 단계에선 내 자신의 '주관적인 은신처' 그 밑바닥에서 나르시시즘적인 강력한 경계에 갇힌 채 웅크려 있게 된다. 그러나 충동이라는 내 내부의 어떤 알 수 없는 힘이 외부의 대상에 사로잡혀 이끌리게 되면 나를 가로 막던 어떤 경계는 모호해진다. 그리고 이를 넘어서며 나아가려는 강력한 추진력이 마련된다. 내 내부의 힘과 외부의 대상이 경계 없이 얽혀지며 만들어 내는 기이한 몰입의 상태가 가능해지는 것이다. 그리고 이때 내 내부의 '깊숙한 곳으로부터 연장된 공간'으로 더 멀리 나아가면서 어떤 놀라운 수행들을 만들어 낸다. 외부세계의 강력한 억압 속에 갇혀 있던 내 자신을 세계라는 외부를 향해 열어 놓으며 내 몸을 온전히 내맡기는 충동의 순환과정에 들어가게 되는 것이다. 그래서 이러한 모든 승화의 형태들은 내부의 충동이 자신의 강력한 에너지들을 발산시키며 외부로 확장해 나아갈 수 있는 그 자신만의 통로를 갖게 되는 것이라 할 수 있다.

그리고 이런 이유로 승화는 내 내부의 근원에서 비롯된 어떤 구체적이고 고유한 자신만의 특질들을 드러내 보이게 된다. 퐁티의 표현대로 "묘한 교환의 체계"[24] 속에서 "외적인 것의 내적인 것이며 내적인 것의 외적인 것으로서"[25]의 혼합을 만들어 내는 것이다. 승화는 충동의 이끌림을 통해 "자기 자신을 세계에 열어 놓는 것"[26]이며 끝없이 대상과의 관계에서 내 내부에서 외부로 더 확대된 자신을 세상 속에서 실현해 나가는 과정이다. 그리고 이때 자신의 한계를 넘는, 그러나 자신만의 온전한 형태를 드러내는 어떤 생산이 가능해진다. 어떤 이끌림에 의해 자신의 몸을 세계에 내맡기며 나아가는 과정 속에서 자신만이 드러낼 수 있는 어떤 고유성, 자신을 온전히 반영하는 어떤 특별성이 구체화되는 성취들이 만들어지는 것이다. 그리고 이런 순간마다 더 발전된 자아의 단계들에 도달해 나가면서 맛보는, 고조되고 고양되는 느낌은 가장 충만한 행복의 형태라 할 수 있을 것이다.

나가는 글

언어의 세계는 결핍의 세계다. 그리고 이 결핍은 타자로 인해 발생한다. 타자의 시선이 나의 결핍을 만드는 것이다. 욕망은 타자의 시선에서 나의 결핍을 읽으면서 발생된다. 내가 원하는 궁극적 상태가 행복이고 그 행복을 위해 사회 속에서 통용되는 가치들을 추구하며 미친 듯이 질주하지만 내가 원하는 그 행복에 도달하기는 힘들다. 왜냐하면 나의 행복을 타자의 욕망을 통해 실현하려 하기 때문이다. 사회적 장에서 승화가 주는 효과는 어떤 결핍, 타자의 시선에서 만나는 결핍을 채워 준다는 점이다. 내 몸의 근원에서 비롯되는 어떤 쾌감에의 만족을 통해 타자의 시선을 견딜 수 있게 해주며 타자의 의미, 타자의 욕망이 아닌 내 자신의 내적 욕구들이 행위의 중심이 되는 삶의 형태를 가능하도록 해준다. 누구나가 갖고 있는 일반적 개념으로서의 행복이 아닌 나만이 가질 수 있는 고유하고 특별한, 새로운 형태의 행복의 가능성인 것이다. 그래서 승화는 나를 구속하는 강압적인 사회적 의미들에서 벗어나게 해주며 내 몸의 근원들을 반영하면서 내 존재에 대한 강한 긍정과 더 큰 자아의 만족감을 향해 나아가게 해준다. 그리고 이러한 승화의 과정은 인간을 한층 더 고양된 차원과의 변증법적 결합을 하도록 이끈다. 이것이 사회적 의미체계와 무관한 텅 빈 공백으로서의 주이상스가 타자의 욕망에 대해 갖는 효과이다.

또 이렇게 승화라는 형태를 통해 주이상스를 실현하는 적극적 방식도 있지만 인류에게 축복처럼 전달되어 오는 문화를 통해 누리는 또 다른 형태의 행복감도 있다. 아름다움은 사회적 장에서 통용되는 어떤 이해관계와도 무관한 순수한 기쁨이다. 그리고 이렇게 미적대상이 어떤 구체적 유용성이나 명백한 필요성을 갖지 않는 이유는 이러한 목적의 부재가 사회적 장에서 배제된 주이상스라는 텅 빈 공백과 관계되기 때문이다. 충동은 규정지을 수도 의미화할 수도 없는 이 신비스런 공백 주위를 끊임없이 순환하면서 승화의 형태들을 만들어 낸다. "모든 예술은 이 공백 주변을 조직화하는 어떤 방식으로 특징지어질 수 있다."[27]

"창조는 어떤 하나의 창조가 아니며 함께 공존하는 두 사물—어떤 것과 공백, 라캉의 용어로 말하자면 대상object과 사물das Ding의 창조이다."[28] 잃어버린 대상을 통해 대상을 새롭게 창조하는 것이다. 그리고 이때 끊임없이 쾌락에 의해 추동되는 충동으로 인해 "대상object은 사물das Ding의 존엄으로까지 고양된다."[29] 이 때문에 모든 위대한 예술과 문화에서 발견되는 아름다움은 가장 이상적인 쾌락을 주는 어떤 대상, 그 무엇을 덮고 있다고 가정되는, 그 표면이 드러내는 효과이다. "말하는 존재로서의 우리의 도래는 상실을 만들며 이 상실이 문명과 문화의 중심"[30]에 자리한다. 인간은 이렇게 잃어버린 주이상스를 아름다움의 형태로 우리 주변에 널려 있는 문화라는 성취물 속에서 되찾고 향유할 수 있다.

그리고 이렇게 위대한 문화와 대면할 때 우리는 아름다움의 기능과 관련해 어떤 변화를 겪게 된다. 예술의 작업이 그 대상을 변화시키면서 어떤 공백과 관련해서 나아갈 때 우리 내부에서는 어떤 효과가 만들어지는 것이다. 우리는 아름다움과 대면해서 단순히 외부의 대상으로 객관적으로 바라볼 수만은 없다. 이때 우리 내부를 휘젓는 어떤 작용이 만들어지는데 우리는 대상과 관련해서 강렬한 동요를 경험하게 된다. 아름다움이라는 미학적 판단은 칸트도 ≪판단력 비판≫에서 정의하듯 인식이나 개념 또는 이해의 차원이 아니다. 아름다움은 '숭고'라는 감정과 관련되는데 "숭고의 감정은 매혹과 혐오, 기쁨과 공포, 쾌와 불쾌가 동시에 공존하는 모순을 내포"[31]한다. '고통 속의 쾌락'이라는 죽음 충동이 주이상스를 향해 나아갈 때 그 과정 속에서 쾌락과 고통, 환희와 공포, 천함과 고귀함 등이 변증법적으로 결합된다. 그리고 이때 만들어지는 기이하고 매혹적인 형태의 아름다움이 바로 칸트의 숭고라고 할 수 있다. 이렇게 산출되는 쾌감은 내 몸 내부의 근원을 반영하면서 나를 고통스럽게 몰고 가는 어떤 상실과 결핍을 메우는 작용을 한다. 새로 창조된 그 대상이 내가 잃어버린 대상, 그 견딜 수 없이 고통스런 상실을 내려놓게 하며 '달래고 진정'시키는 역할을 하는 것이다.

이 때문에 승화의 작업들은 인간으로 하여금 나를 넘어선 또 다른 차원에서의 공적인 공간으로 인도한다. 나를 얽매고 있는 복잡한 네트워크의 규칙성 속에서 나를 소진시키고 소외시키는 그런 현실이 아닌 그 영역을 벗어나며 보다 나를 자율적이며 자유롭게 열어 놓는 또 다른 차원과의 관계맺음인 것이다. 승화란 개별적인 것이라 할지라도 그것은 공적인 공간을 창조한다. "예술작품에서는 한 편으론 특정한 신체의, 즉 예술가의 리비도와 묶여 있기 때문에 엄밀히 말해 개인적인 것이다. 그러나 예술작품의 대중에게로의 전달은 예술작품의 특이성을 말소하지 않은 채 공적인 공간을 창조할 수가 있다. …… 승화는 특이하게 개별적이고 도착적 몸들이 자신을 표상하는 아름다운 대상의 창조를 통해 서로서로 접속할 수 있는 공공의 장소"[32]라고 할 수 있다.

주이상스라는 어떤 공백, 말하여 질 수 없는 것과의 관계맺음은 한정된 의미의 세계가 아니라 무한성 속으로 나를 밀어 넣는 경험이다. 타자의 의미들로 고통 받고 억압받는 존재가 아닌 내가 나를 넘어서면서 말하여질 수 없는 것과 대면하는, 그래서 기이한 낯섦 속에서 나를 긍정하는 경험인 것이다. 이런 경험들은 의미의 친숙함에 의해 마련된 보장된 세계를 넘어서며 타자의 의미들로 판단되기를 거부하는 어떤 세계, 또 다른 존재의 차원을 열어 놓는다. 그래서 이 배제된 중심이 아름다움의 보편적 차원을 만들어 내면서 사회적으로 통용되는 가치나 의미와 무관한 순수하고 초월된 영역이 마련된다. 목적 없는 목적성이며 아름다움 자체가 목표가 되는, 예술은 그래서 정치나 역사의 차원을 넘어서면서 완전히 자율적이고 독자적인 영역으로 남게 되는 것이다.

충동이 의미와의 관계에서 항상 담론에 사로잡히긴 하지만 승화의 경우에서처럼 그것을 넘어서는 것도 충동이다. 그리고 그 이유는 더 큰 만족을 지향하기 때문이다. 그래서 몸과 정신의 가장 고양된 변증법적 결합의 형태까지 나아가도록 하는 것도 충동의 힘이다. 이렇게 타자의 욕망에서 분리되어 자신 내부의 근원인 충동의 만족으로 나아가는 과정을 라캉은 욕망의 주체화 과정이라고 말한다. 이런 상태에서는 타자가 무엇을 원하는지 더 이상 좌우되지 않는다. 충동의 주체는 타자의 욕망에 지배되거나 구애받지 않고서도 자신의 결핍을 채워 나가는 방식을 스스로 추구할 수 있기 때문이다. 그래서 다시 되찾은 몸의 만족으로 자신과 대면할 수 있는 소외되지 않은 주체가 된다. 이렇게 몸의 근원들을 반영해 나가면서 외부의 제약에서 분리되어 자유롭게 나아가는 과정이 승화의 과정이며 이를 통해 나의 내부와 외부가 서로 분열되지 않고 자신만의 고유성 특별성은 실현되어진다. 그리고 이런 승화의 과정을 통해 인간은 인생의 큰 틀 속에서 자신의 자아를 가장 아름답게 형상화시키고 고양시켜 드러낼 수 있는 가능성을 갖게 된다. 이렇게 자신의 욕망이라는 강렬한 에너지를 투입하면서 자유롭게 나아가는 느낌 그래서 능동적으로 자신을 긍정해 나가는 느낌은 인간이 가질 수 있는 가장 충만한 행복의 형태라 할 수 있을 것이다.

동서양 의학에서 바라본 행복
—몸과 마음의 상호 관계성 속에서[1]

몸과 마음은 뇌를 통하여 역동적으로 상호 소통하는 순환체계를 가지고 있다. 이것은 최신 과학의 성과에 따라 밝혀지고 있다 이에 따라 몸과 마음을 분리해서 보던 심신이원론적인 서양 의학이 심신일원론적인 한의학을 이해할 수 있는 계기가 되고 있다. 이에 대한 구체적인 근거들을 바탕으로 몸과 마음의 상호 관계성의 관점에서 동서양 의학에서 바라보는 행복을 접근해 보고자 한다. 몸과 마음은 완전히 격리된 실체라기보다는 역동적인 상호 연관성이 있다는 것을 파헤친 공통적인 근거들을 한의학의 원전과 서양 의학의 최신 성과들을 통해 제시할 것이다.

이건호

행복을 느끼는 것은 마음의 작용이다. 그런데 마음은 몸과 밀접한 관계를 갖고 있다. 따라서 마음은 몸에 영향을 주기도 하지만 그 반대로 몸이 마음에 영향을 주기도 하는 상호 연관성이 있다. 몸과 마음은 서로 맞물려 있는 하나의 순환체계이기 때문이다. 즉 몸과 마음은 뇌를 통하여 상호 소통하는 체계를 가지고 있음이 밝혀졌다. 따라서 행복한 '마음'은 행복스런 '몸짓'으로 나타나지만, 거꾸로 행복스런 '몸짓'을 통해 행복한 '마음'을 유도해 낼 수도 있다는 것이다. 이것은 미국, 유럽의 많은 의학자, 심리학자들에 의한 여러 가지 실험에서 검증된

바 있다. 이러한 몸과 마음의 상호 작용을 한의학(동양 의학)에서는 일찍이 심신일원론적心身一元論的, 전일적全一的 관점에서 보았다. 한편 서양 의학에서도 기존의 몸과 마음을 분리해서 보던 심신이원론적 관점으로부터 이제는 몸과 마음을 통합적으로 보게 되었다. 이것은 최근의 인지과학, 뇌과학 및 신경정신면역학psycho-neuro-immunology: PNI의 발달에 힘입은 바가 크다. 이에 따라 몸과 마음의 상호 관계에 대해 동서 의학적 관점에서 과학적인 설명이 가능하게 되었다. 이것은 한편으로 몸과 마음의 상관성을 소재로 한의학과 서양 의학이 소통하게 되는 큰 연결고리가 되고 있다.

행복에 대한 정의

행복의 정의에 대해 '정신적인 면(마음)'을 위주로 보는 심리학자들의 관점과 '생물학적인 면(몸)'을 위주로 보는 의학적 관점을 간단히 살펴보자. 행복에 대해서 심리학 중 쾌락주의적 입장은 개인이 자신의 삶에 대해서 만족스럽게 느끼는 주관적인 심리 상태로 본다. 반면 긍정심리학자들은 개인이 자신의 긍정적 성품과 잠재능력을 충분히 발현하여 개인적, 사회적으로 가치 있는 삶을 구현하는 것을 행복한 삶이라고 본다. 다른 한편으로 행복에 대한 욕망 충족론에 따르면 인간의 행복 정도는 다양한 욕망(생리적 욕구, 재물욕, 명예욕, 지식욕 등)을 충족시킬 수 있는 환경적 또는 상황적 조건(예: 의식주, 재산, 계층, 사회적 지위, 교육수준 등)에 비례한다고 본다. 따라서 다양한 욕구를 충분히 충족시킬 수 있는 환경적 여건을 잘 갖춘 사람일수록 더 행복하다는 것이다.[2]

한편 정신의학에서는 '행복'을 본능의 만족에 근거한다는 면에서 즐거움, 쾌락과 같은 맥락에서 해석하고 있다. 따라서 행복한 감정의 발생 원리를 뇌기능과 신경전달 물질로써 설명한다. 인간의 행복한 감정은 비록 그것이 정신적, 사회문화적인 것이라 하더라도 본능의 만족에 근거한다는 점에서 생물학적이라고 볼 수 있다. 행복감 또는 즐거움을 느끼는 뇌 부위는, 자율신경계와 연결된 감정중추인 변연계 그리고 이들의 각성 상태나 이완 상태를 쾌락으로 해석하고 인지하는 전두엽 등이다. 행복감이나 즐거움을 뇌에서 느끼는 원리는 각성과 이완에 동반되는 생리현상을 변연계가 처리(information processing) 하는 과정에서 그에 대한 정보를 전두엽이 쾌락으로 인지한 결과인 것이다. 따라서 변연계의 일부가 손상되면 즐거움을 느끼는 기능이 없어지게 된다. 그리고 모든 감정의 기능은 변연계에 있다고 추정되고 있다. 즉 감정은 뇌의 변연계의 기능으로 보고 있다.

인체를 바라보는 동서양 의학의 관점[3]

의학의 대상은 인체이다. 그러나 이 인체를 어떻게 보느냐에 따라 의학의 이론적 체계가 달라진다. 기존의 동서 의학은 인체관과 질병관이 서로 다른 면이 많았다. 다 같이 인체를 대상으로 하면서도 서양 의학에서는 인체구조를 단위로 환원시켜 다루었고, 동양 의학에서는 언제나 전일적全一的 생명체로 보고 그 자체를 대상으로 하였다. 서양 의학에서는 인체의 물질적 현상을 중심으로 세밀하게 분석하였으며, 한의학에서는 거시적인 상호 관계 속에서 발현되는 동태적 생명현상을 중시해 왔다. 그러나 근래 들어 서양 의학에서도 생명공학과 뇌과학의 발달에 힘입어 한의학

의 몸과 마음의 전일적 관계에 대한 실증적 사례들을 보여주기에 이르렀다.[4 5]

서양 의학의 특징

서양 의학에서는 17세기 과학혁명 이후 해부학의 발달로 인체를 하나의 독립된 개체 또는 물질로 보았다. 현미경의 발명으로 세포가 발견되면서 인체는 세포를 기본단위로 형성되어 세포, 조직, 기관이라는 유기적 결합 관계를 이룬다고 보았다. 이러한 실체적 물질관은 분자생물학에 이르러 절정을 이루면서 인체를 분자적 수준에서 깊이 있는 연구가 이루어지고 있다.

동양 의학(한의학)의 특징

동양에서는 인체를 하나의 생명체로 보고 이러한 생명체가 어떻게 생명현상을 유지하는가 하는 데 초점을 맞추었다. 또한 인체는 단순한 독립적 개체가 아닌, 자연 속에서 자연과 조화를 이루면서 더불어 사는 환경적 존재라는 인식 아래 인간을 소우주로 보았다.

동서양 의학의 만남

근대 과학의 기초를 마련한 데카르트는 몸과 마음을 서로 다른 실체로 보는 심신이원론을 주장했고, 현대 과학과 의학은 몸과 마음을 서로 분리된 체계로 생각해 왔다. 따라서 '몸의 병'은 의학에서, '마음의 병'은 심리학에서 연구해 오게 됐다. 하지만 최근 일부 의학과 심리학에서는 몸과 마음을 서로 분리해서 보던 관점을 탈피해서 통합적으로 보기 시작하였다. '몸의 병'을 연구하던 의사들은 환자의 심리적 상태가 몸에 얼마나 큰 영향을 주는지 알게 되었고, '마음의 병'을 연구하던 심리학자들은 마음의 상태는 몸으로 나타난다는 것을 알게 되었다. 최근의 인지과학과 뇌과학의 발전으로 몸과 마음이 뇌를 사이에 두고 서로 역동적으로 순환하는 방식을 설명할 수 있게 되었다. 이것은 몸과 마음을 불가분리의 관계로 보는 한의학과의 소통이 될 수 있는 단초가 마련되었다.[6] 이 글은 이것을 바탕으로 마음의 작용인 '행복감'을 몸과의 통합적 관계 속에서 동서의학적인 설명을 시도해 보고자 한다.

몸을 통해 마음을 해석하는 동서양 의학기법

서양 의학

서양 의학에서는 최첨단 영상기술의 발달에 따른 생리학과 뇌과학의 발달에 따라 인체의 보이지 않는 고도의 정신세계인 생각, 감정, 기억 등 인지기능에 대한 연구 성과가 쏟아지고 있다. 이것을 바탕으로 몸에 드리워진 마음의 흔적을 하나하나 밝혀 나가고 있다. 마음(감정)은 몸의 생리적 반응과 밀접한 관계가 있으며, 뇌에서 일어나는 신경학적 활동의 결과이다.[7] 이것은 뇌영상 기술로 감정에 대한 뇌의 활성 부위를 알아낼 수 있다. 이것을 응용하면 뇌의 활성 부위를 통해 마음(감정)의 상태를 읽어 볼 수도 있다. 마음에서 일어나는 갖가지 감정들은 인지적인 측면뿐만 아니라 운동신경, 내장신경 반응 등의 생리적인 반응을 일으킨다. 즉, 감정은 분명 인간의 인지나 의지와는 구별되는 정신적 상태로서, 특유의 신체적 반응을 수반한다. 이에 따라, 신경생리학자들은 기억·학습 등의 다른 정신적 경험과 마찬가지로, 감정 경험 역시 사람의 뇌에서 일어나는 신경학적 활동neural activity의 결과라 여기고 있다.(LeDoux, 2000)[8] 이러한 개념들은 최근 자기 공명 뇌영상 기술(MRI), 양자 방출 뇌영상 기술(PET) 등을 이용한 뇌 영상학의 발달로 인해 감정적 자극을 받는 동안 일어나는 특정 뇌 부위의 활성도를 측정하는 방법을 통해 활발히 연구되고 있다. 최근 이러한 기술을 이용해서 사람의 다양한 감정에 따른 뇌의 활성 부위를 알아낼 수 있다. 이 연구 결과에 따르면, 공포감을 느낄 때는 편도amygdala, 슬픔을 느낄 때는 대상회cingulate, 시각자극에 의한 감정의 유발은 후두엽occipital cortex과 편도amygdala, 감정의 인지적 통합을 하는 과정에서는 내측 전전두엽medial prefrontal cortex 부위가 활성화되는 것으로 나타났다.(Luan, 2001)[9]

한의학

한의학의 진단법인 망진법望診法은 환자의 용모에 드러난 정보를 바탕으로 질병을 판단하는 대표적인 방법이다. 이 방법을 통해 환자의 신체 내부에서 질병이 형태를 갖추기 전에 미리 알아낼 수도 있다. 뿐만 아니라 상대방이 감추고 있는 '감정'이나 '생각'까지도 읽어볼 수 있다. 다음은 몸에 드러난 정보를 통해 병의 발생과 사라짐을 판별하는 한의학적 방법이다.

'망이지지望而知之', 즉 '바라보아 안다'는 의학적 감각의 정점은 병이 형태를 갖추기 전에 알아채는 것이다. 그리고 질병에 관련된 것을 몸 밖의 정보를 통해 파악하는 것이다. 예를 들면, 병이 심해지면 그에 따라 얼굴의 색이나 피부의 색이 강렬해진다. 얼굴에 드러난 병색이 완전히 사라지는 것을 보고 병이 낫게 될 것으로 예측할 수 있다. 한의사들은 병의 진행 정도를 알기 위해 피부에 드러난 색의 깊이를 관찰한다. 그리고 병이 깊은지 가벼운지 알기 위해, 몸에 드러난 색이 흩어지는지 아니면 한곳으로 집중되는지를 관찰한다. "이렇게 집중함으로써,

병의 과거와 현재의 변화를 알 수 있다.積神于心, 以知往今"이것은 병이 드러나기 전에 이미 그 정보가 얼굴에서 드러나기 때문이다.[10]

몸에 드리워진 흔적(표정)을 통해 심지어 상대방의 감정이나 생각까지도 알아낼 수도 있다. 왜냐하면 얼굴에 드러난 색은 사람들이 감추고 싶어 하는 마음 심지어 자신도 알지 못하는 욕망까지도 드러낸다. 그러므로 '얼굴 표정을 바꿨을(변색變色)' 때나 '지었을(작색作色)' 때, 흔히 "갑자기 얼굴빛을 바꿨다."라고 한다. 이렇기 때문에 예민한 관찰자는 얼굴에 드러난 정보를 세심하게 판단해서 상대방의 생각마저도 엿볼 수도 있다.

다음은 이와 관련된 일화이다.

> 제나라 환공이 재상 관중과 거莒의 공격을 모의한 일이 있었다. 그런데 그들의 계획이 공개되도 전에 이미 원정이 임박했다는 소문이 상대방에게 퍼져 버렸다. 이를 두고 관중이 말했다. "(우리의 공격의도를 알아채다니) 나라에 신묘한 인물이 있는 것이 틀림없습니다." 오직 신묘한 인물만이 비밀스런 계획을 미리 알 수 있기 때문이다. 이 당시 동곽아를 의심하고 있던 관중은, 그를 불러서 물었다. "그대가 거莒의 정벌에 관해 말했는가?" 동곽아가 대답했다. "그렇소." 관중이 말했다. "나는 정벌에 관해 말하지 않았다. 그런데 그대는 어떻게 그것을 알았는가?" 동곽아는 관중의 얼굴에 드러난 표정을 관찰함으로써 알 수 있었다고 말했다. 동곽아는 관중의 마음이 기쁜지 걱정에 잠겨 있는지, 혹은 전쟁으로 귀찮아하고 있을지를 읽고 있었던 것이다. 그는 얼굴 표정을 세밀하게 읽어냄으로써, 관중의 생각을 알아냈던 것이다.[11]

몸과 마음의 관계

마음이 몸에 영향을 주는 경우

인간의 감정과 몸의 반응은 직접적으로 연결되어 있어서 각각의 감정에 따른 몸의 반응이 일어난다는 것을 알 수 있다.

1) 마음이 몸을 아프게 하는 경우

질환의 측면에서 마음이 몸에 영향을 미치는 과정을 보자. 스트레스를 받은 마음은 두뇌를 거쳐 신경계와 내분비계에 자극을 주며, 면역체계에 대한 부정적인 조절을 통해 질환에 영향을 주게 된다. 먼저 감정이 두뇌의 신경센터에 미치는 과정을 보자. 공포, 놀람, 분노, 슬픔 등 마음의 부정적 파장은 이와 연관된 두뇌영역에서 반응을 일어나게 한다. 즉, 통증을 담당하는 두뇌 영역의 신경센터는 활성화되지만 기쁨 및 행복감을 담당하는 영역이나 평온과 만족감을 신호하는 호르몬이 분비되는 영역은 반응하지 않는다. 이와 같은 부정적인 느낌과 증상들이 계속 강화되는 악순환이 시작된다.[12] '마음의 감기'라고 하는 우울증은 심장병을 유발하고 조기 사망률을 높이기도 한다. 프라이부르크의 심신상관의학자 칼 샤이트는 "우울증이 있는 사람에게서 심장병이 자주 발생하고 조기 사망할 확률이 많다."라고 말한다. 그 이유로 우울한 기분이 면역체계를 약화시켜서, 여러 질병에 취약하게 하게 만들기 때문이라고 말한다.

질환만이 몸을 상하게 하는 것은 아니다. 일상생활에서 겪게 되는 소소한 분노, 미움, 불만족, 불안, 두려움, 실망 등도 마찬가지로 건강을 상하게 한다. 병원에서 의사가 환자에게 진단결과를 설명했을 때 이것을 필요 이상으로 부정적으로 해석하는 상상은 건강한 사람마저 심각하게 만들 수 있다. 만약 중병에 걸린 환자의 경우라면 절망에 휩싸인 마음만으로도 숨이 끊어질 수도 있다. 한다. 실례로 어떤 환자에게 수술이 끝나자 당신의 온몸으로 암이 퍼져 버렸으며, 더 이상 어떻게 해 볼 도리가 없다고 했더니 그 환자는 말없이 벽 쪽으로 고개를 돌렸으며, 그날로 죽었다고 한다.

마음이 절망의 극에 달했을 때에는 심지어 스스로 생명까지 포기하게 될 수도 있다. 다음은 이와 같은 사실을 보여주는 실제 사례이다.

> 1930년대 인도의 교도소에서 젊고 건강한 사형수를 대상으로 드라마틱한 의학실험이 실시됐다. 의사는 극단적인 마음이 몸에 어떤 결과를 가져올 수 있는지 알기 위한 실험을 다음과 같이 설계하였다. 먼저 교도소의 동의와 함께 젊은 사형수에게 고통스런 교수형보다 더 편안하게 출혈을 통해 서서히 죽는 방법을 권유하고 설득하였다. 죽기까지 시간은 더 걸리지만 몸과 마음은 더 편할 것이라고 했다.
>
> 의사의 제안을 받아들인 사형수는 침대에 몸이 묶인 채 누워 눈을 감았다. 의사는 미리 여러 개의 물통을 침대의 네 기둥에 고정시키고 그 물통에서 물이 천천히 떨어지면서 아래에 있는 큰 통에 모이도록 했다. 이장치는 의사가 사형수에게 출혈을 일으키면 자신의 피가 흘러내리는 것으로 착각하도록 하는 것이었다. 이윽고 의사는 사형수의 손과 발을 피가 흐르지 않을 정도로 아주 조금 베었다. 물론 사형수의 피는 단 한 방울도 나오지 않았다. 이때 의사는 사형수의 피부를 살짝 베는 순간부터 침대 기둥의 물통의 물이 커다란 통 속으로 방울방울 소리 내며 떨어지게 했다.

이것을 들은 사형수는 자신의 피가 빠져 나가고 있다고 믿었다. 이 물은 처음에는 빠르다가 나중에 시간이 흐르면서 점점 느리게 통으로 떨어졌다. 이내 사형수는 곧 몸에 힘이 빠지는 것을 느꼈다. 한편 의사는 낮은 목소리로 노래를 부르다가 시간이 서서히 노랫소리를 점점 줄여갔다. 이윽고 물이 아래쪽 통으로 다 떨어지자 의사는 노래를 멈추고 살펴보니 사형수는 아무런 미동도 없었다. 의사는 그가 잠이 들었거나 기절했을 것이라고 생각했지만 사형수는 죽어 있었다. 그는 실제로 피 한 방울도 흘리지 않은 채 죽어버린 것이다.[13]

이 사례는 건강한 몸의 소유자라 할지라도 극단적으로 절망에 휩싸인 마음만으로도 자신의 신체 기능을 멈추게 하여 죽음에 이르게 한다는 것을 보여주고 있다. 이와 같이 극심한 감정은 몸과 마음의 밀접한 상호 작용을 통해 질병을 유발할 수 있다는 것에 대해 한의학(≪황제내경≫)에서는 다음과 같이 설명하고 있다. 기쁨, 슬픔, 화냄, 지나친 생각, 두려움 등의 감정들을 오장五臟과 연관 짓고, 이들 장부臟腑 간의 상생상극相生相剋 관계에 따른 상호 영향에 대해 설명하고 있다.

因而喜 大虛則腎氣乘矣 怒則肝氣乘矣 悲則肺氣乘矣 恐則脾氣乘矣 憂則心氣乘矣

지나친 기쁨으로 인해 심心이 크게 허해지면 신기腎氣가 이를 틈타 '心'에 침입하고(水剋火), 지나친 노여움(怒)으로 인해 간이 크게 허해지면 폐기肺氣가 이를 틈타 '肝'에 침입하며(金剋木), 지나친 생각(思慮)으로 인해 '脾'가 크게 허해지면 간기肝氣가 이를 틈타 '脾'에 침입하고(木剋土), 지나친 두려움(恐)으로 인해 腎이 크게 허해지면 비기脾氣가 이를 틈타 '腎'에 침입하며(土剋

> 水), 지나친 근심(憂)으로 인해 폐가 크게 허해지면 심기心氣가 이를 틈타 '肺'에 침입(火剋金)한다.[14]

2) 마음이 몸을 건강하게 하는 경우

> "행복을 느끼는 마음은 뼈마저도 튼튼하게 한다."[15]

긍정적인 감정이 거듭될수록 몸의 반응은 더 강화된다. 평소 몸에 긍정적인 신호를 보내면 보낼수록 그 신호 전달력은 증폭된다. 이런 메커니즘은 행복과 기쁨이 전달되는 신경로nerve tract가 자주 이용되어, 행복분자와 행복 호르몬이 운반되기 시작되면, 이런 '긍정적인' 신경로는 넓어지고 즐거움을 담당하는 두뇌 센터는 더 크고, 더 강하게 형성되기 때문이다. 몸의 거대한 신경망에서 긍정 메시지가 전달되는 신경로는 초기에는 활성화되어 있지 않다가 더 많이 이용될수록, 그 신경회로는 더 넓고 신호전달력이 더 좋아진다. 이렇게 긍정적인 생각을 많이 할수록 건강에 유용한 신경망이 더욱 활성화될 것이다.[16]

부정적인 마음은 건강을 해친다. 하지만 긍정적인 마음으로 바뀌면 건강의 회복을 가져오기도 한다. 다음은 이와 같은 마음의 변화가 몸에 미치는 실례를 보여 준다. 뮌헨 공대 심신상관의학과 과장인 페너 헤닝젠이 제시하는 사례이다.

> 실연을 당한 젊은 청년이 자살하기 위해 강력한 정신질환 치료제를 무려 30알이나 먹었다. 이 청년은 약을 먹자마자 죽을 것이라고 예상하였으며,

실제로도 병원으로 실려 간 뒤에 증세가 점점 악화되었다. 하지만 이 청년은 실제로는 아무런 효과가 없는 위약을 먹었던 것이다. 이 사실을 뒤늦게 안 의사가 청년에게 급히 알려 주자마자 그는 아무 일이 없다는 듯 말끔하게 일어났다.[17]

다음은 긍정적인 '마음'을 통해 건강한 '몸'을 가져오는 요인들을 살펴보자. 긍정적인 마음은 몸을 편안하게 이완시킴으로써 신진대사기능을 활발하게 하고 면역체계를 강화시켜 건강한 몸을 만들게 한다.

① 편안한 마음

즐겁고 편안한 식사를 하게 되면 교감신경을 억제하고 부교감 신경을 활성화시켜 소화액 분비가 촉진되며 스트레스 호르몬의 농도가 낮아진다. 이것은 평온하고 즐거운 분위기 속에서 식사를 하는 프랑스나 이탈리아 사람들이 그렇지 못한 사람들 보다 심혈관계 질병에 강한 것을 보면 알 수 있다. 이렇게 편안한 분위기에서 이루어지는 식사 문화가 프랑스인들의 심장과 혈관을 보호하는 것으로 보인다.[18]

② 관심

보스턴의 소아정신과 의사 하이델리제 알스는 여러 연구를 통해, 관심과 애정을 쏟으면 미숙아가 두뇌의 손상도 적고, 폐와 심장이 빨리 튼튼해져서 일찍 퇴원할 수 있음을 보여주었다. 이 현상은 신경생물학적으로도 설명할 수 있다. 두뇌는 감각적 자극을 통해 더 빨리 성숙하고 신경섬유를 둘러싸고 보고하는 수초가 더 빨리 형성된다고 밝혀졌다.[19] 이렇게 '관심'은 신경세포의 강화를 통해 건강회복에 도움이 되고 있다.

③ 사랑

사랑을 주고받으면 행복감도 늘어나지만 질환개선에도 효과적이다. 고혈압 환자들을 대상으로 배우자의 사랑과 관심이 심장과 혈관에 미치는 효과에 대한 연구가 있었다. 다정한 배우자가 있는 피험자들은 모든 면에서 건강이 좋아진 것으로 나타났다. 그들의 경우 좌심벽의 두께(고혈압이 있으면 심벽의 두께가 증가한다)가 줄어든 반면, 불만족스럽고 사랑 없는 결혼생활을 하는 그룹에서는 좌심벽이 더 두꺼워졌다. 즉 고혈압에 따른 심장근육의 병리적 변화가 발생한 것이다. 혈압 역시 배우자와 사이가 좋은 실험 대상자들의 경우는 약간 낮아진 반면, 그렇지 못한 그룹에서는 약간 높아졌다.[20] 따라서 사랑을 느끼는 경우에 심장과 고혈압에 좋은 영향을 미치는 것으로 보인다.

아내로부터 사랑 받는 남편들은 그렇지 못한 남자들에 비해 심장병과 심근경색에 걸린 수가 반밖에 되지 않았다. 그들에게 고콜레스테롤, 고혈압, 운동부족과 비만 등 심근경색과 뇌졸중의 위험요인이 있었을지라도 사랑 받는다는 감정 하나로도 심장병에서 더 안전해진다. 십이지장궤양도 마찬가지였다. 클리블랜드의 연구자들은 8,000명 이상의 남자들을 대상으로 한 연구에서 '아내는 나를 사랑하지 않는다.'고 생각하는 남편들이 그렇지 못한 남자들에 비해 십이지장궤양이 심한 경우가 많다는 결론을 내렸다. 심지어 잦은 흡연에 고혈압도 있고 스트레스를 많이 받아도 아내로부터 사랑받고 있는 남편들은 평소 건강하지만 아내로부터 무시당하는 남편들보다 십이지장궤양에 걸릴 위험이 더 적었다.[21]

④ 낙천적인 마음

피츠버그 대학의 힐러리 틴 연구팀은 50~79세 사이의 약 10만 명의 건강한 여성들을 대상으로 낙천적인 마음이 심혈관계 질환에 미치는 영향에 대한 연구를 시행했다. 연구결과 낙천적인 여성들은 염세적인 여성들과 비교해 심장혈관계 질병에 걸릴 위험이 9% 정도 낮았다. 그러한 마음자세는 심지어 조기 사망 위험률도 낮추는 것으로 드러났다. 8년간의 관찰 기간 중 사망률은 낙천적인 여성들의 경우 평균보다 14% 낮았고, 냉소적이고 적대적인 사람들은 16% 높았다.[22]

위와 같이 긍정적인 마음가짐을 통해 건강한 몸을 가져오는 것에 대해 한의학에서는 마음을 안정시키고 욕심을 없앰으로써 질병을 예방한다고 한다.

> 夫上古聖人之教下也，皆謂之虛邪賊風，避之有時；恬淡虛無，眞氣從之；精神內守，病安從來。是以志閑而少欲，心安而不懼，形勞而不倦，氣從以順，各從其欲，皆得所願 故美其食，任其服，樂其俗，高下不相慕，其民故曰樸。是以嗜欲不能勞其目，淫邪不能惑其心。愚・智・賢・不肖，不懼於物，故合於道。所以能年皆度百歲而動作不衰者，以其德全不危也。
>
> 무릇 상고시대에 양생의 법도를 깨우친 성인들이 백성들에게 몸이 허약한 틈을 타서 침범하여 병을 일으키는 풍사風邪에 가르쳤다. “사시四時의 사기邪氣를 피하여 질병을 예방하고 마음을 안정시켜 망령된 생각을 하지 않음으로써 진기眞氣가 이를 따르고 정신이 소모되지 않게 하니 어떻게 질병이 발생할 수 있겠는가?라고 하였습니다. 따라서 그들은 정신이 편안하고 욕심이 없으며 마음이 안정되어 두려움이 없으며 육체적인 노동을 하여도 (생기가

충만하여 즐거운 마음으로 일을 함으로써) 권태롭지 않으니, 이로써 진기가 순조롭게 순화되니 각자가 원하는 바에 따라 모두 만족을 얻을 수 있었습니다. 먹고 마시는 것이 모두 감미로우며 입는 것마다 편안하고 일상생활 속에서 즐거움을 찾았으며 지위의 높고 낮음을 막론하고 서로 부러워하거나 시기하는 마음이 없기 때문에 사람들이 자연적으로 순박해졌습니다. 향락이 그들의 눈과 귀를 어지럽힐 수 없었고 음란하고 사악한 말로 그 심지를 현혹할 수 없었으며, 우매한 사람이거나 총명한 사람이거나 어진 사람이거나 불초한 사람이거나를 막론하고 모두 사물에 대한 두려움이 없었으니 이것이 바로 양생의 도에 부합되는 것입니다. 그들이 백세 이상까지 살면서도 거동에 노쇠 현상이 나타나지 않았던 것은 바로 그 덕으로써 위험에 빠지지 않게 하였기 때문입니다.[23]

몸이 마음의 변화를 이끌어 내는 경우

"행복하기 때문에 웃는 것이 아니라, 웃기 때문에 행복하다."[24]

인간은 행복하기 때문에 웃기도 하지만, 동시에 웃기 때문에 행복감을 느끼기도 한다. 이것은 행동이 감정을 만들어 내는 것으로, 웃으면 행복해지고, 찌푸리면 화가 난다는 원리이다.[25] 웃으면 행복감이 들고, 손을 잡으면 친근함이 느껴지며, 근육에 힘을 주면 의지력이 높아진다.[26] 아래에서는 몸의 각종 변화 즉, 특징적인 표정과 자세, 걸음걸이 등을 통해 마음의 변화(유쾌하거나 불쾌한 감정)를 일으키는 것을 보여주고 있다.

① **표정**

단순한 표정변화로 마음을 편안하게 하거나 불쾌하게 할 수도 있다. 실험에 따르면 인위적으로 웃는 표정을 지은 사람들이 더 높은 행복감을 느꼈다. 이것은 몸짓이 마음에 영향을 미칠 수 있기 때문에 특정한 부위의 몸짓을 조절함으로써 특정한 감정을 의도적으로 만들어 낼 수 있다는 것이다. 이것을 입증하는 실험들이 있다. 예를 들어, 사진 찍을 때 '치즈'라고 말하는 데서 착안한 미시간 대학 연구팀이 한 그룹은 'ee' 발음(easy처럼)으로 웃는 표정을, 다른 그룹은 'eu' 발음(yule처럼)으로 불쾌한 표정을 짓도록 했다. 한편 독일 연구팀은 피실험자들에게 전신마비 환자들이 글을 쓸 수 있도록 도와주는 새로운 방법을 연구 중이라고 설명했다. 그리고 그 중 절반에게는 웃는 표정을 만들기 위해 이로 연필을 물고 있도록 하고, 다른 절반에게는 찡그린 표정을 짓기 위해 입술로 연필을 물고 있도록 했다. 'ee' 발음을 하도록 하든, 골프 티를 떨어져 있게 하든, 이로 연필을 물고 있도록 하든 간에 웃는 표정을 지은 사람들이 더 높은 행복감을 보고한 것으로 드러났다.[27]

또 다른 실험이 있다. 표정에 따른 감정변화를 알기 위해 에크만은 피실험자들의 심장박동과 피부온도를 지속적으로 측정하였다. 그 상태에서 피실험자들에게 서로 다른 두 과제를 제시하였다. 첫째, 분노가 치미는 과거 사건들을 생생하게 떠올리도록 했다. 둘째, 단순히 화가 난 표정(입 꼬리는 내린 채 꽉 다물고 있는 표정)을 짓도록 했다. 마찬가지로 두려움이나 슬픔, 행복, 놀라움, 혐오 등의 다양한 감정을 자극하는 기억을 떠올리고 나서 각각에 해당하는 표정을 짓도록 했다. 예상대로 기억을 떠올리고자 했을 때, 그것에 상응하는 특정한 패턴의 반응이 나타났다. 예를 들어, 두려움에 관한 기억을 떠올리면 심박 수는 증가하고 피부온도는 낮아진 것으로 나타났다. 그런데 놀라운 사실은, 각각의 감정에 해당하는 표정을 지을 때에도 기억을 떠올리는 경우와 정확하게 똑같은 심리적 패턴이 나타났다는 점이다. 즉, 두려운 표정을 지었더니, 심박 수는 치솟고 피부 온도는 떨어졌다. 마찬가지로, 웃는 표정을 지을 때, 심박 수는 떨어지고 피부 온도는 상승했다. 이러한 현상이 인류의 보편적인 메커니즘인지 확인하기 위해, 에크먼 연구팀은 서부 인도네시아에 있는 한 외딴 섬의 주민들을 대상으로 동일한 실험을 실시했다. 그 결과, 서양 국가들에서와 똑같은 결과를 얻었다. 에크먼의 연구 결과는 특정한 감정을 연상시키는 행동하는 것이 감정 상태뿐만이 아니라 우리의 몸에도 직접적이면서 강력한 영향을 미친다는 사실을 보여주었다.[28]

② 웃음

웃을 때 행복감을 느끼는 경우가 많다. 그런데 웃는 표정을 짓게 되면 행복한 감정을, 찌푸린 표정은 슬픈 감정을 자극한다. 피츠버그 대학의 제시반 스웨링겐은 안면 근육 마비를 앓고 있는 환자들을 대상으로 한 실험에서, 웃는 표정에 따른 우울증 발생정도를 비교해 보았다. 그 결과, 얼굴 근육의 마비 정도가 심할수록 우울증도 심각한 것으로 드러났다. 한편 우울증을 앓고 있는 아홉 명의 여성들을 대상으로 표정근육을 마비시키기 위해 보톡스를 주입하고 이들의 일상생활을 추적해 보았다. 이 보톡스 시술은 찡그리는 표정에만 영향을 주었고, 다른 표정에는 아무런 영향을 주지 않도록 했다. 그 결과 시술을 하고 두 달 후, 아홉 명의 여성들 중 어느 누구도 우울증 징후를 보이지 않았다.[29] 즉 우울할 때 작동되는 표정근육이 제대로 기능을 하지 못하는 것이 정서적인 반응까지 영향을 미치게 된 것이다.

③ 신체장애

몸의 움직임과 감정발현은 밀접한 관계가 있어서 신체적 움직임의 폭이 좁을수록 감정적 경험의 폭도 그만큼 좁게 된다. 만약 척추의 윗부분에 손상을 입은 환자일수록 감각과 운동신경이 더욱 심각하게 위축된다. 이로 인해 감정적인 경험에서 더 많은 제약을 받는다. 즉 척추 손상 부위가 상체일수록 신체적인 움직임에 더 많은 제약을 받고, 그만큼 감정을 느끼는 정도도 낮게 된다.[30] 예를 들어 얼굴 표정근육의 장애가 감정적 경험을 방해한다. 컬럼비아 대학 버나드 칼리지의 조슈아 이안 데이비스와 그의 동료들은 안면근육을 마비시키는 보톡스 시술을 통해 실험해 보았다. 두 그룹의 여성들을 모집하여, 한 그룹에는 보톡스 시술을, 다른 한 그룹에는 이마에 '필러'를 삽입하는 시술을 시행하였다. 두 방법 모두 얼굴을 젊게 만들기 위한 것이지만, 그 중에서 보톡스의 경우에만 안면 근육을 마비시키는 효과가 있는 것이다. 다음으로 두 그룹에게 살아 있는 벌레를 먹는 끔찍한 장면이나 심각한 다큐멘터리 영상을 보여주면서 그 느낌을 비교해 보았다. 그 결과, 필러 치료를 받은 여성들에 비해 보톡스 시술을 받은 여성들에게서 감정의 폭이 훨씬 떨어지는 것으로 나타났다. 이와 같이 보았을 때, 행동이나 표정에 관한 신체적 장애, 즉 안면근육의 마비가 감정을 방해하는 역할을 한다는 사실을 알 수 있었다.[31]

④ 자세

자세에 따라 분비되는 호르몬도 달라진다. 즉 자신감 있는 자세를 취하면 이에 따른 긍정 호르몬이 분비된다. 컬럼비아 대학 연구원 다나 카니는 자신감 있게 행동하는 사람들은 스스로에게 긍정적인 느낌을 갖고 있으며, 기꺼이 위험을 무릅쓰기도 한다. 또한 지배와 관련된 호르몬인 테스토스테론 수치는 높지만

스트레스와 관련된 호르몬인 코르티솔은 낮다는 사실을 보고하였다. 이것을 실험하기 위해 그는 자신감이 들게 하는 자세를 취하기 전과 후의 호르몬 변화를 측정해 보았다. 이를 위해 피실험자들에게 자신감이 들게 하는 자세를 취한 다음 몇 분 동안 껌을 씹게 해서 발생된 타액이 성분을 분석해 보았다. 그 결과 테스토스테론 수치는 더 높게 나왔는데 코르티솔 수치는 더 낮게 나왔다. 이렇게 잠깐 동안의 자세 변화로도 몸속 화학적 구성까지 바꾸었던 것이다.[32]

⑤ **걸음걸이**

걸음걸이 방식에 따라 유발되는 감정도 다르다. 성큼성큼 걷는 것이 행복감을 높이지만, 질질 끄는 걷기는 우울한 감정에 빠져들기 쉽게 한다. 이에 대한 연구가 있다. 플로리다 애틀랜틱 대학의 심리학자 사라 스노드그래스는 걸음걸이의 변화가 감정 상태에 미치는 영향을 실험했다. 이것을 위해 그는 피실험자들에게 신체 활동에 따른 심박 수의 변화를 조사하고 있다고 거짓으로 설명해놓고, 3분 동안 걷도록 했다. 먼저 한 그룹에게는 고개를 들고 팔을 힘차게 휘두르면서 성큼성큼 걷도록 했다. 그리고 다른 그룹에게는 고개를 숙이고 발을 질질 끌면서 짧은 보폭으로 걷게끔 했다. 그 결과, 성큼성큼 걸은 사람들에게서 행복감이 훨씬 더 높아진 것으로 드러났다.[33]

⑥ **춤과 달리기**

행복한 사람은 춤을 춘다. 그렇다면 역으로 춤을 추게 되면 행복감을 느낄 수 있다고 본다. 춤을 추는 것이 행복감에 미치는 연구가 있다. 코흐는 부드럽고 리듬 있게 움직일 때는 행복감이 상승하는 데 반해, 딱딱하고 직선적인 움직임에는 행복감이 떨어진다는 사실을 보여주었다. 경북대학교의 김성운 연구팀은 춤이 기분에 미치는 영향을 알기 위해 300명가량의 학생들을 대상으로 실험을 했다. 연구팀은 학생들을 네 그룹으로 나누었다. 첫 번째 그룹에는 한 시간짜리 에어로빅 수업을, 두 번째 그룹에는 건강관리 수업을, 세 번째 그룹에는 신나는 힙합댄스 수업을, 네 번째 그룹에는 아이스스케이팅 수업을 듣도록 했다. 그리고 수업 후에 느껴진 피실험자들의 감정 상태에 관한 설문 조사를 실시했다. 연구팀의 예상대로 힙합댄스 수업을 들은 학생들이 행복감에서 최고의 상승효과가 나타났다. 이 힙합댄스 수업의 학생들은 즐겁게 실험에 참여했고, 실제로 기분이 더 좋아졌다고 답변했다.[34]

이와 같이 춤이 마음의 변화를 이끌어 내는 정신의학적 원리를 다음과 같이 살펴볼 수 있다. 춤을 추는 동안 각성과 이완이 거듭되면 행복감을 느끼게 된다. 이때 작동되는 물질은 아세틸콜린계와 엔도르핀이다. 각성과 이완은 쾌감을 불러일으킨다. 이 과정이 순조롭게 거듭되면 사람에게 행복감을 준다. 또 하나의 예를 들면, 달리는 동안에는 각성을, 달린 후에는 이완이 나타난다. 각성 때는 노어아드레날린이, 그리고 달리는 동안에는 근육의 통증, 심박수 증가, 가쁜 호흡 등으로 인한 고통을 이기기 위해 엔도르핀이 분비된다. 달리는 동안에는 각성의 쾌감이, 그리고 이어 엔도르핀에 의한 쾌감이 나타난다.[35] 이와 같이 춤과 달리기라는 신체 행위를 통해 신경전달물질 분비를 촉진시켜 행복감과 쾌락을 느끼게 되는 것이다.

⑦ 온도

따뜻한 온도와 마음 사이에 연관성이 있다. 우리 몸에는 친절감이나 다정함을 느끼는 신경중추와 온도감각을 담당하는 신경중추가 인접해있다. 그래서 손에 차가운 음료를 들고 있으면 이 감각을 담당하는 신경중추가 인접한 감정중추에 영향을 미쳐서 상대방을 긍정적으로 평가하기 힘들게 한다. 이 연구를 수행했던 로렌스 윌리엄스는 "우리가 누군가를 따뜻한 사람이라고 말할 때 물리적인 따뜻함을 생각하지 않는다고 해도 따뜻함이라는 단어가 물리적 온도와 마음 상태를 나타내는 데 함께 쓰이는 것은 우연이 아니다."라고 말했다.[36]

⑧ 사랑

현재 사랑에 빠진 상태가 아니더라도 행동의 변화를 통해 사랑을 불러올 수 있게 한다. 즉 마치 사랑에 빠진 것처럼 행동을 하면 사랑하는 마음이 솟아오르게 한다. 서로 모르는 사이일지라도 손을 잡고 장난을 치다 보면 어느 샌가 큐피드 화살을 맞게 된다. 그리고 첫 데이트의 흥분을 되살리는 행동을 하다 보면, 권태기에 빠진 연인도 다시 한 번 서로에게 강렬한 매력을 느끼게 된다. 이렇게 단순하면서도 의미심장한 방법을 통해 많은 사람들이 사랑을 만들어 내고, 그 사랑을 오랜 시간 가꾸어 나가도록 도와줄 수 있다.[37]

⑨ 기도

평온함을 불러일으키는 행동을 하게 되면 실제로 평온함을 느낄 수 있게 된다. 부시먼은 기도가 주는 평온함의 힘에 대한 연구를 한 바 있다. 그는 신학대학 학생 그룹을 대상으로 어떤 과제를 수행하도록 해놓고 나중에 아주 부정적인 피드백을 해주었다. (이를테면, "내가 본 것 중 최악의 작문이군.") 이렇게 함으로써 그들의 마음을 부정적인 상태로 몰아넣고는 희귀 암으로 고통 받는 한 여성에 관한 기사를 읽도록 했다. 이렇게 한 다음에 한 그룹의 학생들에게는 그 여인을 위해 5분 동안 손을 모으고 기도를 하게 했다. 이것은 기도라는 행동을 통해 그들의 마음이 부정적인 상태에서 평온한 상태로 바뀌기를 예상한 것이다. 다른 그룹의 학생들에게는 그냥 그녀를 머릿속으로 떠올리라고만 했다. 그랬더니 기도를 한 학생들의 분노 지수가 상대적으로 더 낮아졌다는 사실을 확인할 수 있었다. 이는 마음을 가라앉히고 편안하게 하는 행동(기도 행위)이 불편했던 마음을 편안하고 차분한 감정을 바뀌도록 한 것이다.[38]

위에서 몸을 통해 긍정적인 마음을 유도하는 사례들을 살펴보았다.

그렇다면 한의학에서는 몸(五臟六腑)이 마음(精神)에 영향을 미치는 상호 관계를 어떻게 보고 있을까? ≪황제내경黃帝內經≫ "영추靈樞"에서는 인체의 오장(心·肺·肝·脾·腎)의 건강 상태가 정신에게 영향을 미치는 관계를 보여주고 있다. 한의학에서 오장은 생리 기능뿐만 아니라 그 자체가 정신활동을 주관하고 있다고 보기 때문이다.

심心은 신神을 간직하므로 온몸의 군주가 되고, 7정七情을 통솔하며 모든 작용을 주고받는다. 또 혼·신·의·백·지(魂, 神, 意, 魄, 志)도 신神이 다스리기 때문에 통틀어서 신神이라고도 한다. "심心은 신神을 저장하므로 지나치게 두려워하고 생각이 많으면, 신神을 상한다."[39] 신이 상하면 매우 무서워하고 두려워하다가 제 풀에 실신하고, 뱃속의 기름이 없어지고 살이 빠지고 털이 거칠어지며 얼굴빛이 나빠져서 겨울에 죽는다. 비脾는 (意를 저장하므로) 지나치게 걱정하고 시름하는 것이 풀리지 않으면 의意를 상한다. 의意가 상하면 정신이 흐려지고 팔다리를 들지 못하고 털이 거칠어지며 얼굴빛이 나빠져서 봄에 죽는다. 간肝은 (魂을 저장하므로)

지나치게 슬퍼하고 애달파 마음이 흐트러지면 혼魂을 상한다. 폐肺는 (魄을 저장하므로) 너무 지나치게 기뻐하고 즐거워하면 백魄을 상한다. 백魄이 상하면 미치게 된다. 미치면 다른 사람을 살피지 않고 살갗이 마르며 털이 거칠어지고, 얼굴빛이 나빠져서 여름에 죽는다. 신神은 (志를 저장하므로) 크게 화를 내고 이것을 가라앉히지 못하면 지志를 상한다. 지志가 상하면 전에 하였던 말을 잘 잊어버린다. 허리를 구부렸다 폈다 하지 못하고 털이 거칠어지며 얼굴빛이 나빠져서 늦여름에 죽는다. 무섭고 두려운 것이 풀리지 않으면 정을 상한다. 정이 상하면 뼈가 시리고 위궐痿厥이 되며 정액이 때때로 나오게 된다고 하였다.[40]

是以肺氣虛，則使人夢見白物，見人斬血藉藉，得其時，則夢見兵戰。腎氣虛，則使人夢見舟溺人，得其時，則夢伏水中，若有畏恐。肝氣虛，則夢見菌香生草，得其時，則夢伏樹下不敢起。心氣虛，則夢救火陽物，得其時，則夢燔灼。脾氣虛，則夢飮食不足，得其時，則夢築垣蓋屋。此皆五藏氣虛，陽氣有餘，陰氣不足。合之五診，調之陰陽

肺氣가 허하면 꿈에 흰색의 물건이 보이거나 사람이 죽어 유혈이 낭자한 꿈을 꾸고, (金氣가) 왕성할 때는 전쟁하는 꿈을 꾼다. 腎氣가 허하면 배나 사람이 물에 빠지는 꿈을 꾸고, (水氣가) 왕성하면 물속에 들어가서 마치 무서운 일을 만난 것 같은 꿈을 꾼다. 肝氣가 허(虛)하면 초목이 자라는 꿈을 꾸며, (木氣가) 왕성하면 나무 아래에 엎드려 감히 일어나지 못하는 꿈을 꾼다. 心氣가 허하면 꿈에 불같이 뜨거운 물질을 구하고자 한다. (火氣가) 왕성하면 큰 불길이 타오르는 꿈을 꾼다. 脾氣가 허하면 음식이 부족한 꿈을 꾸고, (脾氣가) 왕성하면 담을 쌓고 집을 짓는 꿈을 꾼다. 이는 모두 오장의 기가 허하기 때문이데, 인체는 항상 양기가 남아돌고 음기가 부족하니 (외부에 나타나는 증상을 근거로) 오장을 진단하여 음양을 조화시켜야 한다.[41]

한의학에서는 오장육부의 건강 상태가 마음의 작용에 큰 영향을 미친다고 보았다. 따라서 건강한 마음, 안정된 마음을 갖추기 위해서는 오장육부의 건강이 선행되어야 한다고 보았다. 한의학에서는 혀를 통해서 느껴지는 음식의 맛의 정도에 따른 건강의 변화를 설명하기도 한다. 이것은 서양 의학에서는 쉽게 찾아보기 어려운 원리로서 특정한 맛의 음식을 과다 섭취했을 때 인체의 오장에 미치는 영향과 건강원리를 말하고 있다.

陰之所生，本在五味；陰之五官，傷在五味。是故味過於酸，肝氣以津，脾氣乃絶。味過於鹹，大骨氣勞，短肌，心氣抑。味過於甘，心氣喘滿，色黑，腎氣不衡。味過於苦，脾氣不濡，胃氣乃厚。味過於辛，筋脈沮弛，精神乃央。是故謹和五味，骨正筋柔，氣血以流，腠理以密，如是則骨氣以精，謹道如法，長有天命。

음정陰精이 생기는 것은 오미五味를 근원으로 한다. 그러나 음정陰精을 저장하는 오장五臟 또한 오미五味 중에서 (어느 한 가지만을 섭취하면) 그에 의해서 손상될 수 있다. 따라서 신맛(酸味)의 음식물을 과식하면 간기肝氣가 지나치게 왕성해지고 (肝氣의 억제를 받는) 비기脾氣가 소모되어 끊어지며, 짠맛(鹹味)의 음식물을 과식하면 (신기腎氣에 영향을 주므로) 골격이 손상되고 기육肌肉이 오그라들며 심기가 울결鬱結(한 곳에 몰려서 풀리지 않음)되고, 단맛(甘味)의 음식물을 과식하면 심기心氣에 영향을 주므로 숨이 차고 가슴이 답답하며,

> 안색이 검어지고 신기腎氣 역시 균형을 잃게 된다. 쓴 맛(苦味)의 음식물을 과식하면 비脾가 위胃를 유양하지 못하여 위기胃氣 역시 두터워진다(위기가 응체凝滯)됨으로). 매운맛(辛味)의 음식물을 과식하면 근맥이 손상되어 늘어지고 정신에도 해를 끼친다. 그러므로 음식물의 오미五味가 적당하게 조화를 이루어야만이 골격이 바르게 되고 근맥이 부드러워지며 기혈이 순조롭게 통하고 주리腠理가 조밀해지면 골기骨氣가 정미로워진다. 이와 같이 양생의 법도대로 하면 능히 천수를 누릴 수 있을 것이다.[42]

물론 단순히 몸의 동작만으로 행복감을 가져오게 한다는 것은 논리의 비약일 수 있으나 몸이 마음에 미치는 작용이라는 면에서 타당한 근거가 있다고 볼 수 있다.

나가는 글

몸과 마음은 상호 작용을 한다. 몸은 일방적으로 마음을 지배하지 않으며 마찬가지로 마음도 일방적으로 몸을 조절할 수 없다. 즉 몸과 마음은 서로 맞물려 있는 하나의 순환체계이다. 마음에서 행복을 느끼기 때문에 몸이 편안해지고 건강해질 수 있다. 하지만 그 반대로 행복을 불러오는 몸짓을 하면 마음에 행복감이 들 수도 있게 한다. 마음이 몸에 영향을 주는 것과 마찬가지로, 우리의 몸 역시 마음에 적지 않은 영향을 미친다는 것이다. 이 단순한 아이디어를 바탕으로 많은 과학자들이 행복감을 높이고, 걱정과 우울한 마음을 떨쳐버리며, 행복한 삶을 살아갈 수 있게 힘을 주는 간단하고 효과적인 방법을 개발해 냈다. "무언가를 원한다면, 이미 그것을 가지고 있는 것처럼 행동하라." 이에 따른 많은 자기 개발 방법을 만들어 낼 수 있다. 예를 들어, 근육에 힘을 주는 것을 통해 의지력을 높인다든가 웃는 표정을 지음으로써 행복감을 높인다든가 똑바른 자세를 취해서 자신감을 강화할 수 있다는 것이다.[43] 따라서 현재 마음에 행복감을 느끼고 있지 않다면 행복감을 불러일으키는 몸동작(예: 미소, 큰 기지개, 춤, 소리침, 활기찬 걸음 등)을 해 보자.[44] 심장 리듬을 안정시키고, 빠르지도 느리지도 않은 규칙적인 심박 수가 되도록 연습해 보는 것은 스트레스와 긴장에 시달리는 사람들에게 많은 도움이 될 것이다. 복식호흡과 이완법, 자율훈련, 요가, 명상 등이 그런 방법이다.[45]

행복한 척해 보자! 단지 행복한 생각을 떠올리는 것보다 자신이 정말로 행복하다고 느끼는 것처럼 행동하는 편이 훨씬 더 빠르고 효과적으로 행복감을 높이게 된다. 고개를 똑바로 들고, 두 팔을 힘차게 휘두르며 걸으며, 웃고, 행복한 표현을 써서 이야기를 하며, 춤추고, 노래하고, 운동하자. 그리고 자신이 좋아하는 일을 적극적으로 찾아서 하자.[46]

후 주

우리는 행복하다. 그럼에도 불행하다고 생각하고 있다

1 기싱, 이상옥 옮김, ≪기싱의 고백≫, 파주: 효형출판, 2000, 285쪽.

2 But I now thought that this end [one's happiness] was only to be attained by not making it the direct end. Those only are happy (I thought) who have their minds fixed on some object other than their own happiness[....] Aiming thus at something else, they find happiness along the way[....] Ask yourself whether you are happy, and you cease to be so.[2]John Stuart Mill, Autobiography in The Harvard Classics, Vol. 25, Charles Eliot Norton, ed., New York: P. F. Collier & Son Company, 1909, p. 94.

3 Mihaly Csikszentmihalyi, Flow: The Psychology of Optimal Experience, New York: Harper and Row, 1990. 발자크는 ≪골짜기의 백합≫에서 사랑의 몰입을 다음과 같이 표현했다. "그래서 나는 당신과 떨어져 있어야만 당신에게 얘기를 할 수 있는 것입니다. 당신 앞에 있으면 너무도 눈이 부셔서 볼 수도 없고, 너무도 행복해서 자신의 행복을 생각해 볼 수 없으며……"

4 2012년 7월 13일 자 ≪호주한국일보≫ 기사, 〈한국, 행복지수 OECD 꼴찌〉. 보건복지부에서 분석한 〈OECD 국가 행복지수 산정결과로 본 우리나라의 행복 수준〉에서도 다른 항목에 비해 우리나라가 주관적 행복 지수가 특히 낮은 것을 알 수 있다. 전체 행복지수가 OECD 30개국 가운데 25위였던 반면에, 건강은 23위, 그러나 주관적 생활만족 분야 순위는 28개국 가운데 26위였다. 보건복지 Issue and Focus, 7(2009).

5 행복에 대해서는 전문적인 지식이 필요하지 않고, 학자라고 해서 더 잘 아는 것도 아니다(White 15). Nicholas White, *A Brief History of Happiness*, London: Wiley-Blackwell, 2006, p. 15. 그리고 대린

맥마흔도 《행복의 역사》(윤인숙 옮김, 살림, 2008)에서 그러한 정의의 어려움을 피력하였다(15-38쪽).

6 《동아일보》 2008년 11월 18일 자, "한국하면 삼성 LG 현대 떠올라." 이것은 구글이 31개 국가를 대상으로 각 나라를 대표하는 키워드를 정리한 것으로, 한국의 이미지로는 '급한 성격'과 '일중독', '부지런하고 야심이 있음', '친절함과 친근함' 등이 꼽혔다.

7 오히려 그는 "돈을 버는 삶은 일종의 강제된 삶,"(21) 품위가 없는 삶이라고 주장하였다. 천병희 옮김, 《니코마코스 윤리학》, 숲, 2013, 21쪽. 당시에 상업이 경멸되었기 때문이었다.

8 김성동, 〈행복의 윤리학 시론〉, 《철학탐구》 24, 2008, 141-168쪽. 142쪽 참조.

9 헬레나 노르베리-호지, 김영욱 · 홍승아 옮김, 《행복의 경제학》, 서울: 중앙북스, 2012, 55쪽.

10 알랭 드 보통, 정영목 옮김, 《불안》, 서울: 은행나무, 2013, 64쪽에서 재인용.

11 불행의 터널에서 빠져나갈 수 없다고 느끼는 사람들은 다음과 같이 복수의 칼날을 갈 수 있다. "왜 다른 사람들이 행복하거나 만족한 모습을 보면 이런 불합리한 분노가 생기는 걸까? 왜 사람들을 경멸하는 마음과 그들을 상처 입히고 싶은 욕망이 자라나는 걸까?" 카포티의 《인콜드블러드》(박현주 옮김, 시공사, 2006)에서 두 살인범은 그러한 분노에 사로잡혀서 살인을 한다(75쪽).

12 홉스봄, 정도영 외 옮김, 《혁명의 시대》, 파주: 한길사, 1994, 309쪽.

13 《한국경제》 2013.8.20.

메이지유신과 국민 행복의 탄생

1 〈資料4 新成長戦略〉, 《幸福度に関する研究会について》, 2010.12.9. 이하의 자료들은 일본 내각부 '행복도에 관한 연구회(幸福度に関する研究会)' 홈페이지에서 확인할 수 있다 (http://www5.cao.go.jp/keizai2/koufukudo/koufukudo.html).

2 《幸福度に関する研究会報告-幸福度指標試案-》, 2011.12.5., 12-40쪽.

3 정지범, 《국민 행복 결정요인 분석 및 제도적 관리 방안 연구》(KIPA연구보고서 2011-26), 한국행정연구원, 2011, 3-4쪽 참조.

4 대린 맥마흔 지음, 윤인숙 옮김, 《행복의 역사》, 파주: 살림, 2008, 30-31쪽 참조.

5 이재승, 〈행복추구권의 기원과 본질〉, 《민주법학》 38호, 2008, 100쪽.

6 권보드래, 〈'행복'의 개념, '행복'의 감성-1900~10년대 《대한매일신보》와 《매일신보》를 중심으로-〉, 《감성연구》 창간호, 2010, 120쪽.

7 권보드래 씨와 달리 탁석산 씨는 "최초 등장 시기를 정확하게 알 수는 없지만 1886년 10월 4일 자 《한성주보》 기사에서 행복이라는 말을 확인할 수 있다."고 지적한다(《행복 스트레스》, 창비, 2013, 37쪽).

8 권보드래 씨의 분석은, 한국이 '주체'적으로 국가체제를 수립하던 시기에는 국가주의적 성격의 행복 개념이 제시되고, 그 '주체'가 '식민권력'으로 이양되었을 때에는 행복이라는 개념이 사적 영역으로 제한된다고 이분법적으로 구분함으로써, 행복 개념의 정착과정을 식민지배 이전과 이후라는 '국가권력'의 문제로 치환시키고 있다. 그 결과 동아시아의 '행복'이 서양의 happiness를 '근대적'으로 이해하고 번역한 것이었던 만큼, '국가권력'이라는 '주체'와 함께 '개인'이라는 또 다른 주체의 개념이 애초부터 내포되어 있었던 점을 간과하고 있다.

9 근대 일본의 대표적인 사상가이자 교육자인 후카자와에 대해서는 한국에서도 많은 연구와 번역이 있다. 참고할 만한 연구성과는 후쿠자와 유키치 지음, 남상영·사사가와 고이치 옮김, ≪학문의 권장≫, 小花, 2003; 허호 옮김, ≪후쿠자와 유키치 자서전≫, 이산, 2006; 마루야마 마사오 지음, 김석근 옮김, ≪<문명론의 개략>을 읽는다≫, 문학동네, 2007; 고야스 노부쿠니 지음, 김석근 옮김, ≪후쿠자와 유키치의 <문명론의 개략>을 정밀하게 읽는다≫, 역사비평사, 2007; 야스카와 주노스케 지음, 이향철 옮김, ≪후쿠자와 유키치의 아시아 침략사상을 묻는다≫, 역사비평사, 2011; 임종원, ≪후쿠자와 유키치≫, 한길사, 2011; 정명환 옮김, ≪후쿠자와의 문명론≫, 기파랑, 2012; 다카시로 코이치(高城幸一), ≪후쿠자와 유키치의 조선정략론 연구≫, 선인, 2013 등이 있다.

10 권보드래 씨는 행복이라는 단어가 1872년 ≪메이로쿠잣시(明六雜誌)≫ 창간호, 1874년 기조의 General History of Civilization in Modern Europe을 번역한 나가미네 히데키(永峰秀樹)의 ≪구라파문명사(歐羅巴文明史)≫, 1881년 스펜서의 Social Statics를 번역한 마쓰시마 쓰요시(松島剛)의 ≪사회평권론(社会平権論)≫ 등에서 등장한다고 적고 있다(앞의 <'행복'의 개념, '행복'의 감성-1900~10년대 ≪대한매일신보≫와 ≪매일신보≫를 중심으로->, 124쪽 참조).

11 1860년에는 군함봉행(軍艦奉行) 기무라(木村)의 수행원으로 미국을 방문했고, 1861년에는 바쿠후(幕府)의 유럽사절단 수행원으로 유럽을 방문했다. 이하 연도는 양력을 기준으로 함.

12 ≪西洋事情≫ 初編(抄), ≪福沢諭吉著作集≫ 第1巻, 慶應義塾大学出版会, 2002, 68쪽. 밑줄 및 강조는 인용자. 이하 동일.

13 加藤周一·丸山真男 校注, ≪日本近代思想大系15 翻訳の思想≫, 岩波書店, 1991, 37쪽.

14 앞의 ≪西洋事情≫ 初編(抄), ≪福沢諭吉著作集≫ 第1巻, 72쪽.

15 앞의 ≪日本近代思想大系15 翻訳の思想≫, 42쪽.

16 대린 맥마흔 지음, 앞의 책, 446쪽.

17 이재승, 앞의 글, 124쪽.

18 Google books에서 원문을 검색할 수 있다(http://books.google.co.kr/books?id=RpMBAAAAQAAJ&pg=PA1&hl=ko&source=gbs_toc_r&cad=4#v=onepage&q&f=false).

19 이 책은 챔버스 출판사의 교육총서(Educational Course) 중 하나로 포켓북 크기이다. 원서에 저자가 밝혀져 있지 않아서 후쿠자와도 '영인 챔브르 씨 소선(英人チャンブル氏所撰)'이라 적었다. 하지만 이

책의 저자는 스코틀랜드의 저술가 버튼(John Hill Burton)이다(〈解説〉, ≪福沢諭吉著作集≫ 第1巻, 慶應義塾大学出版会, 2002, 351쪽 참조).

20 ≪西洋事情≫ 外篇 巻之三, 앞의 ≪福沢諭吉著作集≫ 第1巻, 88쪽.

21 "Political Economy, for use in schools, and for private instruction"(Published by William and Robert Chambers, 1852), 2쪽.

22 박효경, 〈'裸体画'의 성립과 '벗은 몸' 그리기-근대 일본의 '나체화'를 중심으로-〉, ≪일본학보≫ 제96집, 2013, 267쪽 참조.

23 의식적인 구분을 후쿠자와가 처음한 것인지, 아니면 이미 누군가 한 것을 후쿠자와가 차용한 것인지는 불명확하며, 이를 밝히는 작업은 번역어 幸福(행복)의 어원을 추적하는 문제이기도 하다. 이 글의 목적은 번역어 幸福(행복)의 담론을 분석하는 것이므로, 이 문제에 대해서는 다루지 않고자 한다. 참고로 幸(さいわい)의 또 다른 훈독으로 幸(しあわ)せ(시아와세)가 있다. 그 의미도 幸(사이와이)와 동일하게 '복/운'이고, 幸福(행복)과 구분되는 용법도 거의 동일하다.

24 ≪西洋事情≫ 外篇 巻之三, 앞의 ≪福沢諭吉著作集≫ 第1巻, 101-102쪽.

25 앞의 "Political Economy, for use in schools, and for private instruction", 10쪽.

26 ≪西洋事情≫ 外篇 巻之三, 앞의 ≪福沢諭吉著作集≫ 第1巻, 187쪽.

27 앞의 "Political Economy, for use in schools, and for private instruction", 49쪽.

28 ≪西洋事情≫ 外篇 巻之三, 앞의 ≪福沢諭吉著作集≫ 第1巻, 191쪽.

29 앞의 "Political Economy, for use in schools, and for private instruction", 51쪽.

30 이 책은 운율에 맞춰 음독할 수 있도록 7・5조로 서술되어 있어서 "전국의 아동이 이것을 외워서 읊조리는 게 마치 오늘날의 민요나 동요를 부르듯 하여 세계의 지리와 사상을 일반에 보급시키는 데 대단히 효과가 있었다"(石河幹明, ≪福沢諭吉伝≫ 第2巻, 岩波書店, 1994, 13쪽 참조).

31 ≪世界国尽≫, ≪福沢諭吉著作集≫第2巻, 慶應義塾大学出版会, 2002, 64쪽.

32 위의 책, 154-156쪽.

33 加藤弘之, ≪立憲政體略≫, ≪日本の名著34 西周・加藤弘之≫, 中央公論社, 1972, 334쪽.

34 위의 책, 333쪽.

35 위의 책, 334쪽.

36 에도시대의 백성(百姓)이 좁게는 피지배층의 대다수를 차지하는 농민, 넓게는 피지배층 일반을 의미하므로, 가토가 제시한 '백성의 행복'은 앞에서 후쿠자와가 말했던 '국민 일반'의 행복과 동일한 의미라 할 수 있다.

37 연차별 백성잇키 발생 수는 1868년 108건, 1869년 97건, 1870년 61건, 1871년 47건, 1872년 27건, 1873년 55건이다(青木虹二, ≪百姓一揆総合年表≫, 三一書房, 34쪽 참조).

38 1872년에 이어서 1876년 오우(奥羽) 지방순행, 1878년 호쿠리쿠(北陸) 지방순행, 1880년 야마나시(山

梨)・미에(三重)・교토(京都) 지방순행, 1881년 야마가타(山県)・아키타(秋田)・홋카이도(北海道) 지방순행, 1885년 산요도(山陽道) 지방순행이 실시되었다. 이를 메이지전기 6대 순행(巡幸)이라고 한다(타키 코지 지음, 박삼헌 옮김, ≪천황의 초상≫, 소명출판, 2007, 77-109쪽 참조).

39 박삼헌, ≪근대 일본 형성기의 국가체제≫, 소명출판, 2012, 128-129쪽 참조.

40 한중일3국공동역사편찬위원회 지음, ≪한중일이 함께 쓴 동아시아 근현대사≫ 1, 휴머니스트, 2012, 55-56쪽 참조.

41 박삼헌, 〈근대전환기 일본 '국민'의 동아시아 인식-1870년대 건백서를 중심으로〉, ≪동북아역사논총≫32호, 2011, 198-205쪽 참조.

42 1869년부터 유신정부가 화족(華族)과 사족에게 그 가격(家格)에 따라 지급한 봉록(俸祿). 1876년 질록처분으로 폐지되었다.

43 1874년 10월 11일, 〈飾磨県士族三間元長ヨリ同県権令へ軍資金献納願〉(国立公文書館アジア歴史資料センター, レファレンスコードA03030871000), 45-46쪽.

44 〈皇国支那和議決約之図〉, 千葉市美術館編, ≪文明開化の錦絵新聞-東京日日新聞・郵便報知新聞全作品-≫, 国書刊行会, 2008, 42-43쪽.

45 앞의 千葉市美術館編, ≪文明開化の錦絵新聞-東京日日新聞・郵便報知新聞全作品-≫, 97쪽.

46 板垣退助監修, 遠山茂樹・佐藤誠朗校訂, ≪自由党史≫ 上, 岩波文庫, 1957, 87쪽. 행복안전사는 도쿄 교바시구(京橋区) 긴자(銀座) 3초메(丁目)에 있었다. 이타가키 등은 행복안전사를 토대로 1월 12일 애국공당(愛国公党)이 결성했다. 애국공당은 자유민권운동 시기에 결성된 최초의 정치결사이다.

47 위의 책, 93쪽.

48 위의 책, 195쪽, 197-198쪽, 201-203쪽. 입지사(立志社)는 이타가키를 중심으로 1874년에 토사(土佐)에서 결성된 정치결사로, 자유민권운동에서 중심적인 역할을 수행했다.

49 위의 책, 222쪽. 애국사는 1875년에 입지사가 각지의 자유민권 정치결사를 결집하여 조직한 전국적 정당. 결성 직후 해체되었다가 1878년에 다시 결성되었다.

50 위의 책, 287쪽. 2부(府) 22현(縣) 8만 7천여 명의 총대(總代) 114명이 1880년에 애국사를 개칭하여 결성한 전국조직. 국회개설청원운동을 추진하여 1881년 자유당 창립의 모태가 되었다.

51 1880년 3월 2일, 愛媛縣士族綾野宗藏・茨城県平民中山三郎等1府9縣27名, 〈國會開設建言〉, ≪明治建白書集成≫ 第五卷, 筑摩書房, 1996, 751-752쪽.

52 青山薫, 〈論客の多きは国家の幸福〉, 岡軌光 編, ≪大阪演説叢談≫ 第2輯, 朝日新聞社, 1879, 15쪽.

53 板垣退助監修, 遠山茂樹・佐藤誠朗校訂, ≪自由党史≫ 中, 岩波文庫, 1958, 115쪽.

54 新井章吾, 〈聖論ヲ謹讀ス〉, ≪自治政談≫ 第二号, 1884.10.28., 4-5쪽. '지나'라는 표현은 중국을 멸시하는 용어이지만, 사료인용에 한해서 사용했다. 아라이 쇼고는 1856년에 도치기현(栃木縣) 후키가미촌(吹上村)에서 농사와 상업을 겸업하는 집안의 장남으로 태어나, 후키가미촌의 부호장(副戸長)・호장(戸長)과 현의원

을 거쳐 자유민권운동에 투신한 전형적인 호농출신의 민권운동가이다. 1885년 오사카사건으로 옥살이를 한 후, 1890년 제1회 중의원 총선거에서 당선된 이래 1903년 제9회 총선거까지 7번이나 당선되었다. 1897년에는 고등관 2등에 해당하는 척식무성(拓植務省) 북부국장(北部局長)에 임명되어 잠시나마 관직에 몸을 담기도 했다(大町雅美, ≪新井章吾—栃木県の自由民権家と政治—≫, 下野新聞社, 1979 참조).

55 福沢諭吉, ≪文明論之概略≫, ≪福沢諭吉著作集≫第4巻, 慶應義塾大学出版会, 2002, 21-22쪽(정명환 옮김, ≪후쿠자와의 문명론≫, 기파랑, 2012, 26-27쪽).

56 中江兆民, ≪三醉人經綸問答≫, 岩波文庫, 1965, 49-50쪽(연구공간 '수유+너머' 일본근대사상팀 옮김, ≪삼취인경륜문답≫, 소명출판, 2005, 76-77쪽).

57 安丸良夫, ≪近代天皇像の形成≫, 岩波書店, 1992, 256-257쪽(박진우 역, ≪근대천황제의 형성≫, 논형, 2008, 253쪽).

58 安在邦夫, ≪立憲改進党の活動と思想≫, 吉川弘文館, 1992, 202쪽 참조.

59 앞의 ≪自由党史≫ 中, 80쪽.

60 위의 책, 99쪽.

61 遠山茂樹, ≪自由民権と現代≫, 筑摩書房, 1985, 155쪽.

62 1887년 12월 25일, ≪保安条例≫ 勅令 第67号(国立公文書館アジア歴史資料センター, レファレンスコードA03020016500).

63 伊東博文著, 宮沢俊義校注, ≪憲法義解≫, 岩波書店, 1940, 34쪽.

64 1889년 2월 5일, 〈社説 再び憲法発布に就て〉, ≪東京朝日新聞≫ 1247号, 조간 1면.

65 幸徳春秋, 〈死刑の前〉, 幸徳春秋全集編集委員会編, ≪幸徳春秋全集≫第6巻, 明治文献, 1968, 550-551쪽, 555-556쪽(임경화 엮고 옮김, ≪나는 사회주의자다-동아시아 사회주의의 기원, 고토쿠 슈스이 전집≫, 교양인, 2011, 538-539쪽, 544-545쪽).

66 岸田吟香, 〈寄書 楽善堂養生話〉, ≪読売新聞≫ 第815号, 1877.10.4. 조간 3면.

67 ≪読売新聞≫ 第780号, 1877.8.23. 조간 1면. 여기에서 '짐'은 메이지천황이다. 이것은 1877년 도쿄 우에노(上野) 공원에서 개최된 제1회 내국권업박람회(1877.8.21.~11.30)을 전하는 기사이다. 인용 자료는 메이지천황이 발포한 칙선(勅宣)의 일부이다.

68 원제목은 ≪도덕학 요론(*The Elements of Moral Science*)≫(1835)이다.

69 福沢諭吉, ≪学問のすすめ≫, ≪福沢諭吉著作集≫ 第3巻, 慶應義塾大学出版会, 2002, 84쪽(남상영・사사가와 고이치 옮김, ≪학문의 권장≫, 小花, 2003, 108쪽).

70 福沢諭吉, ≪童蒙教草≫(1872), ≪福沢諭吉著作集≫ 第2巻, 慶應義塾大学出版会, 2002, 192쪽

71 후쿠자와가 게이오기주크(慶應義塾)에서 교과서로 사용한 탓인지, 메이지 초기에 웨일런드 저서의 번역서는 당시로서는 드물게 5종이나 출판되었다. ≪修身学≫ 上編(神轉知常 역, 1873), ≪泰西修身論≫(山本義俊 역, 1873), ≪修身論≫(阿部泰蔵 역, 문부성 발행, 1874), ≪米人淮蘭徳著 修身学≫(平野久太

郎 역, 1885), ≪威氏修身学≫(大井鎌吉 역, 문부성 발행, 1878~1879) 중에서 아베 타이조(阿部泰蔵)의 번역서가 수신과 교과서로 사용되었다. 메이지 초기의 웨일런드 붐에 대해서는 伊藤正雄, 〈福沢のモラルとウェーランドの≪修身論≫〉, ≪福沢諭吉論考≫, 吉川弘文館, 1969 참조.

힐링, 행복 실현을 위한 진정한 도구인가?

1 Eva S. Moskowitz, *In Therapy We Trust: America's Obsession with Self Fulfillment*, Baltimore: The Johns Hopkins UP, 2001, p. 1.

2 Frank Furedi, *Therapy Culture: Cultivating Vulnerability in an Uncertain Age*, London: Routledge, 2004, 재인용, p. 24.

3 안소니 기든스(Anthony Giddens), 권기돈 옮김, ≪현대성과 자아정체성: 후기 현대의 자아와 사회≫, 서울: 새물결, 1997, 41쪽.

4 Frank Furdi, *op. cit.*, p. 24.

5 고현실, http://www.yonhapnews.co.kr/bulletin/2013/02/12/0200000000AKR20130212219500005.HTML?did=1179m, 2013.2.13.

6 신소원, http://reviewstar.hankooki.com/Article/ArticleView.php?WEB_GSNO=10090200, 2013.2.8.

7 에바 일루즈, 김정아 역, ≪감정자본주의≫, 파주: 돌베개, 2010, 112쪽

8 *Ibid.*, pp. 106-107.

9 Alyson M. Cole, *The Cult of True Victimhood: From the War on Welfare to The War on Terror,* Stanford: Stanford UP, 2007, pp. 137.

1980년대부터 미국에서는 피해(희생)자의 권리를 배타적으로 강조하고 지지하는 소위 '피해자주의(victimism)'의 문화가 형성되었다. 이런 문화현상에 대한 비판적인 반응으로 드 소자(D' Souza)와 사이크즈(Sykes)와 같은 비평가는 '피해자주의'를 "집단으로 짜증을 부리는"것으로 특징짓거나 "성장을 거부한" "낙심한 청소년"과 같은 행동 패턴이라고 비난한다(Cole 재인용 31-32). 그런가 하면, 웬디 카미너(Wendy Kaminer)는 자기-계발의 형식들은 어떤 개인이 자신을 피해자라고 생각할 때 심적인 피난처가 될 만한 다양한 의사-전문적인 용어와 개념을 소개한다고 비판한다. 말하자면 '피해자주의' 문화에 대한 역풍으로 반-피해자주의 담론이 형성된 것이다. 피해자 담론이 생존자 나아가 승리자(혹은 목적 달성자) 담론으로 굴절되는 전적인 요인은 아니라 하더라도, 적어도 이 대립적인 구도는 '피해자주의'가 생존자(승리자) 담론의 허울을 쓰게 하는 중요한 요인이 된다.

10 일루즈, 강주헌 역, ≪오프라 윈프리, 위대한 탄생≫, 서울: 스마트비즈니스, 378쪽.

11 위의 책, 378쪽.

12 Susannah Radstone, "Screening Trauma: 'Forrest Gump'," *Memory and Methodology,* Susannnah Radstone(Ed), New York: Berg, 2000, p. 100.

13 Anne Rothe, *Popular Trauma Culture: Selling the Pain of Other in the Mass Media,* New Jersey: Rutgers UP, 2011, 재인용, p. 33.

여가와 행복—리조트 여행을 중심으로

1 '리조트 여행'은 필자의 조어로서 체계적으로 정립된 개념은 아니다. 여행사가 숙박 장소와 관광일정을 한데 묶어서 내어놓는 패키지여행과는 조금 다르게 리조트 여행은 대개의 일정이 상업적으로 조성된 리조트나 호텔을 중심으로 이루어진다. 전 세계적인 체인망을 형성하며, 단지 내에서 다양한 체험활동을 제공하며, GO(Gentle Organizer)라 불리는 다양한 국적의 도우미들이 활동을 도와주는 클럽메드나 PIC 리조트가 그 대표적인 예가 될 것이다.

2 물론 모든 리조트 여행을 동일한 층위에서 바라볼 수는 없을 것이다. 한 해에도 몇 번씩 휴양여행을 떠나는 중산층 가족과 평생 처음 해외여행을 가보는 할머니들의 단체여행, 젊은 시절에는 배낭여행을 했으나 어린 자녀 때문에 리조트 여행을 선택한 젊은 부모들의 체험에는 분명 차이가 있을 것이다. 이 글은 리조트 여행에 나타나는 다양한 계급, 세대, 혹은 성차의 요소를 인지하나 그에 주목하기보다는 자본주의적 상품으로서의 리조트 여행을 고찰해 보는 것에 초점을 맞추고자 한다.

3 남해경·김영래, ≪여가와 풍요의 역설≫, 파주: 한울, 2012, 50-51쪽.

4 위의 책, 50쪽.

5 위의 책, 36쪽.

6 로버트 스키델스키·에드워드 스키델스키 공저, 김병화 역, ≪얼마나 있어야 충분한가(How much is enough?)≫, 서울: 부키, 2013, 272쪽.

7 한나 아렌트(Hannah Arendt)는 인간의 삶을 활동적 삶(Vita Activa)과 관조적 삶(Vita Contemplativa)으로 구분하고, 활동적 삶을 다시 행위(action), 작업(work), 노동(labor)으로 구분했는데, 남해경과 김영래는 행위 개념이 속성상 지니고 있는 예측 불가능성(unpredictability)과 자기발생성(spontaneity)에 착안하여, 아렌트의 행위 개념과 여가를 연결시킨다. 남해경·김영래, 앞의 책, 144-148쪽.

8 로버트 스키델스키·에드워드 스키델스키 공저, 앞의 책, 273쪽.

9 'schole'의 반대말은 'ascholia'인데, 이는 노동(labor)이 아니라, 몸과 마음이 무언가로 바쁨(busyness)

을 의미한다(남해경 · 김영래, 앞의 책, 153쪽에서 재인용). 그렇다면 schole는 단지 노동으로부터 놓여난 시간이 아니라 마음이 함께 여유를 얻는 상태를 의미하며, 아리스토텔레스는 이러한 schole가 최상으로 이루어지는 상태를 'eu-daimonia'(the well being of daimon)로 지칭했다(남해경 · 김영래, 75, 77쪽).

10 로버트 스키델스키 · 에드워드 스키델스키 공저, 앞의 책, 274쪽.

11 위의 책, 275쪽.

12 탁석산, ≪행복 스트레스≫, 파주: 창비, 2013, 83-84쪽.

13 위의 책, 84쪽에서 재인용.

14 스키델스키 부자가 인용하고 있는 제너럴모터스 연구소 소장의 정의에 따르면, 광고는 "불만족의 체계적 창조"이다. 스키델스키 공저, 앞의 책, 75쪽에서 재인용.

15 이 숙어는 1913년에 시작하여 1939년까지 미국의 신문에 연재된 아서 모맨드(Arthur Momand)의 동명 만화 ≪존스 가족 따라잡기(*Keeping up with the Joneses*)≫에서 유래한다. 우리가 따라잡아야 하는, 뒤처질까 두려워하는 다른 이들의 존재가 그러하듯이, 이들 가족은 등장인물의 말 속에서만 존재할 뿐 실제 모습을 나타내지는 않는다. "Keeping up with the Joneses" Wikipedia(www. wikipedia.org).

16 탁석산, 앞의 책, 110쪽에서 재인용.

17 위의 책, 111쪽.

18 대명콘도 홈페이지(www.daemyungresort.com)

19 ≪우아하게 가난해지는 방법≫의 저자 알렉산더 폰 쇤부르크(Alexander Von Schönburg)는 매우 풍자적인 어조로 이러한 상황을 묘사한다. "관광 휴양지의 호텔들은 도시의 경우보다 훨씬 더 열악하다. 지옥의 모습이 그렇지 않을까 싶다. '이탈리아 마을을 본따' 조성한 광장(잠깐, 하지만 우리는 샤름엘셰이크에 있다) 주변에 우연인 듯 항상 열려 있는 가게들과 '모든 것이 음식 값에 포함되어 있는' 여러 종류의 레스토랑 7개가 둘러서 있다. 휴양지에 머무르는 동안 아이들은 어린이 클럽과 소풍을 빌미 삼아 조직적으로 부모들과 격리된다. 주변 시설은—단체 소풍을 제외하고는—가능한 울타리 밖을 떠나고 싶은 마음이 전혀 들지 않도록 설계되어 있다. 그 대신에 호텔 경영진은 휴양 시설 안에서 이상적인 현실을 구현하려는 야심을 보인다." 알렉산더 폰 쇤부르크, 김인순 역, ≪우아하게 가난해지는 방법≫, 파주: 열린책들, 2006, 112쪽.

20 엘리자베스 베커, 유영훈 역, ≪여행을 팝니다: 여행과 관광에 감춰진 불편한 진실≫, 명랑한지성, 2013, 131쪽

21 로버트 스키델스키 · 에드워드 스키델스키 공저, 앞의 책, 272쪽.

22 알랭 드 보통, 정영목 역, ≪일의 기쁨과 슬픔≫, 서울: 은행나무, 2012, 83-84쪽.

23 위의 책, 113쪽.

24 위의 책, 113쪽.

25 위의 책, 113-114쪽.

26 위의 책, 113쪽.

27 위의 책, 88쪽.

28 정문태는 인도네시아의 역사를 다룬 신문 칼럼에서 1965년 수하르토의 공산당 박멸 정책으로 인도네시아 전체로는 100~300만 명이, 발리에서만 인구의 5~10%에 이르는 10~20만 명이 단기간에 학살당했지만, 기득권 세력의 방해로 여전히 진상 조사와 명예 회복이 요원한 상태임을 지적한다. 그에 따르면, "희생자들을 쏘아 죽였던 그 시울 바닷가 모래사장에는 지금도 영문 모르는 청춘 남녀들이 사랑을 속삭이고 있을 뿐"이며, "나는 세상 곳곳에서 몰려든 숱한 관광객들이 지상낙원을 노래하는 발리에 앉아 심사가 아주 복잡"하다고 적고 있다. 〈발리는 제주의 아픔을 안다〉, ≪한겨레≫, 2013년 11월 19일, 25면.

29 이규명, 〈월리스 스티븐스의 〈일요일 아침(Sunday Morning)〉에 대한 정신분석학적 접근〉, 신영어영문학회 1999년 춘계학술발표회, 34-44쪽.

30 위의 글, 40쪽.

31 인터넷, 컴퓨터, 스마트폰 등 정보통신기기의 발달로 일과 여가의 구분이 없어졌으나 이는 여가의 확장에 기여하기보다는 오히려 일에 의한 여가의 침식을 가져옴으로써 질적으로나 양적으로나 여가를 감소시키는 결과를 야기하였다.

근대 이상적 가정과 행복에 관한 소고小考

1 憑虛, 〈피아노〉, ≪개벽≫, 1922.11.1., 30-63쪽.

2 신용하・장경섭, ≪21세기 한국의 가족과 공동체문화≫, 파주: 지식산업사, 1997, 108쪽.

3 김태길, ≪유교적 전통과 현대 한국≫, 파주: 일지사, 1998, 321쪽.

4 민황기, 〈家族 共同體意識의 提高方案〉, ≪동서철학연구≫, 2007, 69쪽.

5 프랑스의 베르그송(Henri Bergson)은 이러한 가정의 도덕을 '폐쇄적 도덕'이라고 비난하였다. 이러한 가정윤리는 필연적으로 인간은 共同的 存在라는 인식과 윤리의 공동성에 대한 인식으로부터 멀어져서 공공사회에 대한 가족적 이기주의로 되기 마련일 것이다. 이것은 곧 개인주의를 너무 강조한 시민사회의 체제에서 나온 가정윤리의 하나의 양상임에 틀림없다. 위의 책, 234쪽.

6 장병희, 〈현진건 단편소설 연구〉, ≪어문학논총≫, 국민대학교 어문학연구소, 1988, 97쪽.

7 ≪일제 침략 아래서의 서울≫, 서울시사편찬위원회, 큰기획, 2002, 186쪽.

8 諸氏, 〈性에 關한 問題의 討論(其二), 理想的 家庭制 妓生撤廢〉, ≪동광≫, 1931.12.1., 52쪽.

9 신수진, 〈한국의 가족주의 전통〉, 한국가족관계학회지, 1998, 138쪽.

10 이광규, ≪한국 가족의 구조분석≫, 파주: 일지사, 1975, 276쪽.

11 신수진, 앞의 책, 1998, 54쪽.

12 家庭生活은 團欒스럽고 平和스럽고 또 淸淨스럽게 하기에 努力하겟습니다(崇實專門 蔡弼近),家庭은 夫婦中心으로 어린이를 爲하는 家庭(朝鮮日報社 李瑄根),飮食과 衣服에 對한 것만은 집안에 장만치 아니하고 적어도 25,6歲 以上 子女만은 서로 別居하엿으면 합니다(辯護士 李仁),生產할 수 있는 사람들이 모인 家庭으로 奴隷視하든 女子에 對한 觀念을 떠난 家庭(畵家 安碩柱),家庭을 慰安機關으로 보시는 듯하나 家庭이란 人生苦의 實驗室인 줄 생각합니다. 制度가 아모리 變한다 하드래도 이 苦만은 依然히 苦로 남을 것 갈습니다(小說家 玄鎭建)家庭. 大家族制度打破. 夫婦間의 經濟 獨立. 따라서 兩者의 人格的 平等. 子女 敎育과 飮食, 衣服凡節은 社會的 施設을 要함(平壤 呂順玉 女史)家庭은 반드시 一夫一妻制가 最高 合理的일 것이오(大邱 徐相日),家庭 - 夫婦制度로의 家庭을 理想에 가까웁다고 생각합니다(金村 黃賢順 女士),내가 徹底한 理想과 經濟의 여유만 잇다면 理想的 家庭 또는 意思 合致의 結婚을 할 수 잇는 것이고(咸興 李舜基), 家庭... 社會의 延長 그것인 家庭, 즉 社會를 모든 目的으로 삼고 구성된 家庭(梨花專門 裵相河), 諸氏, 앞의 책, 1931.12.1., 43쪽.

13 朴○熙, <無知의 苦痛과 설넝湯신세, 新舊家庭生活의 長點과 短點>, ≪별건곤≫, 1929.12.1., 22쪽.

14 憑虛, <운수 조흔 날>, ≪개벽≫, 1924.6.1., 1-58쪽.

15 일반음식갑 감하에 짤하 설렁탕갑 인하문제로 경찰당국에서는 十전을 바드라고 권고함에반하야 영업자들은 十三전을 주장해오든바 작十一일 다시 타협한 결과 十二전으로 결정하야 명十三일부터 시행하기로 되엇다고한다. <京城 설렁湯 갑은 十二錢 밧기로>, ≪동아일보≫, 1930.11.13., 6쪽.

16 앞의 책 ≪일제 침략 아래서의 서울≫, 76쪽.

17 <幸福한 結婚을 細分하면>, ≪삼천리≫, 1934.6.1., 21쪽.

18 <즐거운 나의 家庭>, ≪삼천리≫, 1940.10.1./1941.1.1., 21쪽/34쪽.

19 위의 글.

20 이상만, <한국근대양악변천사의 시대구분>, ≪한국음악사학보≫, 2001, 325쪽.

21 민경찬, <서양음악의 수용과 음악교육 - 일제 강점기의 초등음악교육을 중심으로>, ≪음악학≫, 2002, 196쪽.

22 서우선, <피아노 도입기 수용계층의 특성과 피아노의 사회문화적 의미>, ≪음악과 민족≫, 2007, 89쪽.

23 김현수, <피아노연주변천사1>, ≪피아노음악≫, 1996.1., 217쪽

24 서우선, 앞의 책, 90쪽.

25 이 현상은 한국에서 피아노가 부유한 특정계층에서 계승 확산되는 결과를 초래하였다.

26 김종욱, <근대 한국 피아노 연주사 일람(1906~1919)>, ≪피아노 음악≫, 1987.6., 68쪽.

27 서우선, 앞의 책, 93쪽.

28 조선에서 단독 피아노 연주가 최초로 개최된 것은 1916년이다. ≪매일신보≫, 1912.12.13., 7쪽.

29 <金永龜氏 美擧>, ≪동아일보≫, 1936.6.16., 12쪽.

30 위의 글.

31 初期 유성기 모델들의 音質은 빈약하기 짝이 없었다. 상당히 高價品에 속하는 유성기를 구매하고 향유할 수 있었던 계층은 역시 上流層 사람들이었다. 그들은 그런 빈약한 音質의 레코드를 향유하기보다는 직접 生音樂으로 들을 수 있는 經濟力을 갖고 있었다. 지금껏 유성기 연구에서 간과하고 있었던 부분의 하나가 "裝飾品으로서의 留聲機의 價値"를 외면한 傾向이 있다. 豪華로운 裝飾을 한 유성기 모델들은 가정 내에서 자신들의 "富를 과시하는 하나의 象徵物"로서 충분히 存在價値가 있었던 것이다. 또한 그에 맞추어 상당히 藝術的이며 裝飾性을 갖고 있는 모델들이 많이 나와 있었다. 최박광 공저, ≪동아시아 문화표상≫, 박이정, 2007, 49쪽.

유성기 연도별 가격추이(이상길, <유성기의 활용과 사적 영역의 형성>, ≪언론과 사회≫, 언론과사회, 2001, 139쪽)

1911~12	1925	1926	1932	1934
20원/25원/30원/ 60원/90원	35원/45원/80원/ 300원	최저가품 8원50전/18원	4·5원부터 300원까지	2~30원 이하, 50원/ 300원

32 서구의 레코드 비즈니스 界의 洋樂의 신화화에 대해서는 괘를 달리해 설명할 필요가 있다.

33 南博 編, ≪昭和文化≫(1925~1945), 東京 勁草書房, 1987, 412쪽.

34 <朝鮮어멈(二) 中產階級 筆頭로 貴族沒落의 吊種>, ≪동아일보≫, 1928.3.14., 10쪽.

35 <中產階級의 吊鍾!>, ≪동아일보≫, 1930.11.1., 9쪽.

36 <昨年末 朝鮮人口 千九百卅三萬, 일본인은 四十八만八千 朝鮮人은 千八百萬名>, ≪동아일보≫, 1930.11.5., 8쪽.

37 앞의 책 ≪일제 침략 아래서의 서울≫, 265쪽.

38 서우선, 앞의 책, 85쪽.

'살 만한 사회'를 위한 하인리히 뵐의 대안사회 모델

1 이 글은 필자의 논문 <하인리히 뵐의 반 생태사회에 대한 저항>(카프카연구 제24집(2010))에서 일부를 발췌했다.

2 Böll, *Essayistische Schriften und Reden*, Bd.1, Hrsg. v. Bernd Balzer, Köln: K&W, 1979, p. 114.

3 텍스트의 인용은 다음 전집에 따른다. Böll: *Werke. Romane und Erzählungen 1961-1971*, Bd. III, Frankfurt a. M.: K&W, 1987.

4 Murray Bookchin, *The Philosophy of Social Ecology*, Montreal: Black Rose Books, 1990, p. 110.

5 Böll, *Interviews, 1961-1978*, Köln: K&W, 1978, p. 542.

6 Böll, *Einmischung erwünscht. Schriften zur Zeit*, Köln: K&W, 1977, p. 60.

7 Böll, *Interviews*, p. 545.

8 Böll/Vormweg, *Weil die Stadt so fremd geworden ist*, Bornheim-Merten: dtv, 1985, p. 128.

9 Dorothee Römhild: Die Ehre der Frau ist unantastbar, Diss., Pfaffenweiler: Centaurus, 1991, p. 214.

10 Böll, *Essayistische Schriften und Reden*, Bd.1, Hrsg. v. Bernd Balzer, Köln 1979, p. 39.

11 Böll, Tag der Menschenrechte. Gespräch mit Hans Vetter. Abschrift im Heinrich-Böll-Archiv der Stadt Köln, p. 6.

12 Böll, *Feinbild und Frieden*, München: dtv, 1987, p. 108.

13 Böll, *Drei Tage im März*, Köln: K&W, 1973 p. 73.

14 Bernd Balzer, *Das literarische Werk*, München: dtv, 1997, p. 159f.

15 Böll, *Feinbild und Frieden*, p. 31.

16 Ekkerhard Rudolph, *Protokoll zu Person, Autoren über sich und ihr Werk*, München: dtv, 1971, p. 40.

17 Böll, *Interviews*, p. 708f.

18 Böll, Ich bin ein Anarchist, In: *Stern*, 31 (1985), p. 126.

19 Böll, *Drei Tage im März*, K&W, p. 78.

20 Böll, *Gespräch mit Siegfried Lenz*, p. 185.

행복의 조건 — 정치와 윤리

1 최형익 옮김, ≪신학정치론 · 정치학논고≫, 비르투, 2011. 영어본을 대본으로 삼은 이 국역은 대중적으로 읽히기에는 큰 무리가 없을 수 있겠으나, 일관되지 않은 용어 사용과 심각한 오역이 상당수 발견되므로 주의가 필요하다. 필자는 피에르 프랑수아 모로와 자클린느 라그레의 라틴어-불어판 *Spinoza Oeuvres III. Tractatus teologico-politicus, Traité théologico-politique*(PUF, Paris, 1999)을 주로 사용했다. 인용할 때는 두 판본의 쪽수를 병기한다.

2 강영계 역, ≪에티카≫ 1부, 부록, 서울: 서광사, 1990. ≪에티카≫를 인용할 경우 대체로 강영계의 번역본을 따랐으나 Ch. Appuhn의 라틴어-불역 *Ethique*(Paris: Garnier, 1906), Robert Misrahi의 불역 *Ethique*(Paris: PUF, 1990)을 기초로 수정을 가했다. 기하학서인 ≪에티카≫의 특성상 쪽수는 표기하지 않았다.

3 ≪에티카≫ 3부, 정리9 주석.

4 ≪에티카≫ 3부, 정리9 주석.

5 ≪에티카≫ 3부, 정서의 정의1.

6 ≪에티카≫ 3부, 정리9 주석.

7 ≪에티카≫ 4부, 정리21.

8 ≪에티카≫ 3부, 정리11, 주석.

9 ≪에티카≫ 3부, 정리13, 주석.

10 ≪에티카≫ 4부, 정리21, 증명.

11 ≪에티카≫ 4부, 정리22, 따름정리.

12 "나는 여기에서 선을 모든 종류의 기쁨과 기쁨을 가져오는 모든 것 그리고 특히 그것이 어떤 것이든간에 욕망을 만족시키는 것으로 이해한다. 그러나 악은 모든 종류의 슬픔 그리고 특히 욕망을 방해하는 것으로 이해한다. 왜냐하면 앞에서(제3부의 정리9의 주석에서) 밝힌 것처럼 우리는 사물을 선이라고 판단하기 때문에 욕망하는 것이 아니고 오히려 반대로 우리가 욕망하는 것을 선이라고 부르기 때문이다. 결국 우리들은 우리가 혐오하는 것을 악이라고 부른다. 따라서 각자는 무엇이 선이고 무엇이 악인지, 무엇이 더 좋고 무엇이 더 나쁜지 그리고 마지막으로 무엇이 가장 좋고 무엇이 가장 나쁜지를 사신의 감정으로 판단하거나 평가한다." ≪에티카≫ 3부, 정리39, 주석.

13 ≪에티카≫ 4부, 정리19.

14 ≪에티카≫ 1부, 부록. 여기서 스피노자는 목적론적 환상을 인간 정신의 본성으로부터 연역할 필요는 없다고 보고 '모든 사람이 인정하지 않으면 안 되는' 근거를 제시하고자 한다. 이 근거는 경험적 인간의 세 가지 본래성을 기초로 이루어진다—무지, 욕망 그리고 의식. 이 근거의 전체는 다음과 같이 표현된다. "모든 인간은 날 때부터 사물의 원인을 모른다는 것, 모든 인간은 자신의 이익을 추구하려는 충동을 지니며 동시에 이것을 의식한다는 것."(부록) 이로부터 알 수 있는 것은 경험적 인간은 자신의 욕망 활동들에 대해 혼란한 의식을 가지고 있다는 것이다. 그러나 혼란한 욕망이기는 하지만, 이러한 혼란은 욕망의 방향과 정도를 바꾸겠지만, 욕망으로서의 욕망의 본성을 바꾸는 것은 아니다.

15 ≪에티카≫ 1부, 부록.

16 ≪에티카≫ 4부, 정리29-30.

17 Delbos Victor, *Le problème moral dans la philosophie de Spinoza et dans l'histoire du spinozisme*, Paris, F. Alcan, 1893(réimpression avec une introduction d'A. Matheron, PUPS, coll. <Travaux et documents du Groupe de recherche spinozistes>, 1990), p. 157.

18 ≪신학정치론≫, 292, 507.

19 Stanislas Breton, *Spinoza, théologie et politique*, Paris, Descleé, 1977, p. 117.

20 *Ibid.*, p. 119.

21 델보스는 계약을 통해 구성된 국가 권력의 제재 능력에 대해 다음과 같이 설명한다. "사회는 이성에 인도되지 않은 영혼들에게 적용된 비이성적 수단을 필연적으로 사용한다. 사회는 정념에 맞서 스스로를 방어하기 위해 정념을 일으킨다. 그리고 결코 사회는 충성스러운 사람들을 갖는다는 보장이 없으므로,

강제로 사람들을 체포하거나 무능력의 상태로 만들고 심지어 그들을 제거함으로써 그들이 반역자가 되는 것을 막는다. 사회는 모두에 대해 생사의 권리를 갖는다. 우리의 모든 개별적 본능들, 심지어 우리의 개별적 이성들보다 상위의 이성, 즉 모든 것을 진정으로 정당화하는 이성이 존재한다. 그것은 국가 이성이다." Delbos Victor, *Le problème moral dans la philosophie de Spinoza et dans l'histoire du spinozisme*, Paris, F. Alcan, 1893(réimpression avec une introduction d'A. Matheron, PUPS, coll. 〈Travaux et documents du Groupe de recherche spinozistes〉, 1990), p. 166. 브르통은 스피노자의 계약 개념을 설명하기 위해서 르네 지라르(René Girard)의 '희생' 이론을 암시하는 것으로 보인다. "권력으로서의 이성은 힘의 차원에서 실행되어야 한다. 따라서 강압은 배제되지 않는다. 그리고 스피노자적인 계약은 폭력을 이전시킴으로써 폭력을 피하는 희생 행위와 유사하지는 않은지 우리는 자문할 수 있다. 폭력은 다른 폭력에 의해서만 치유되는 것이다. 이는 (……) 인간 조건에 의해 설명되는 사회적 유사요법(homéopathie)이다. 이성은 테러를 필요로 한다. 이성은 폭력을 단지 이동시킴으로써 그것을 중지시킨다." *Spinoza, théologie et politique*, p. 117.

22 ≪신학정치론≫, 301, 521.

23 ≪신학정치론≫, 313-314, 541.

24 ≪신학정치론≫, 308, 531.

25 그러나 스피노자는 곳곳에서 신민의 '마음'을 얻는 것이야말로 고도의 정치 기술이라는 점을 언급한다. 실제로 기술적으로 국민의 마음을 세뇌하고 통제하려는 시도는 언제나 가능할 것이며, 역사적으로 계속 시도되어 왔다. 북한의 경우가 대표적인 사례이다. 정병호 · 권헌익, ≪극장국가 북한≫, 창비, 2013 참조.

26 실제로 스피노자는 ≪신학정치론≫을 마무리하면서 주권자가 판단하기에 그의 글의 "일부분이라도 법률에 위반되거나 공공선을 침해한다면 자신이 말한 것을 철회하겠다."(383, 653)고 선언한다.

27 ≪에티카≫ 4부, 정리35, 주석.

28 "대중이 두려워하지 않을 경우 대중은 두려운 존재가 된다. 그러므로 예언자들이 소수의 이익이 아니라 공동체의 이익을 고려하면서 겸손과 후회와 외경을 그토록 권고한 것은 이상한 일이 아니다." ≪에티카≫ 4부, 정리54, 주석.

29 박기순 역, ≪스피노자의 철학≫, 민음사, 1999, 66-67쪽.

본능과 행복

1 필립 반 덴 보슈, 김동윤 역, ≪행복에 관한 10가지 철학적 성찰≫, 서울: 자작나무, 1999, p. 21.

2 위의 책, p. 22

3 탁석산, ≪행복스트레스≫, 파주: 창비, 2013, p. 56.

4 위의 책, p. 56.

5 위의 책, p. 96.

6 위의 책, p. 226.

7 지그문트 프로이트, 윤희기 · 박찬부 옮김, ≪정신분석학의 근본개념≫, 서울: 열린책들, 2004, p. 47.

8 Marie Jannus, "The Montage of the drive", *Reading Seminar XI :Lacan's Four Fundamental Concepts of Psychoanalysis*, Albany: SUNY P. 1995, 119-138, p. 122.

9 지그문트 프로이트, 앞의 책, p. 105.

10 클라우스 베를레, 박규호 역, ≪완벽주의의 함정≫, 서울: 소담, 2012, p. 12.

11 프랑수아 를로르, 오유란 옮김, ≪꾸뻬 씨의 행복 여행≫, 서울: 오래된미래, 2004, p. 32.

12 지그문트 프로이트, 앞의 책, p. 73.

13 한병철, 김태환 역, ≪피로사회≫, 서울: 문학과 지성사, 2012, p. 29.

14 허버트 마르쿠제, 김인환 역, ≪에로스와 문명≫, 서울: 나남 출판, 1999, p. 29.

15 Jacques Lacan, *The Seminar. Book VII. The Ethics of Psychology, 1959-60*, Ed. Jacque-Alain Miller, Trans. with Notes by Dennis Porter, London: W.W. Norton, 1986, p. 292.

16 *Ibid.*, p. 293.

17 *Ibid.*, p. 133.

18 지그문트 프로이트, 앞의 책, p. 75.

19 위의 책, pp. 75-76.

20 Jacques Lacan, *op. cit.*, p. 271.

21 *Ibid.*, p. 271.

22 Jacques Lacan, *The Seminar. Book XI. The Four Fundamental Concepts of Psychoanalysis*, 1964, Ed. Jacque-Alain Miller, Trans. Alan Sheridan, London: W.W. Norton, 1995, p. 151.

23 Alenka Zupancic, "The Splendor Creation: Kant Nietzche, Lacan", *Aesthetics/Sublimation*, UMBR(a), 1997, 35-42, p. 37.

24 메를로 퐁티, 오병남 역, ≪현상학과 예술≫, 서울: 서광사, 1977, p. 293.

25 위의 책, p. 295.

26 위의 책, p. 201.

27 Alenka Zupancic, *op. cit.*, p. 36.

28 *Ibid.*, p. 37.

29 Jacques Lacan, *The Seminar. Book VII. The Ethics of Psychology*, p. 133.

30 슬라보예 지젝 외, 김영찬 외 엮고 옮김, 핑크, 브루스, <성적관계 그런 것은 없다>, ≪성관계는 없다≫, 서울: 도서출판 b, 2005, p. 30.

31 Thierry Duve, "Five Remarks on Aesthetic Judgement", *Aesthetics/Sublimation*, UMBR(a), 1997, 13-34, p. 16.

32 Yannis Starvrakakis, *Lacan & Political*, New York: Routledge, 1999, p. 132.

동서양 의학에서 바라본 행복—몸과 마음의 상호 관계성 속에서

1 이 글은 몸과 마음을 통합적으로 보는 한의학과 마음과 몸의 밀접한 상호 관계를 중시하는 독일의 심신상관 의학의 유사점을 바탕으로 접근하였다. 따라서 '행복'이라는 주제를 바탕으로 서양 의학과 한의학이 소통할 수 있는 계기가 될 수 있으리라 생각한다. 특히 독일 투레 폰 우엑스퀼(Thure Von Uexkull)이 주창한 심신상관의학의 관점과 그가 제시한 임상 사례들을 통해 '몸'을 통해서 '마음'의 행복을 유도해 낼 수 있는 의학적 근거를 마련한다는 데에 의미를 두고 있다.

2 권석만, <심리학의 관점에서 본 욕망과 행복의 관계>, ≪철학사상≫(2010), Vol. 36, pp. 121-152.

3 동양 의학에는 중국과 한국의 한의학을 비롯해서 인도의 아유르베다, 몽골의 몽의학, 베트남의 월의학 등이 있지만 이 글에서 동양 의학은 한의학을 중심으로 살펴볼 것이다.

4 전국 한의과대학 한방병리학 교실, ≪東醫 病理學≫, 서울: 일중사, 1998, 28쪽.

5 구리야마 시게히사 지음, 정우진 · 권상옥 옮김, ≪몸의 노래_ 동양의 몸과 서양의 몸≫, 서울: 이음, 2013, 108-111쪽.

6 전국 한의과대학 한방병리학 교실, 앞의 책, 29-30쪽.

7 민성길, <생물학적 관점에서 본 즐거움>, ≪여가학 연구≫(2004), Vol. 1, No. 3.: 1-27.

8 LeDoux JE(2000): Emotion circuits in the brain. Ann Rev Neurosc 23:155-184

9 Luan PK(2002): Functional neuroanatomy of emotion a meta-analysis of Emotion Activation studies in PET and fMRI. Neuroimage 16: 331-348

10 구리야마 시게히사 지음, 앞의 책, 108-111쪽.

11 위의 책, 178-179쪽.

12 베르너 바르텐스 지음, 유영미 옮김, ≪몸의 행복≫, 서울: 올, 2013, 146쪽.

13 위의 책, 26-27쪽.

14 裵秉哲, 傳統醫學 硏究所 譯, ≪今釋 黃帝內經≫, 1995, 216-217쪽의 素問 · 生氣通天論

15 베르너 바르텐스 지음, 앞의 책, 83쪽.

16 위의 책, 20-21쪽.

17 위의 책, 36-37쪽.

18 위의 책, 211쪽.

19 위의 책, 230쪽.

20 위의 책, 194쪽.

21 위의 책, 197-198쪽.

22 위의 책, 159쪽.

23 裵秉哲, 前揭書, 53-54쪽의 素問 · 生氣通天論

24 리처드 지음, 박세연 옮김, ≪멋진 결과를 만드는 작은 행동들≫, 서울: 웅진지식하우스, 2013, 27쪽.

25 위의 책, 238쪽.

26 위의 책, 281쪽.

27 위의 책, 34-35쪽.

28 위의 책, 36-37쪽.

29 위의 책, 165-167쪽

30 베르너 바르텐스 지음, 앞의 책, 124-125쪽.

31 위의 책, 126-127쪽.

32 리처드 지음, 앞의 책, 286-290쪽.

33 위의 책, 42-44쪽.

34 베르너 바르텐스 지음, 앞의 책, 52-53쪽.

35 민성길, 앞의 논문.

36 베르너 바르텐스 지음, 앞의 책, 176-177쪽.

37 위의 책, 116-117쪽.

38 위의 책, 140-141쪽.

39 김완희 지음, ≪한의학 원론≫, 성남: 성보사, 1995, 119쪽.

40 동의과학연구소, ≪동의보감≫, 서울: 휴머니스트, 2002, 405쪽

41 裵秉哲, 前揭書, 846쪽의 素問 · 方盛衰論篇

42 上揭書, 72-73쪽의 素問 · 生氣通天論 篇

43 리처드 지음, 앞의 책, 334-335쪽

44 Arthur V. Peterson Jr., Kathleen A. Kealey, Sue L. Mann, Patrick M. Marek and Irwin G. Sarason(2000), "Hutchinson Smoking Prevention Project: Long-Term Randomized Trial in School-Based Tobacco Use PreventionResults on Smoking" JNCI J Natl Cancer Inst 92 (24): 1979-1991.

45 베르너 바르텐스 지음, 앞의 책, 272쪽.

46 위의 책, 55쪽.

찾아보기

ㄱ

ㅇ

ㅈ

ㅊ

ㅋ

ㅌ

ㅍ

ㅎ